개정증보판

특수교육 교사론

김 병 하 저

대구대학교출판부

특수교육 교사론

- 본문 홀수면 상단에 위치한 보이스아이 심볼은 읽어주는 기능을 합니다.
- 대구대출판부에서 발행하는 도서는 대학출판부 중 유일하게 시각장애학생을 위해 읽어주는 책을 출판하고 있습니다.

머리말

지난 1985년 3월에 나는 「교사교육과 특수교육」이라는 제목으로 그간 특수교육에서 교사교육에 대한 논문 9편을 엮어 합본을 만든 적이 있었다. 당시 그 합본집의 서두에 '머리말'을 넣어 이렇게 적어 놓았다.

그간(1975년에서 1984년까지)특수교육에 관련하여 행해진 나의 논문이 아홉편(한편은 특강원고임)이나 되고 있어, 내 이름으로 발표된 논문의 절반 이상을 차지하고 있다. 논문의 질이 양적 편수 보다 훨씬 중요한 일인 것만은 틀림 없으나, 위의 사실은 그간 내가 도대체 연구라는 이름으로 주로 무엇을 해 왔으며, 어느 쪽으로 제한된 나의 지적 에너지를 쏟아 왔느냐는 것을 단정적으로 보여 준다.

(중략) 내 나름대로 논문을 어떤 순서에 의해 모아 놓은 이 합본집의 이름을 「교사교육과 특수교육」이라고 이름 붙인 데는 이유가 있다. 우선 교사교육을 특수교육의 상위개념으로 보아 '교사교육'이라는 말을 앞에다 내어 놓았고, 이것은 후에 언젠가 내가 써내고 싶은 저서의 구상으로 이렇게 해 본 것이다.

이번에 출판하는 「특수교육교사론」은 진작에 가졌던 이러한 구상에 따라 14년이 지난 시점에서 어쩌면 너무 늦게 출판된 것 같다. 당시의 다짐대로 책을 내면서 제 1장의 서장에서 「교사교육과 특수교육」이란 제목을 잡았다.

교사론에서 금과옥조처럼 쓰는 말로 "교육의 질은 교사의 질을 능가할 수 없다.”는 것과 “교육이라는 말을 교사라는 말로 바꿔 놓으면 교육학 서적은 삼분의 일로 줄일 수 있다.”는 표현을 접하게 된다. 이 같은 표현에 담긴 공통적 강조점은 교육과 교육학에서 ‘교사’는 핵심적이고도 본질적 문제에 속한다는 것으로 해석할 수 있다. 그렇다면 우리는 교사문제를 교육과 교육학에서 얼마나 핵심적이고도 본질적인 문제로 인식하여 다루어 왔느냐는 질문을 새삼 제기해 보지 않을 수 없다. 유감스럽게도 우리는 그렇게 해오지 못했다. 그 동안 교사교육에 대한 주된 관심은 교사양성제도와 관련한 자격증제도와 교사양성 교육과정의 개선 등에 주로 집중되어 왔다.

그것도 주로 현실적 이해관계가 첨예하게 얽혀있는 자격 · 승진 · 임용 문제를 비롯해서, 양성과정을 부분적으로 어떻게 땜질하여 조정할 것인가 하는데 주된 관심이 있어 왔다. 그래서 아직도 우리 특수교육계에서는 특수교육 교사자격증을 장애영역 중심으로 구분할 것인가, 비범주화(noncategorizing)로 묶어 통합할 것인가 하는 것이라든지 특수교육교사 양성과정의 표준적 기준을 어떻게 설정할 것인가 하는 것 등이 초미의 현안 관심사가 되고 있다.

이제 우리는 교사교육의 문제를 갈등적 상황에서 노정되는 정책현안 문제로서 현실적 편의에 따라 땜질하는 그런 관행에서 벗어나 볼 수 있어야 한다. 교사교육의 문제를 교육의 전체적 맥락에서 교육문화·역사·철학의 관점에서 총체적으로 숙고해 봐야 한다. 신자유주의적 경쟁논리에 따라 위로부터 교육개혁을 강요해오는 동안 교사는 언제나 개혁의 대상이 되어 왔다. 어떤 경우에나 교육개혁은 교육의 논리에 의해 아래로부터 교사가 주체가 되어 추진되지 않을 때, 그것은 교육개혁일 수 없다.

교사교육에서 논의의 출발점으로 ‘좋은 교사’에 대한 개념 설정부터 바로 잡아가야 한다. 지금까지 우리는 학습자의 특성에 대해서는 이런 저런 측면에서 많은 것을 밝혀 왔지만 ‘좋은 교사’란 어떤 사람인가에 대한 담론은 상대적으로 그리 많이 해오지 못했다. 또 교사교육의 전통과 틀을 전체적으로 재개념화해 보아야 할 외적 요구는 팽배해 가고 있음에도 그런 측면에서 교사교육의 개혁을 펼치는 내면적 노력은 턱없이 부족했다.

이 책을 전체적으로 정리하고 난 다음 서문을 쓰는 현시점에서 생각해 보니, 나 자신 이러한 구도와 의욕은 있었지만 지금까지 내가 수행해 온 이 분야의 연구물에 스스로 구속을 받아 그 틀을 크게 깨트리지 못했다는 자괴심이 여전히 남는다. 그러나 이 시점에서 특수교육의 교사교육에 대한 새로운 문제 의식을 좀더 두텁게 가질 수 있게 되었다는 것으로 자위하고자 한다. 이런 측면에서 필자의 생각은 "서장: 교사교육과 특수교육"에서 총괄적으로 드러나고 있다. 즉 제 1장에서 좋은 교사의 개념과 교사교육의 개혁과제에 대해 필자의 관점을 총괄적으로 제시해 보고자 했다. 제 2장은 특수교육 교사의 전문성을 교직관과 교직의 전문성의 측면에서 다루고 있지만, 여기서는 흔의 논의되어온 전문성의 외적기준 보다 내면적 기준에 따른 논의에 더 주안점을 두고자 했다. 제 3장에서는 특수교육교사 양성제도를 우리나라 특수교육교사 양성제도의 발전과정 중심으로 살펴보고, 이어 주요국(미국, 유럽, 일본 등)의 특수교육교사 양성제도를 비교 교육학적 측면에서 논의하였고, 마지막으로 특수교육교사 양성제도의 개선 방향과 과제를 제시하였다.

제 4장에서는 특수교육교사 양성과정을 그 개발의 준거와 모형, 양성과정의 표준설정을 중심으로 논의하였다. 이어 5장에서는 수행능력 중심 교사교육(CBTE)의 틀 속에서 특수교육교사에게 요구되는 수행능력을 공통성과 장애영역의 특수성에 따라 국내외 선행연구들을 중심으로 살펴보았으며, 말미에 개별화 교육을 위한 교사수행능력을 논의하였다. 특히 제 5장은 필자의 박사학위논문(1980)의 연장선상에서 관계자료를 종합하여 논의하였다.

제 6장과 7장은 특수교육에서 최근 주요한 관심사로 떠오르는 통합교육과 조기교육을 위한 교사교육의 문제를 다룬 것으로서, 그간 학회와 세미나에서 발표한 필자의 논문에 근간을 두면서 그 내용을 다소 보완하였다. 제 8장에서 특수교육교사의 윤리문제를 심도있게 다루어 보고자 했으나, 역시 아쉬움이 남는 장으로 종결지웠다. 제 9장은 마지막 종장으로 우리나라의 특수교육 현안과 과제를 교사교육의 측면에서 논평해 보고자 한 것으로서, 평소에 많이 거론되어온 범위를 크게 벗어나지 못한 것 같다.

원래는 우리나라의 특수교육 교직문화를 문화기술학적 측면에서 심층해석해 보고 싶은 구상도 가지고 있었으나 추후 과제로 남기면서, 다음 기회에 교사교육에 대한 새로운 의도가 좀더 비중있게 반영될 수 있기를 기약해 본다. 끝으로 특수교육교사론을 책으로 엮어 낼수 있도록 지원해 준 대구대학교 연구처와 출판부에 고마움을 표한다.

1999년 2월 저 자

개정증보판 서문

『특수교육교사론』 초판(1999)이 나오고 7년 뒤인 2006년에 개정판을 내고, 이번에 다시 개정증보판을 내게 되었다. 정년을 앞두고 일부나마 증보(增補) 할 수 있어 다행스럽다. 2장 '특수교육 교사의 전문성'에서 4절 '특수교육 교직의 어려움'을 새로 넣었다. 교사가 하는 일의 지난(至難) 함을 강조하기 위함이었다. 3장 '특수교육 교사양성제도'에서 4절 '특수교육 교사수급의 쟁점'은 필자가 2009년 한국특수교육학회에서 주제 발표한 내용의 일부를 반영한 것이다. 그리고 마지막 종장(9장)인 '특수교육에서 교사론의 과제'에서 4절 '교사 중의 교사'는 특수교육과 특수교사의 위상을 정립하기 위해 결론 삼아 넣었다.

초판 내용을 어떻게 보완해 볼까 이런 저런 고심을 해 보았지만, 결론은 원래 내용을 가능하면 그대로 유지하면서 다만 그 동안 『특수교육교사론』에 대한 내 자신의 생각 혹은 강조의 축이 어떤 경로를 밟아왔는가를 반영하는 정도로 개정증보판을 구성했다. 그러나 이 과목을 강좌로 운영하는 과정에서는 (특수교육)교사론에 대한 나의 최근 관심사를 훨씬 중점적으로 다루었다. 텍스트와 강의의 차이가 이런 식으로 여실히 반영됨으로써 강의 자체가 살아 있는 맛이 나는 것 같다. 책이야 또 읽으면 되지만 강의는 일회적이자 쌍방소통이어야 하기 때문이다.

이번 개정증보판의 전체 교정을 박사과정의 이정옥 선생은 바쁜 중에도 꼼꼼히 챙겨 주었다. 끝으로 그 동안 이 책을 읽어 준 독자들과 이 책을 새로 아름답게 꾸며준 대구대 출판문화원 선생님들께 고마움을 전한다.

2011년 9월 진량벌 연구실에서 김병하

차 례

| Chapter 1 |

서장: 교사교육과 특수교육

현대는 교육개혁의 시대이다. 어느 때보다 국가 사회의 발전을 위해 교육의 중요성에 대한 인식이 제고됨에 따라, 나라마다 다투어 교육개혁안을 내놓고 있으며, 으레 그 교육개혁 안에는 교사교육의 개혁이 논의되고 있다. 그것은 교육의 질을 결정하는 가장 중요한 독립변수가 교사의 질이라고 믿기 때문이다.

국민교육을 담당할 우수한 양질의 교사를 양성하고 확보하기 위해 무엇을 바꾸어야 할 것인가? 현재 우리가 대학 중심으로 양성하는 교사양성 체제는 기본적으로 문제가 없는가? 학교교육의 재구조화를 위한 노력이 광범위하게 확산되어 가고 있는 시점에서 종래의 교사교육은 어떻게 재개념화 될 수 있는가? 이런 몇 가지 질문들은 교사교육의 개혁에서 제기될 수 있는 중요한 쟁점들이다.

그러나 우리가 교사교육의 개혁문제를 좀 더 일관된 개념적 틀 위에서 논의하려면, '좋은'교사란 어떤 교사인가에 대한 개념적 기준에 따라 좀 더 체계적이고 실질적인 교사교육의 개혁과제를 논의함으로써, 교사교육에 대한 기본 철학에서부터 그 실천적 전략에 이르기까지 하나의 일관된 구조를 가질 수 있다.

좋은 교사의 개념

우수한 교사를 확보하지 못한 상태에서 교육개혁의 성공적 실천을 기대할 수 없다. 좋은 교사가 있는 곳에서 양질의 교육이 이루어 질 수 있다면, 우리는 좋은 교사가 갖는 개념적 조건과 특성이 무엇인가를 좀더 체계적으로 설정해 보아야 한다. 일찍이 슈프랑거가 "교육은 과학적 지식과 기술적 규칙과 예술가적 상상력의 총체적 결합"이라고 지적한 것은 좋은 교사를 규정하는데 중요한 개념적 기준이 될 수 있다.

슈프랑거의 '교육'에 대한 개념을 '교사'에 대한 개념으로 바꾸어 재해석하면 "좋은 교사는 과학적 지식과 더불어 가르치는 기술을 잘 터득하여 이를 창의적으로 실천하는 능력과 의지를 지닌 종합예술의 연출자"와 같은 것으로 개념 규정 할 수 있다.

가르치는일(teaching)이 과학(science)인가, 예술(art)인가 하는 논쟁은 교육분야에서 오래 전부터 제기되어 왔다. 교수를 과학적 절차와 규칙으로 보려는 입장은 행동주의자의 관점에서 교육행위를 표준화하고 그 결과를 객관적으로 평가하기를 좋아하는 사람들이고, 교수행위를 하나의 종합 예술로 보려는 입장은 인문주의적 관점에서 교수를 상호 주관적인 인격적(인간적) 교감으로 보아 교사의 창의적 자율성과 윤리적 책무를 중시하는 사람들이라 할 수 있다. 여기서 두 입장 가운데 어느 하나만 옳다는 단순 선택적 논리가 아니라, 양자의 복잡한 관계를 내면적으로 어떻게 조정하고 종합하느냐가 중요한 과제가 된다. 이런 측면에서 교수(교육)에 대한 두 입장을 결합하여 Gage(1992)는 교수를 하나의 도구적 예술(instrumental art)이라고 규정하였다. 즉, 교육의 절차적 과정에서 과학성이 하나의 도구로서 강조되어야 하지만, 궁극적으로 교수는 과학성을 도구로한 예술이어야함을 강조하는 것으로 해석할 수 있다.

교사가 과학자인가 예술가인가 하는 것은 해묵은 질문으로 비춰질 수 있지만, 필자는 교수(teaching)를 '도구적 예술'로 규정한 Gage의 입장이 타당하다고 보면서, 예술과 과학의 결합적 관계에서 어느 쪽이 더 중심적 무게를 갖느냐고 할 때, 역시 '예술' 쪽에 무게를 두어야 한다고 본다. 따라서 교사는 하나의 과학자이기 보다는 궁극적으로 하나의 예술가이어야 하며, 예술가로서 자신의 기예를 드러내기 위해 과학적 절차를 도구로 적절히 활용할 수 있어야 하지만, 가르치는 일에서 교사의 생명은 학생들에게 꿈과 상상력을 길러주기 위해 종합예술가로서의 독창적인 연출을 하는데 있다.

교육의 내면적 기준에 비추어 볼 때, 좋은 교사는 우선 '잘 가르치는 사람'이어야 한다. 교사가 '잘 가르치기' 위해서는 무엇보다 그가 가르치는 교과의 지식에 정통해야 하지만, 그 교과의 지식을 가르칠 대상학생들의 특성과 수준에 따라 재구성하여 어떻게 연출하느냐가 궁극적으로 중요하다.

이 연출의 과정에서 교사가 다루는 교과의 지식은 교사 자신의 인격과 어우러져 학생들에게 '의사소통'되어야 하고, 또 그렇게 되기 마련이다. 본질적으로 교사의 교육행위는 지식-방법-인격의 통합이다. 교사교육에서 우리는 교사가 가르칠 교과내용에 대한 지식에 주안점을 두기도 했고, 한편으로는 그 지식을 다루는 방법과 기술을 중시하기도 하면서, 또 한편으로는 교사의 사범적 인간상과 인격적 귀감을 강조해오기도 했다. 가령 중등학교 교사양성을 위해 종래의 문리대에서 전공을 이수한 사람에게 교직과정을 이수케하면 교과에 대한 실력있는 교사를 길러낼 수 있다는 생각을 가지고 있는 사람은 지식인으로서 혹은 지식의 전달자로서 교사상을 중시하는 입장이다. 그에 비해 초등학교 교사를 교육대학이라는 교사양성 목적대학에서 특별히 양성해야 한다고 주장하는 것은 교과내용에 대한 지식에 못지않게 교과를 다루는 방법과 교사로서의 사범적 인간상을 중시하기 때문이다. 그에 비해 특수교육 교사양성을 위해서는 개개아동의 특성과 그 특성에 대처하는 지도기술을 중시하는 것은 교사의 교과에 대한 지식보다 상대적으로 '지도 방법'을 더 강조하기 때문이다.

이처럼 현실적으로 우리가 설정하고 있는 교사 역할이나 교사상에 따라 좋은 교사에 대한 개념적 기준은 달라질 수 있다. 그런 점에서 Doyle(1990)이 오늘날 교사교육의 이론에서 단일의 통일된 이론은 존재할 수 없으며, 교사양성은 견고한 개념적 모델로서 보다 융통성 있는 구조를 가진다고 한 것은 일리가 있다. 우리는 교사교육에서 하나로 통일된 이론적 모형을 제시함으로써 교사교육을 특정 모형으로 단순화하는 위험이 따르지만, 적어도 좋은 교사에 대한 개념적 조건을 다각도로 검토해 보면서 교사교육에서 지향해야 할 방향성과 지침을 일관성있게 제공해 줄 수 있어야 한다.

특수교육 교사로서 좋은 교사는 그가 가르칠 교과내용의 지식에 정통하면서, 대상아동의 특성에 따라 그 내용을 조정하여 전달하는 지도기술(방법)에 능통해야 하고, 그 위에 교사로서 윤리적 책무와 자각적 태도를 확립한 교사이어야 한다. 따라서 좋은 교사에게는 지식-방법-인격이 내면적으로 '통합'되어 있어야 하며, 이 세 측면이 별개의 것으로 따로 강조되어서는 안된다.

그렇다면 문제는 우리가 교사교육에서 '지식-방법-인격'이 하나로 어우러진 그런 교사양성과정과 체제를 현실적으로 얼마나 잘 운영하고 있느냐는 점이다. 특수교육 교사양성과정에서 교과교육은 교과의 지식내용을 다루는데 주안점을 두고 있는 반면에, 그것을 교과 지도방법 측면에서 어떻게 연관지을 것인가에는 관심이 적다. 반대로 특수교육 교직전공에서는 대상아동의 특성과 지도방법면에 지나치게 치우친 나머지 그것을 내용-방법으로 연관지우는데 실패하고 있다. 또 교사교육에서 그 교사가 가르칠 내용과 방법에 비해 윤리성이나 품격에 대한 측면은 상대적으로 퍽 소홀하게 다루어지고 있는 실정이다. 교사교육에서 '내용-방법-인격'은 하나로 통합되어야 함과 동시에 내적인 균형을 유지할 수 있어야 한다. 이것이 교사교육의 이론적 모형의 기초가 되어야 하고, 좋은 교사의 개념설정을 위한 중요한 기준이어야 한다. 이를 위해 교사교육의 대안적 이론적 모형으로서 행동주의자 관점 못지 않게 현상학적 관점과 구성주의자의 접근이 강조되어야 한다.

교사교육의 개혁과제

교육개혁의 시대에 교사교육의 개혁에 대한 요구는 더욱 강력하고 근본적인 문제로 떠오른다. Wideen과 Grimmett는 「교사교육에 있어 변화의 시대」(Changing Times in Teacher Education, 1995)라는 책에서 교사교육의 재개념화 없이 진정한 의미에서 재구조화(restructuring)라는 것이 일어날 수 없다는 입장에서, 이 책의 부제를 "재구조화인가 재개념화인가"(Restruturing or Reconceptualization?)라는 질문으로 제기하고 있다.

이 책의 서문에서 그들은 교사교육의 '재개념화'를 위한 또 다른 기회를 마련하기 위해 '재구조화'를 검토하고자 한다고 밝히면서, 궁극적으로 오늘날 공교육의 미래는 기존의 교사교육 프로그램을 도전적으로 바꾸려고 꾸준히 노력해온 교사들의 양어깨에 메어 있다고 본다. 따라서 그들은 교사를 양성하는 대학집단 내에서 기존의 교사교육에 대한 일련의 문제제기를 통한 논쟁이 일어나야 한다고 보고 있다. Widden(1995)은 이 책에 기고한 "기로에 선 교사교육"(teacher education at the crossroads)이라는 논문에서 모더니티에서 포스트 모더니즘의 시대로 이행하는 중요한 사회 역사적 전환점에서 가장 중요한 변화는 교사를 비롯한 지식 노동자(knowledge worker)로부터 일어나야 한다고 보면서, 교육과 교사교육 개혁의 당위성을 제안하고 있다.

오늘날 교사교육은 시대 · 사회적 변화에 적절히 대응하지 못하고 있을 뿐더러 현장 학교교육의 변화를 민감하게 반영하지 못하고 있다. 한 보고서에 의하면, 오늘날 대학에서 교사교육을 받은 졸업생들의 90%는 그들이 받은 교사교육에 대해 부정적 논평을 가하고 있다고 밝힌다(Clifton, Mandzuk, and Roberts, 1994).

만약 기업이나 병원에서 그들 고객의 90%가 이런 부정적 반응을 나타낸다면 과연 그 기업과 병원이 존속할 수 있겠는가를 되묻지 않을 수 없다. 오늘날 대학에서 운영하는 교사교육 프로그램들이 "이상할 정도로 비슷하고, 획일적으로 부적절하다."는 지적은 교사교육에 대한 퍽 냉소적인 경고이다.

오늘날 교사교육의 개혁은 기본적으로 대학교육의 개혁과 같은 맥락에서 논의되어야 하고 나아가 캠퍼스 중심의 교사교육에서 학교중심의 교사교육으로 그 변화의 축이 옮겨지고 있다는데 주목할 필요가 있다. 대학에서의 교사교육은 대학교육의 틀 속에 교사교육을 맞추지 말고, 교사교육의 독특한 목적실현을 위해 대학의 교사교육 프로그램을 좀 더 현장학교중심(school-based) 교사교육 프로그램으로 전환해야 한다. Wideen (1995)은 교사교육의 초점이 이제는 '대학'에서 현장 '학교'로 옮겨지는 경향이 특히 영국에서 두드러지게 나타나고 있으며, 미국에서는 대안자격(alternative certification) 프로그램을 통해서 확산되어가고 있다고 지적하고 있다. Bush 등(1995)은 특수아동을 위한 대안자격 프로그램(alternative certification programs)에 대한 전국조사에서 특히 학습장애 교사 양성을 위해 미국의 전체 50개주 가운데 24개주에서 이 프로그램을 실제로 제공하고 있음을 밝히고 있다. 물론, 영국과는 달리 미국에서 대안자격 프로그램(ACP)은 현실적으로 특수교육 교사 공급의 부족현상에 대응해서 나온 것이지만, 이 프로그램은 현장 교사들을 대상으로 '현장중심'교사교육 프로그램을 강조하고 있다는 것이 중요한 특징이기도 하다.

Wideen(1995)은 같은 논문에서 교사양성에 대한 학교중심의 접근은 초임교사가 구성주의(constructivism)의 입장에서 그가 수행할 교수행위를 창의적으로 구성해 가는 것을 중시하기 때문에, 종래 지식에 대한 실증주의적 형식에 대한 도전으로 볼 수 있다고 했다. 여기서 중요한 과제로 남는 것은 이와 같은 교사교육의 개혁을 위해 대학의 교사교육자(교수) 자신들이 어떻게 달라져야 하느냐는 문제이다.

교육의 개혁에서 교사교육의 개혁이 핵심과제라면, 교사교육의 개혁을 위한 핵심주체는 그 교사교육을 담당하는 교사교육자들이다. 따라서, 교사교육의 개혁과제는 곧 교사교육자들에 대한 개혁과제이다.

오늘날 세계적으로 일어나고 있는 교사교육의 개혁추세를 비교교육학적 측면에서 Grimmett(1995)는 세 갈래로 요약하고 있다. 교사교육에서 재구조화와 재개념화는 상호 긴장관계에 있는데, 구체적으로 그 관계를 대별해 보면, 첫째로 대부분의 나라들에서 볼 수 있듯이 교사교육에 대한 의도적(유목적적)인 재개념화 없이 정책수준에서 교사교육의 재편(restructuring)이 일어나고 있는 경우, 둘째로 이미 현장의 실천수준에서 교사교육에 대한 재개념화에 앞서 재구조화가 이제 추진되고 있는 경우, 셋째로는 재개념화의 밖에서 현장의 실천수준에서 교사교육의 재편이 진작부터 추진되어 온 상황이다.

교사교육의 재구조화와 재개념화에 대한 이상의 세가지 유형 가운데 현재 우리나라가 처해 있는 수준은(굳이 세 유형의 하나에 귀속시켜 본다면) 첫 번째의 재개념화에 대한 의도적 노력없이 정책수준에서 그것도 부분적으로 교사교육의 재구조화가 일기 시작하는 상황으로 볼 수 있다. 따라서 우리나라에서 특수교육 교사교육의 개혁을 위해 우선 그 교사교육을 담당하고 있는 대학의 교사교육자부터 교사교육의 개혁을 위한 '재개념화'의 이론적 틀을 튼튼히 구축하는 한편, 스스로가 주체적으로 단위양성기관부터 실천적으로 교사교육을 재구조화 시켜나가야 한다. 이를 위해 대학의 교사교육자들은 현장의 특수교육자들과 협력적 동반자 관계를 긴밀히 유지하도록 다각도로 노력하여야 한다.

| Chapter 2 |

특수교육 교사의 전문성

2.1. 교직의 의의와 교직관

2.1.1. 교직의 의의

인간은 일하는 존재다. 사회가 문명화되고 그 변화가 가속화되면서 일하는 직업도 다양해지고 더욱 전문화되어 가고 있다. 산업혁명 당시 400여종에 지나지 않던 직업종류가 지금은 10만 여종 이상이나 되고, 어쩌면 새로운 직종이 계속 생겨나기 때문에 정확히 그 숫자를 제시하기 어려운 상황인지도 모른다. 교육은 인류 역사와 더불어 시작되었고, 특히 학교교육이 성립되면서 교직은 이 세상에서 중요한 하나의 직업으로 자리 잡아 왔다.

하나의 직업으로서 교직은 일반의 다른 직업과 공통되는 점도 많이 있으나, 여러 가지 점에서 일반 직업과는 달리, 유독 교직에서만 강조되는 특성이 있다.

첫째, 교직은 인간을 대상으로 하는 직업이다. 기술자나 목공은 기계나 나무를 대상으로 하고 농부는 땅과 더불어 곡식을 가꾸지만 교사는 어디까지나 인간을 대상으로 하는 직업이다. 물론 인간을 대상으로 하는 직업에는 의사나 법률가도 있지만 그들의 대상은 인간 그 자체를 주 대상으로 한다기 보다는 법률이나 신체적인 혹은 정신적인 어떠한 기능의 일부만 대상으로 취급한다. 이와는 달리 교사가 대상으로 하는 인간은 인간의 어느 부분적인 기능을 말하는 것이 아니며, 전인으로서의 인간 즉 지적, 정신적, 신체적, 정서적, 사회적, 문화적, 정치적 특징을 지닌 인간 그 자체를 문제로 삼는다. 이것이 바로 교직만이 갖고 있는 특징이며, 다른 직업과의 차이라고 하겠다.

둘째, 교직은 주로 인간의 정신생활을 문제삼는 직업이다. 의사나 벌률가도 사람을 상대로 하는 직업이지만 그의 주된 관심사는 인간의 정신적인 측면이 아니라 육체나 법률에 있다. 물론 정신과 의사의 경우 인간의 정신을 다루지만 그것은 병적 증상에 한정된 정신적 기능의 일부분에 지나지 않으며, 의사에게 있어 관심의 초점은 어디까지나 인간의 신체에 있다고 할 수 있다. 물론 교사도 피교육자의 신체적 건강상태에 관심을 가져야 하지만 그 주된 관심사는 역시 인간의 마음의 문제에 있다.

셋째, 교직은 미성숙자를 대상으로 하는 직업이다. 법률가라는 직업은 사람을 대상으로 하는 것이기는 하지만 그것은 주로 법률적 책임을 물어야 할 성인들 세계에서 일어나는 일을 다룬다. 그런데 교사는 아직 장성하지 않은 어린이, 아직 성숙하지 않은 사람을 주대상으로 다룬다. 듀이는 '미성숙'은 부족이나 미숙함을 뜻하기 보다는 가능성을 나타내는 것으로 이해하였다. 이처럼 어린이는 가소성(plasticity)이 큰 시기이므로 교육 여하에 따라서 개인의 삶이 얼마든지 바뀔 수 있다. 따라서 교사는 현재의 미성숙한 어린이를 덜된 인간으로 이해하기 보다는 무한한 가능성을 지닌 한 인간으로 인정하고 성숙한 인격을 가진 이상적인 인간으로 성장 발달할 수 있도록 안내해야 한다.

넷째, 교직은 봉사이다. 물론 교직도 일반 직업처럼 경제적 보수를 목적으로 하지만 여타 직업에 비하여 내면으로부터 우러나는 무한한 봉사가 더욱 요구되는 직업이다. 그러므로 교직은 여러 종류의 전문직에 비하여 봉사직으로서의 사명을 더욱 필요로 하는 전문직이다. 이것은 교사가 생활인으로서 의·식·주의 해결, 즉 경제적인 조건을 무시하고 도외시해야 한다는 측면이 아니라 물질적, 경제적 측면보다는 봉사와 소명의식을 더 중요시해야 한다는 것이다. 이런 면에서 교직은 인류와 사회에 대한 봉사직이며, 희생을 감수해야 할 직업이므로 흔히 천직 또는 성직이라고 한다.

다섯째, 교직은 국가와 민족에 대하여 지대한 영향을 주는 공적사업이다. 교직은 피교육자인 어린이에게 관심을 가져야 하는 동시에 그들이 구성원이 될 사회를 고려하지 않으면 안된다. 교직은 개인적으로 볼 때에는 피교육자인 어린이와 가장 친근한 사적인 관계를 맺는 동시에 사회적 입장에서 보면 국가나 민족의 장래에 대하여 지대한 영향을 미치는 공공사업이다. 물론 다른 직업도 직접 · 간접으로 국가사회나 민족의 운명과 밀접한 관계를 갖는 것이라고 할 수 있으나 교직은 이와는 차원을 달리하여 국가나 민족의 정신적 교화의 주역이 되며, 나아가서는 국가나 민족이 당면한 문제를 해결해 나갈 수 있는 근본 능력을 가지고 있다는 점에서 국가나 민족의 운명과 직결되는 것이다. 오늘날 나라마다 국민교육을 공공사업으로 보고 막대한 경비를 투자하여 의무교육제도를 강화하고 있으며, 사학에 대해서도 국가에서 적극적으로 지원하고 있다. 이것은 교육이 곧 국가와 민족의 번영에 직결되는 문제이기 때문이다. 따라서 21세기는 나라마다 교육경쟁의 시대가 될 것이다.

2.1.2. 교직관의 유형

교직관은 교직의 본질과 성격을 어떻게 지각하고 인식하느냐에 관한 기본 관점을 의미한다. 거기에는 인지적 측면뿐 아니라 교직에 대한 가치관과 태도라는 정의적 측면도 함께 수반하는 개념이라 할 수 있다.

교직관의 중요성은 교직관에 관한 기본적인 시각과 관점의 차이에 따라 교사의 교직과 교원 단체에 대한 태도에 차이가 생기고 그것은 교육의 수행에 엄청난 결과를 빚게한다. 어떠한 교직관이 우리 사회의 교직 발전과 국가발전에 보다 적합하고 적극적인 기여를 할 수 있느냐에 관한 논쟁은 그다지 오래된 것이 아닐지도 모른다.

교직관에 관한 유형은 전통적으로 성직관·노동직관·전문직관이라는 세가지 유형이 제시되고 있다. 이 세 가지 유형의 교직관은 그 명칭이 시사하듯이 서로 다른 철학적 기초와 현실적 감각, 문제인식을 갖고 있다. 이 세가지 유형의 교직관은 그 동안 널리 받아들여져 왔으나 이를 수용하는데는 여러 가지 문제점이 수반되며, 특히 오늘의 우리 현실에서 볼 때는 그러한 문제는 더욱 심각한 양상을 띄고 있다.

교직관의 유형화가 지니는 몇가지 난점을 제시하면 이 세가지 유형의 교직관은 이른바 순수 이념모형 만으로는 그러한 모형이 당연히 존재하여야 할 것 같이 보이지만 그것은 현실세계에 없으며, 현실적으로 존재하는 교직관은 여러 요인이 복합되어 있는 혼합된 그 무엇일 뿐이라는 사실이다.

성직(聖職)으로서의 교직

교직을 성직이라 일컫게 된 연유를 살펴보면 교육하는 일이 서양의 중세사회에서는 종교가와의 겸직이었다. 따라서 중세사회의 직업에는 교사는 독립된 하나의 직업으로 취급되고 있지 않음을 알 수 있다. 이와 같이 교사라는 직업은 처음에는 종교가가 맡고 있었기 때문에 성직이라 부르게 된 것 같고, 국가에 의한 국민교육제도가 확립된 이후에는 교육하는 일이 종교가의 손을 떠났지만 교사직을 성직시하는 경향이 계속 이어져 오고 있다. 16~17세기에 스페인에서 선천적 농아를 대상으로 특수교육을 처음 시도한 사람들(Ponce, Bonet)도 모두 기독교 성직자였던 점에 주목할 필요가 있다.

교직은 고도의 정신적 봉사활동이기 때문에 세속적인 것과는 거리가 먼 직업이 되어야 한다는 생각은 그 동안 교직자들 자신은 물론이고 사회 각계 인사들이 바라는 바였다. 사실은 오늘날의 물질 만능주의 사조 속에서도 교직은 비교적 물질의 세계보다 정신의 세계에 더욱 많은 주의와 관심을 집중시켜야 한다는 것이 교직자에 대한 일반적인 인식의 기초가 되어 있다. 뿐만 아니라 교사는 그가 하는 활동이 주로 미래 지향적이기 때문에 현실사회 보다는 다가오는 이상사회의 실현을 위하여 학생들의 마음을 기르고 닦아야 된다는 생각이 지배적이다.

이러한 견지에서 교직을 하나의 성스런 정신적 활동으로 보는 관점은 오랜 전통을 이루어 왔으며, 오늘날에 있어서도 상당히 광범위한 호응을 받고 있다. 그것은 교육의 본질이 인간의 영혼과 정신을 다루는 것이며, 세속적인 것과는 거리가 먼 정신적 자세로 교직에 종사한 사람이 많이 있었기 때문에 이와 같은 교직관이 형성되었다고 볼 수 있다.

이런 관점에 의하면, 성인 군자적인 교사를 이상적인 교사상으로 설정하고 있다. 교직을 성직으로 보고 이와 같은 관점에서 교사의 행동과 업무수행을 바라본다면 오늘날의 교사들은 그들이 그리는 교사상에서 너무 멀리 일탈되어 있음을 개탄한다. 즉, 교사는 한없는 사랑과 헌신, 희생과 봉사, 정신적 활동에 전념해야 함에도 불구하고 그렇치 못하다는 것이다. 오늘날의 교사는 자기의 권리만을 주장하고 물질적 처우개선, 승진과 좋은 자리에의 전보 등 세속적 관심사에 골몰하는 경향이 있음을 나무란다. 성직의 견지에서 본다면 오늘날의 교사는 지나치게 세속화되어 있고 부분적으로 타락되어 있다고 볼 수 있다. 성직관은 교사를 보는 관점이 그러하기 때문에 교사의 성직자다운 자질과 자세를 기대하며, 보다 높은 도덕적 윤리적 행동수준을 요구하는 경향이 있다.

그러나 현대 사회의 교직관으로 성직으로서의 교직관은 현실적 타당성을 잃고 있다. 성직으로서의 교직관은 오늘날과 같은 다원적 가치관의 사회, 산업화 이후 물성화된 사회의 현실속에서 성직자로서 교사상을 모든 교사에게 기대할 수 없는 현실이다. 따라서 교직을 성직으로 규정하는 것은 현실적으로 적절한 표현이 되지 못한다. 성직이란 일반적으로 종교적 직분을 맡은 교직자를 가르켜 사용하는데, 중세 서양사회에서는 교육하는 일은 종교가 통합하여 맡아왔기 때문에 성직으로 교직을 볼 수 있었지만, 세속 국가 주도의 국민 교육제도가 확립된 이후 교육은 종교의 손을 떠났고, 국민교육은 세속 정부의 기본적 책임으로 위임되었다.

노동직으로서의 교직

노동직으로서의 교직관은 맑스주의적 계층의식에 따라 교사를 노동자계층의 일원으로 위치 지우려는 교직관이다. 사회주의 국가에서는 이와 같은 노동직관이 타당한 교직관으로 수용될 수 있겠으나, 자유주의사회에서는 이것에 대한 논란이 제기되고 있다.

교사가 아무리 인간형성이라는 중요한 업무에 종사하고 있다 할지라도 역시 교사도 학교라는 직장에서 일정한 근무조건에 따라 보수를 받고 일하기 때문에 기본적으로는 노동자의 근무구조를 갖고 있다는 점을 강조한다. 따라서 노동직과 마찬가지로 노동의 반대급부로서 임금을 지불받고 노동조건의 개선과 처우의 개선을 위하여 단결하고 집단적으로 교섭하여야 하며 극단의 경우에는 단체행동도 불사한다는 입장이다.

산업화의 과정에서 노동자들이 단결하여 그들의 권익을 지키기 위한 수단으로 조합주의를 택했던 것과 같이 노동직관을 가진 교사들은 그들 자신의 권익을 옹호하는 수단으로서 뿐만 아니라 교육의 발전을 위해서도 조합주의와 집단행동이 필요 불가결한 조건임을 강조한다.

노동직으로서의 교직관은 유교적 전통을 가지고 있는 우리의 역사적 전통에 어울리지 않는 것으로 거부감을 나타내고 있다. 우리사회에서 교원노조 활동에 대해 극히 경직된 반응을 보인 것도 우리의 역사성과 교직관에 비추어 너무 낯설기 때문이다. 그러나 참교육 운동의 연장선상에서 교원노조활동이 최근에 와서 그 합법성을 인정받게 된 것은 우리사회에서 교직관에 대한 주요한 변화를 가져오게 했다.

전문직으로서의 교직관

교직의 전문성이 구체적으로 명확히 인정되게 된 것은 ILO와 유네스코의 합동회의에서 채택(1966.10. 5)한 "교원의 지위에 관한 권고"가 중요한 계기가 되었다.

전문직(profession)이란 용어는 전통적으로 법학, 의학, 신학과 같은 높은 수준의 학식을 요구하는 직업에서 사용되어 왔다. Hoyle(1982)는 전문직이란,

① 본질적으로 사회봉사적이어야 하고,
② 조직적인 지식체계에 근거해야 하며,
③ 장기적이고 실제적인 훈련을 필요로 하고,
④ 업무수행 과정에서 고도의 자율성을 지녀야 하고,
⑤ 일정한 윤리규정이 있어야 하고,
⑥ 현직연수를 통한 지속적 성장을 필요로 하는 직업이라고 했다.

Peters(1988)는 전문직의 개념을 정의하기 위해서는 그 기준에 대하여 합의를 이루어야 한다고 보았는데, 그 중에서도 특히 자격기준, 공통적인 지식의 기초, 그리고 자기평가의 세 가지 기준을 중요하게 다루었다. 전문직이라면 적어도 자격기준이나 자격증, 등록기준, 면허증 등 분명한 기준이 제시되어서 누구나 할 수 있는 일반직과는 구분되어야 한다는 것이다. 또한 전문직이라면 그 분야에 독특한 공통적 지식과 기술이 있어야 하며, 이러한 지식을 토대로 ①그 직업을 발전시키기 위해 필요한 새로운 지식을 일반화시킬 수 있어야 하고, ②초심

자에게 지식을 전수할 책임을 져야 하며, ③바람직한 지식과 기술의 소유와 최소 자격기준과의 관계를 규정지을 수 있어야 한다. 자격기준과 지식의 기준뿐 아니라 전문적 수행을 계속 평가하기 위해서 자기 평가를 위한 기준 및 절차 또한 중요시된다.

Katz(1988)는 전문직에 대해 연구하는 학자들이 대부분 다음의 여덟 가지 범주를 전문직 분류기준으로 채택하는데 동의하고 있다고 본다.

① 사회적 필요성(social necessity) : 전문직의 활동은 사회에 필수적인 것으로서 이러한 지식과 기술이 없으면 사회가 약화된다.

② 이타주의(altruism) : 전문직의 활동동기는 이타적이다. 이상적인 전문가란 사회의 이익을 위해서라면 개인적 안락을 포기할 수 있고 시간을 초과하며 근무할 수 있을 정도로 헌신적으로 일을 할 수 있어야 한다.

③ 자율성(autonomy) : 전문직은 대상자와 고용주로부터 자율권을 인정받아야 하며 자율적으로 판단하고 행동할 수 있어야 한다.

④ 윤리강령(code of ethics) : 전문직에는 실천에 대한 윤리강령이 있으며, 구성원들이 이를 위반할 경우 징계할 수 있도록 제도가 마련되어 있다.

⑤ 대상자들과 거리유지(distance from the client) : 객관성을 유지하고 객관적 판단을 하며 개인적 충동을 억제하기 위해서도 전문직은 대상자와 최적의 거리 유지를 필요로 한다.

⑥ 실천기준(standards of practice) : 전문직은 세 가지 실천기준을 채택하는데, 그 첫째는 누구나 따라야 할 정도의 최저 기준을 채택한다는 것이다. 그 이상은 각자의 자유재량에 따라 결정하게 함으로써, 누구나 항상 그 기준에 따라야 한다는 것과는 의미가 다르다. 둘째, 그 기준은 모든 구성원에게 일반적인 문제에 대해 진술되어야 한다. 셋째, 특수한 개인에게 초점을 두는 것이 아니라 보편적인 것이어야 한다.

⑦ 계속적인 훈련(prolonged training) : 전문직에는 계속적인 훈련이 요구되는데 그 훈련과정은 첫째, 세분화되어야 하고, 둘째, 어렵고 지적 긴장을 야기시키는 선별과정이 되어야 하며, 셋째, 보다 많은 지식을 습득할 수 있도록 한다. 넷째, 인가받은 기관에서 훈련받고 자격이 부여되어야 하고, 다섯째, 핵심적인 지식과 기술이 제시되어야 하며, 마지막으로 체계적이고 정규적인 계속교육이 이루어져야 한다.

⑧ 전문화된 지식(specialized knowledge) : 전문직은 전문적인 지식을 기초로 한다. 그 전문적인 지식이란 첫째, 구체적이기 보다는 추상적이고, 둘째, 실천과정에서 일반화되어질 수 있는 원리로 구성되어 있으며, 셋째, 체계적인 원리로 조직된다. 넷째, 지식과 원리는 실천적이고, 다섯째, 전문가들만이 알 수 있도록 난해하거나 배타적이며, 마지막으로 전문가들이 함께 모여 토론을 거쳐 실제에 관련된 새로운 지식이 전파된다.

위에서 지적한 전문직의 기준이 교직에 그대로 적용될 수 있는지, 그렇지 못하다면 그 한계성은 무엇인지를 다음에서 구체적으로 논의하고자 한다.

2.2. 교직의 전문성

일반적으로 위에서 지적한 전문직의 속성은 교직에서도 거의 유지되고 있다고 주장된다. 교직의 전문성에 대한 일반적인 견해를 종합해 보면 다음과 같다(신재철,1991).

첫째, 교직은 교사에게 엄격한 자격요건을 요구한다.

둘째, 교직은 봉사지향적이어야 하며 사회적 책임이 강조된다.

셋째, 교직은 장기간의 준비교육과 계속적인 자기성장 노력이 필요하다.

넷째, 교직은 과업수행 과정에서 자율성이 요구된다.

다섯째, 교직은 고도의 교육기술과 자율성이 요구됨에 따라 자율

조직체를 형성하여 자율적인 통제가 요구된다.

위에서 보면, 교사는 장기간의 직전교육을 통해 전문지식과 기술을 훈련받은 전문가이기 때문에 과업수행상의 융통성과 의사결정의 자율성이 요구된다고 볼 수 있다. 이에 대해 신재철(1991)은 교직의 전문직적 속성을 다음과 같이 비판하고 있다.

> 이러한 교직의 전문직적 속성에 대한 견해는 교사의 직무수행과정이나 근무환경 등의 겉으로 나타난 특징만을 강조한 것이라고 볼 수 있다. 예를 들면, 교사의 주된 활동장소인 교실은 독립되어 있기 때문에 교사에게 실질적인 자유가 있음을 상징한다. 그리고 대학 졸업장과 교사자격증은 교사의 지식이나 기술이 교사의 교육적 전문성을 보증하여 주는 것으로 보인다. 이러한 것들은 교직이 전문직임을 충분히 인식시키고도 남음이 있다. 그러나 교사가 실지로 교육활동을 수행하는 과정을 분석해 보면, 우리는 교육과정이나 학급운영에 대한 교사의 전문적 권위나 자율성은 크게 제한받고 있음을 확인할 수 있다. 다시 말해서, 교직은 외견상 전문직의 속성을 가지고 있는 반면에 교사의 실제 교육활동 과정에는 권위와 자율성이 크게 제한받고 있기 때문에 오히려 교직은 탈기술화 되고 교사는 프롤레타리아화(proletarianization)되고 있다고 할 수 있다.

그는 교직이 전문직이라는 통념을 받아들이기 위해 교사는 자신의 전문능력과 판단에 의해 교육목표 - 교육내용 - 교수 - 학습지도 - 평가 등에 이르는 모든 교육의 과정을 자율적으로 통제하고 창조적으로 직무를 수행할 수 있어야 한다고 했다. 그러나 교사들은 교육전문가로서 직무수행 과정에서 필요한 자율성을 얼마나 보장받고 있는가를 되물어야 한다. 오늘날 학교교육은 교육활동에서 교사의 기능과 능력을 단순 반복적 기술로서 일상화함으로써, 교사를 주어진 직무 목록에 따라 기계처럼 반복적으로 교육행위를 수행하는 단순 기능인으로 전락시키고 있다.

특히 교사가 국가나 사립학교의 피고용인이라는 신분은 교직의 자율성을 더욱 제한하고 있다. 현대사회의 학교는 국가 기구로서 철저히 관료조직화되어 있다. 국가 관료조직으로서의 학교는 교사의 전문성과 그 자율성을 구조적으로 제한하고 있다. 우리나라에서 교육부는 국가 수준에서 교육과정을 법령으로 공포하여 모든 학교에 권위 있는 지침으로 제시하고 있으며, 검인정 교과서와 교사용지도서를 제작하여 획일적으로 공급하고 있다. 이 경우 교사는 주어진 교육과정의 틀 속에서, 주어진 교과서와 교사용 지도서에 따라 교육활동을 전개해야 하기 때문에 스스로(자율적으로) '왜', '무엇을', '어떻게' 가르쳐야 할지를 고민할 필요가 없어진다. 더욱이 잡다한 잡무와 행정지시는 교사의 업무를 더욱 단순기능화 하고 있다. 이 때문에 학교에서 교사의 교육활동은 기계화, 단편화, 표준화되어 가고 있다.

교직이 그 내면적 기준에 비추어 전문직일 수 있음은 다음 세 측면의 질문에 대한 대답에서 찾을 수 있다.

① 교사가 하는 일이 남달리 어려운 일인가?

② 교사는 직무수행 과정에서 자율성을 누리는가?

③ 교사는 엄격한 윤리적 책무를 지니는가?

여기에서 가장 우선적으로 대답되어야 할 것은 교사가 하는 일의 어려움 여부이다. 일의 난해성은 전문직의 일차적 요건이며, 자율성, 윤리성 등은 그러한 일의 난해성에 기인한 이차적 요건이라고 볼 수 있기 때문이다. 그래서 교사가 하는 일이 여러 인간사와 견주어 매우 어려운 것이어서 아무나 그 일을 제대로 수행할 수 없는 수준에 있다면 그가 수행하는 직무는 전문직으로 인정받을 수 있는 가장 핵심적인 요건을 확보하게 된다. 교직이 전문직임을 주장하는 입장은 무엇보다도 교육이 남달리 어려운 일이라는 사실에 의존해야 한다. 교육이 어려운 일임을 부정하면서 교직의 전문성을 주장하는 것은 모순이며, 교육이 어려운 일임을 밝힐 수 없으면서 교직이 전문직임을 말하는 것은 설득력이 없다(허병기, 1994).

교사가 하는 일의 어려움은 바로 교육의 어려움이다. 그리고 교육의 어려움은 무엇보다도 그것이 불가해하고 탁월한 개별적 고유성을 갖는 인간의 변화를 의도한다는 데에 기인한다. 교육이 지향하는 바가 좋은 인간 혹은 좋은 삶을 사는 인간의 형성이라고 할 때, 교육의 어려움은 곧 그러한 인간 형성의 어려움이다. 좋은 인간을 형성하기 위해 전개되는 일련의 상황, 즉 교육하는 자에 의해 조성되고 이끌어지는 교육사태를 상정할 때, 거기에서 교육이 남달리 어려운 일인지는 이러한 교육사태 내의 여러 요소들을 교육의 의미에 충실하게 해석하고 설명함으로써 밝혀질 수 있다.

교육행위는 예술적 창조행위에 비유되기도 한다. 예술행위는 창조행위의 한 전형으로서 행위이전에 예측 가능한 결과물이 정해져 있지 않고, 결과를 향한 수단과 과정에 정해진 모범답안과 획일성이 없으며, 그러면서도 엄격한 내적 질서를 확보하면서 전체로서의 새로운 의미의 세계를 창출해 낸다. 그러나 이것은 교육행위에 대한 이상적 상태라 할 수 있고, 현실적으로 교직은 여러측면에서 비전문직화되어 가고 있다.

허병기(1994)는 교직성격에 대한 반성적 논의를 통해 다음 세가지를 들고, 교직의 현실적 비전문직화 현상을 지적하고 있다.

첫째: 장기적이고 고도한 교육과 지속적 능력개발

교직을 담당할 사람을 양성하는 교육을 볼 때, 그것이 특별히 장기적이고 고도화된 교육의 형태를 보인다고 말할 수 없다. 교사양성 교육의 역사를 볼 때 오히려 과거 한 때 교사양성을 위한 교육이 다른 직업인 양성을 위한 교육 보다 기간과 수준면에서 뒤진 적도 있었다. 오늘날 우리나라에서는 초·중등 교사를 양성하는 교육이 모두 4년제 대학 수준에 와 있으나 이는 다른 직종들에 있어서도 일반화된 경향이다. 양성교육의 기간 측면에서는 다른 직종과 같다 할지라도 그 기간 동안에 제공되는 교육프로그램의 탁월성이나 예비교사들의 능력면에서도 교직이 전문직임을 시사할 만한 특이성은 찾기 어렵다.

교직에 입문한 후의 지속적인 능력 개발이 폭넓게 이루어지고 있는지에 대해서도 그 결론은 부정적이다. 교직계에 지속적인 능력개발 노력들이 보편화되어 있다고 말하기 위해서는 거기에 개인 연구활동이나 자생적 연구모임의 활성화, 많은 연구결과의 발표와 상호 교환, 활발한 자율장학, 상급 학위과정 수학, 효과적 교원연수 기회의 제공 등이 이루어지고 있어야 한다.

둘째, 엄격한 자격증 제도와 어려운 직업입문

교직이 전문직성을 확보하기 위해서는 엄격한 자격증 제도하에서 아무나 교직에 종사할 수 없게 하는 어려운 직업 입문과정을 거치게 해야한다. 우리 나라의 경우 대학 졸업을 위한 최소요건만 갖추면 교원자격증이 부여되기 때문에, 심지어 비사범계열의 교직과정 이수자는 교사자격증 취득을 부차적 장식품 정도로 인식하고 있다.

현상적으로 우리나라에서 특히 중등학교의 경우 교직에의 직업 입문이 퍽 제한적이기 때문에 결과적으로 퍽 어렵게 되어 있다. 그러나 초등학교 경우는 의무적으로 졸업과 동시에 쉽게 교직에 입문하도록 되어있다. 우리나라에서 교직에의 입문은 수급 불균형에 따라 심각한 파행성(제한)을 가지며, 그것은 전문성의 기준이 높고 까다롭기 때문에 어려운 것이 아니다. 전반적으로 우리나라 현행의 교원양성·자격·임용제도는 교원의 전문성 확보와 관련하여 상당한 문제가 있다.

셋째, 전문적 지식과 기술

교직이 전문직이라면 교사들은 교육에 필요한 고유한 지식과 기술을 지니고 이를 십분 활용하여야 하며, 그 지식과 기술은 일반인들이 특별한 어려움 없이 구비하여 활용할 수 없는 높은 수준의 것이어야 한다. 그러나 교사들이 교육활동에서 사용하는 지식과 기술의 수준은 평범한 것으로 저하되고 있다는 지적과 가르치는 데에 요구되는 고유한 지식과 기술이 어떤 것인지가 합의되지 않은 가운데 교원 양성기관마다 크게 차이나는 내용들을 가지고 예비교사들을 교육하고 있다는 지적은 모두 위의 기준에 비추어 볼 때 교직이 전문직임을 말하기 어렵다는 사실을 보여준다. 서울의 한 인문계 고등학교를 대상으로 참여 관찰을 통해 교직문화를 연구한 사례(이인효, 1990)에서 지적한 다음의 진술은 우리나라 교실 교육에서 교사들에 의해 구사되는 전문적 지식과 기술의 수준을 잘 나타내 주고 있다.

> 교사의 입장에서는 "교과서 내용만 잘 알게 되면", 즉 "교과서를 보지 않고도 수업을 할 수 있게 되면" 교재연구를 더 이상 하지 않아도 된다. 교사들은 새로운 학년이나 교과를 담당하게 되면 처음 2,3년간은 열심히 교재연구를 한다. (중략)…그러나 2,3년이 지나면, 교사들은 가르쳐야할 내용을 거의 외우게 된다. 그래서 수업에 들어갈 때 학습지도안은 더 이상 들고 가지 않는다. 더욱 숙달된 교사는 교과서도 가지고 들어가지 않는다. 교사들은 수업이 없는 빈 시간에 수업준비를 하고 있는 교사에게 "아이구 무슨 교재 연구야"라고 말하면서 그들을 "풋나기"교사로 취급한다(이인효, 1990:103).

위에서 언급된 대로 교사는 교과서 내용만 잘 전달해주면 된다는 신화가 우리의 교실 교육을 지배하고 있다. 교사들이 교육 현장에서 행사하는 지식과 기술은 대부분 개인적으로 획득한 일상적 경험의 축적이라는 한계를 넘지 못하고 있다.

현실적으로 교직은 비전문직화 되어가고 있다. 그러나 교육의 본질에 충실한 교직을 상정할 경우 교직은 철저히 전문직이어야 함이 마땅하다.

더욱이나 사회가 보다 전문화되어가고, 새로운 지식과 정보가 급속히 팽창하고, 사회자체가 고학력 사회가 되어감에 따라 교원의 전문성은 더욱 철저히 관리되고 제고되지 않으면 안된다.

2.3. 특수교육 교사의 전문성

특수교육교사는 위에서 언급한 교사의 전문성을 두루 갖춘 위에 특수아동을 지도하는 데 따른 전문적 표준을 충족시키기 위해 노력해야 한다.

미국의 특수아동협의회(Council for Exceptional Children)에서는 특수아동 교사가 갖춰야 할 전문적 실천의 표준을 수업책임, 부모와의 유대관계, 여타 전문가들과의 관계등에 비추어 다음과 같이 제시하고 있다(CEC, 1993).

수업책임

특수교육 교사는 모든 특수아동에게 양질의 교육기회를 보장해 주기 위해 다음에 걸쳐 전문적 숙련성을 나타내 보여야 할 책무가 있다.

(1) 개개 특수아동의 교육적 요구를 충족시켜 주기 위해 자신의 전문적 활동영역에 적합한 교육과정과 수업방법을 확인하고 활용하는 것

(2) 자신의 전문적 실천을 효과적으로 수행하는데 요구되는 적절한 수업 매체와 기기 등을 선정하고 활용하는 것

(3) 학습자의 자기만족, 학습의욕, 긍정적 자아개념 등을 촉진하는 데 필요한 효과적인 학습환경을 창출하는 것

(4) 특수아동의 개인별 수업요구를 충족하기 위해 적절한 학습집단 구성과 개인별 사례지도를 수행하는 것

(5) 특수아동의 인종별, 성별, 연령, 가정 혹은 사회적 배경, 장애 특

성들에 따른 차별을 극복할 수 있는 공평한 측정도구와 절차를 활용하는 것

(6) 특수아동의 개인별 수업 목표에 따라 프로그램을 조정하는 것

(7) 특수아동에게 적합한 결정을 내려주기 위해 기록된 자료들에 기초하여 행정가들, 부모, 동료교사들에게 정확한 프로그램자료를 마련해 주는 것

(8) 특수한 조건하에서 정보를 공개해야할 경우를 제외하고는 개인별 정보에 대한 비밀을 유지하는 것

부모와 유대관계

특수교육교사는 특수아동의 지도를 원활히 수행하기 위해 다음의 사항들에 걸쳐 학부모와 긴밀한 상호 유대관계를 유지하도록 노력해야 한다.

(1) 전문적 용어를 사용하지 않고 부모와 효과적인 의사소통을 개발하는 것

(2) 특수아동에게 특수교육과 관련 서비스를 계획·수행·평가함에 있어 부모의 지식과 의견을 구하고 활용하는 것

(3) 개인적 자존심과 비밀성을 유지하면서 부모와 전문가들 간에 의사소통을 유지하는 것

(4) 정확한 정보와 전문적 방법을 활용하면서 부모교육의 기회를 확대하는 것

(5) 자녀의 교육권과 그런 권리를 저해하는 실제 문제들을 부모에게 알려 주는 것

(6) 장애아동의 가정에서 문화적 다양성을 인식하여 그에 대처하는 것

(7) 장애아동의 행동과 의식에 영향을 미치는 가정과 지역사회 환경적 조건의 상호관련성을 인식하는 것

여타 전문가와의 관계

특수교육교사는 관련 전문가들과 팀의 일원으로 그 기능을 수행하기 위해 다음 사항들에 대한 전문성을 유지해야 한다.

(1) 교사자신의 전공영역 멤버들과는 물론 다른 영역을 대표하는 멤버들의 수행능력과 전문성을 인식하고 수용하는 것

(2) 특수아동에 대해 여타 전문가들 간에 긍정적 태도를 견지하도록 노력하는 것

(3) 특수아동을 지원하는 다른 기관과 정보교류, 서비스전달, 평가와 훈련 등에 걸쳐 협력하는 것

(4) 특수아동을 지원하는 일반교사와 특수교육 교사 양쪽 모두에게 자문과 필요한 도움을 마련해 주는 것

(5) 학교 밖에서 특수아동을 지원하는 관련 전문가들에게 자문과 필요한 도움을 마련해 주는 것

(6) 특수교육 전문성에 대한 긍정적인 인식을 가지고 동료들과 다른 전문가들과 더불어 효과적인 인간관계를 유지하는 것 등이다.

이상에서 CEC에서 제안한 특수교육 교사의 전문성에 대한 정책지표는 특수교육 교사의 역할과 기능에 비추어 퍽 실제적인 지침으로 제시되고 있다. 학교 교육에서 특수교육 교사의 전문성 확립을 위한 핵심적 지표가 수업책임, 부모와의 유대관계, 여타 전문가들과 협력관계 등으로 집약되고 있음에 유의할 필요가 있다.

이에 비해 우리 나라에서 특수교육교사에 대한 전문성의 인식은 퍽 포괄적이면서 동시에 엄격한 기준이 공적으로 제시되고 있지 않기 때문에, 특수교육 교직에 대한 책무성이 매우 엉성한 수준에 머물고 있는 상황이다. 일반교육의 경우 최근에 교직의 전문성을 위협하는 심각한 현상이 서울의 어느 초등학교에서 "학급담임 선생님을 바꿔달라"는 학생들의 집단적 의사 표현으로 현실화되고 있다. 교사의 전문성 제고를 위한 최종관리자는 교사 자신이어야 한다.

교사의 교권은 존중되어야 하지만, 학생들의 학습권을 제대로 충족시켜주지 못하는 교권은 오늘의 교육현실에서 보호받기가 퍽 어렵게 되어가고 있다.

2.4 특수교육 교직의 어려움

특수교육은 일반교육에 대한 부차적 혹은 부담경감(sub-track)을 위한 변두리 교육이 아니다. 아닌 게 아니라 우리나라에서 특수교육은 바로 그런 대접을 받아 온 것이 사실이다. 1960년대 이래 우리나라에서 경제발전의 하위변수로 교육발전이 논의되는 동안 특수교육은 그 발전모델에서 예외적으로 제외하거나 보류하는 것을 당연시 했다. 특히 과밀학급(소위 콩나물 교실)에다가 2부제(오전반과 오후반)로 나눠 학급을 운영하는 상황에서 발전교육론의 그늘에서 부담만 안겨주는 특수교육은 소위 시기상조론(時機尙早論)에 밀리기 마련이었다.

게다가 특수교육은 경제적 발전모델에서 볼 때 그 효용성이 극히 의심스러울 뿐만 아니라, 특수아동의 교육적 요구를 충족시켜주기 위한 전문성 관리가 여간 까다롭고 복잡한 것이 아니다. 그래서 자본주의가 팽배해진 신자유주의적 경쟁체제에서 특수교육은 전형적으로 '고비용저효율'의 교육으로 낙인 된다. 그럼에도 우리나라에서 경제발전과 더불어 특수교육도 단기간에 엄청난 발전을 가져 온 것이 사실이다. 특히 국제비교의 측면에서 볼 때, 장애아동의 교육권을 비롯해서 장애인 인권 신장에서 다이나믹 코리아의 역동성을 나름대로 반영하고 있음을 결코 부정할 수 없다. 필자가 보기에 우리나라 특수교육은 1980년대 이래 양적으로 급속한 발전을 거듭해 왔으며, 그기에 영향을 받아 1990년대 중반 이후 특수교사 양성면에서도 엄청난 팽창을 가져 온 것이 사실이다. 그러나 우리나라 (특수)교육에서 양적 발전이 결코 질적 성장을 보장하지 못한다는 것이 하나의 고질적 병폐이기도

하다.

특수교육에서 그 전문성의 질적 관리를 위한 궁극 열쇠는 결국 교사의 손에 쥐어져 있다. 필자는 스스로를 되돌아보면서 사람이 하는 일 가운데 교사가 하는 일보다 더 중하고도 어려운 일이 없다는 생각이다. 왜 그런가? 사람을 사람답게 길러내는 일이 교육의 본무 혹은 본질이기에 그 일은 더할 나위 없이 어려우면서도 값진 일이다. 사람이 하는 일에서 결코 쉬운 일이 없다지만, 교사가 하는 일은 그 어려움이 본질적으로 한도 끝도 없기 때문에 지난(至難)함에 속한다. 게다가 특수교육은 '교육 중의 교육'이기에 그 어려움에서도 특별한(유별난) 면이 있다. 이제 그 어려움을 다음의 세 측면에서 구체적으로 살펴보고자 한다.

첫째는 교사가 일차적으로 가르치는 일에 능숙해지기 위해서는 그가 가르치는 교과내용에 정통해야 한다. 가르치는 교과내용면에서 일반교사가 하는 일과 특수교사가 하는 일이 본질적으로 다르지 않다. 특수교사 양성과정 운영에서 예나 지금이나 하나의 난점으로 등장하는 일이 특수교육 교사에게 전공은 특수교육인가 교과교육인가 하는 문제이다. 현장에 가서 특수교사가 주로 하는 일은 교과를 가르치는 일이지만, 양성과정에서 그의 주된 전공은 '특수교육'으로 인식되기 마련이다. 그러나 모든 특수교사는 엄격히 말해 '복수전공자'일 수밖에 없다.

왜냐하면 결국 특수교사는 특수교육과 교과교육을 하나로 아울러야 하기 때문이다. 그럼에도 어느 것이 주(主)고 어느 것이 종(從)이냐고 굳이 따진다면 일차적으로 '교과'에 무게를 두지 않을 수 없다. 이것은 우리가 '좋다 싫다'라는 선택의 여지가 없는 문제이다. 그래서 모든 교사는 그가 가르치는 교과내용과 관련하여 부단하게 공부하는 '지식인'이어야 한다. 당대 사회에서 교사는 전형적으로 지식인이어야 한다. 특히 오늘날과 같이 지식이 부단히 팽창하는 '지식기반'(knowledge-based)

사회에서 교사는 스스로 '평생학습인'으로 거듭나야 한다. 필자가 보기에 교사의 교과지도 능력은 양성과정에서 그 출발점을 디딘 다음 그가 교사가 되고 난 다음에 어느 정도로 지속적인 노력을 가하여 그 종착점에 이르는지가 중요하다고 본다. 특수교사를 비롯해서 모든 교사는 그가 교직에 입문하는 순간부터 '교과적 삶'이 몸에 베여야 한다. 그런 의미에서 이홍우(2006)는 교과와 그것을 가르치는 교사가 따로 노는 이원적(二元的) 삶을 극히 경계하면서 교사에 의한 교과의 체화(體化)를 강조하고 있다. 모든 교사는 교과를 자기 몸속에 집어넣어 교과를 내면화(內面化)) 한다는 것이 얼마나 어렵고도 가치 있는 일인가를 끊임없이 성찰해 보아야 한다.

둘째로 교사는 그가 가르치는 아동학생을 이해하고 그들과 소통하는 것이 얼마나 중요하면서도 어려운가를 인식하여야 한다. 안다고 다 되는 일은 아니지만, 철저히 아는 만큼 실천이 뒷받침되기 마련이다. 특수교육에서 개개 아동을 이해하고 그런 기반 위에서 지도하기 위해 소위 개별화교육계획(individualized education plan)이라는 것을 교육의 경영도구로 반드시 개발하도록 법제화하고 있는 것은 그 만큼 아동의 특수한 교육적 요구를 과학적으로 파악하는 일이 중요하다는 것을 강조하기 위함으로 볼 수 있다. 그러나 여기서 교사에 의한 아동이해와 소통은 과학적 정보를 넘어서는 것으로 보다 총체적이면서 문화적 코드 맞춤까지 포함하는 그런 것이다. 즉 아동의 표면정보 뿐만 아니라 배후정보까지 포함하는 그런 이해와 소통이다. 파울로 프레이리(P. Freire)가 지적한 것처럼 교사는 가르치면서 배우는 사람이다. 교사는 교과를 가르치는 동안에 그 가르침이 학생과 소통되게 하기 위해 학생으로부터 부단히 배워야한다.

일반적으로 교사들은 그가 구사하는 교수방법(teaching method)에 대해서는 비교적 풍부한 정보를 가지고 있지만, 학생들이 문제를 해결하는 학습방법(learning strategies)에 대해서는 무심하거나 잘 모르는 경우가 많다. 선교육(禪敎育))에서 '줄탁동시'(啐啄同時)라는 말이 있다. 김충열(2007) 교수가 「중용·대학강의」에서 인용한 '줄탁동시' 라는 말의 해석을 직접 들어 보자.

> 선교육(禪敎育)의 명언 중에 '줄탁동시'(啐啄同時)라는 말이 있다. 어미 닭이 알을 품고 부화되기를 기다린다. 달걀 속에 병아리는 부화할 때가 되면 어미 닭에게 내가 밖으로 나가려고 하는데 어려움이 있으니 도와달라는 신호를 보낸다. 이 때 어미 닭은 이 신호를 정확히 전달 받아 알을 콕콕 쪼아 병아리를 돕는다. 그런데 문제는 병아리의 신호와 어미 닭의 응답이 동시에 진행되어야 한다는 것이다. '줄'(啐)은 병아리의 신호요, '탁'(啄)은 어미 닭의 파각(破却)이다. 만일 '줄'의 신호가 있었는데도 제 때 탁(啄)이 이루어지지 않으면 병아리는 부화(孵化)하지 못하고 죽는다. ...(중략) 그러므로 '동시'(同時)라는 계기는 사활이 걸려 있는 문제라고 하지 않을 수 없다. 말로는 쉽지만 실제로 얼마나 어려운 문제겠는가? 아마도 이론 중에서 가장 어려운 이론이 교육이론이 아닐까 한다(김충열, 2007, p.191).

어찌 '줄탁동시'가 선(禪)교육에만 해당되겠는가? 국립특수교육원 벽에 이 말이 걸려 있다고 들었다. 윗글에서 김충열 교수는 "이론 중에서 가장 어려운 이론이 교육이론이 아닐까 한다."고 했는데, 아마도 이론대로 실천하기가 가장 어려운 것이 교육이라는 의미로 읽어야 할 것 같다. 교육 중에도 가장 어려운 교육이 특수교육이기에 '줄탁동시'는 더욱 절실한 난제로 닥아 온다. 여기서 '동시'(同時)라는 계기는 사활이 걸린 문제이다. 특수교육을 비롯해서 모든 교육은 곧 '사활'(死活)이 걸린 문제로 인식되어야 한다. 여기서 죽고 사는 것의 당사자는 곧 학습자이지만, 다른 한편에서 그 사활의 열쇄는 교사의 손에 쥐어져 있다.

불교의 사섭(四攝) 가운데 하나로 '동사'(同事)라는 말이 있다. 불교에서 네 가지 교육적 자세로 사섭(四攝)은 (물질이나) 가르침을 배푸는 보시(布施), 친절한 말씨로 격려하는 애어(愛語), 올바른 행동으로 이끄는 이행(利行), 상대방과 동일한 수준에서 행동을 같이하는 동사(同事)를 일컫는다. 이 때 '同事'는 교사에 의한 교육적 자세를 깍아지른 듯이 반영하고 있다.

이처럼 특수교사는 교육의 과정에서 장애아동과 동일한 수준에서 그들이 이해할 수 있는 언어와 방법으로 교수(teaching)에 임해야 한다. 특수교사가 교육의 과정(특히 교과교육)에서 장애아동과 더불어 이 '同事'를 하나의 방편(方便)으로 얼마나 능수능란하게 구사하느냐에 따라 특수교육은 진정 '교육'의 반열에 든다. 모든 나무는 불타는 속성을 지니고 있듯이 모든 장애아동에게는 교육가능성이 내재해 있다. 그러나 누군가 나무에 불을 붙여야 나무가 타듯이 누군가에 의해 어미 닭의 파각(破却)이 일어나게 해야 한다. 그래서 특수교사가 하는 일은 지난(至難)하다. 이것이 특수교사의 운명이다. '줄탁동시'와 '동사'는 교육본질을 절묘하게 반영하는 언어의 극치이지만, 함부로 운위(云謂)할 수 없는 무서운 말이다. 이런 경우에 대비해서 우리는 '언어도단'(言語道斷)이라는 말을 쓴다.

마지막으로 교사는 남을 가르치기 위해 먼저 자기 자신을 가르치는 일을 필생의 과업으로 삼는 사람이어야 한다. 그래서 교직은 곧 수행(修行)의 과정이다. 금강경을 비롯해서 대승기신론에서는 간지스강의 모래보다 더 많은 물질적 공덕을 하루도 빠짐없이 배푸는 일보다 밥 한 끼 먹는 시간 동안만이라도 이들 경전에서 가르치는 삶을 살고자 tm스로를 성찰하는 사람은 전자의 공덕에 비할 바가 없는 그런 공덕에 해당되는 삶을 산다고 했다. 교사의 삶은 교과와 더불어 혹은 교과를 가르치는 동안에 학생들에게 인격의 전범(典範)을 드러내는 그런 삶이어야 한다. 그러기 위해 교사의 삶은 전형적으로 내면적으로 자기를 이롭게 하는 자리적(自利的) 삶이어야 한다.

불교에서는 스스로를 이롭게 하는 자리행(自利行)은 다른 사람을 이롭게 하는 이타행(利他行)과는 그 격(格)을 비할 수 없는 것이라고 했다. 전자는 '마음 안'의 공덕이고 후자는 '바깥'의 공덕에 해당된다. 게다가 교사는 스스로 자리적(自利的)삶을 사는 동안에 자신도 모르는 사이에 학생들을 향한 이타적 삶을 드러낼 뿐만 아니라, 교사가 자리적 삶을 사는 정도만큼 학생들도 자리적 삶에 입문하게 된다. 이홍우(2006)는 교사에 의한 자리적 삶의 교육적 함의를 이렇게 말하고 있다.

> 결국 (성직자와) 교사가 자리적 삶을 사는 것은 그러한 삶이 추구하는 심성함양이 자신에게 '이익'이 된다고 생각하기 때문입니다. ...(중략) 교사가 하는 일은 자리적 삶을 사는 것이 그 삶을 사는 당사자에게, 이타적 삶이 베푸는 이익과는 다른 의미에서, 그리고 그 이상으로, 그것에 비길 수 없는 '이익'이 된다는 것, 그리고 이타적 삶은 이 '이익'에 비추어서만 올바른 가치를 가지게 된다는 것을 다른 사람에게 전수하는 것입니다. 자리적 삶에 들어 있는 이 이타적 측면은 교사가 가능한 한 충실하게 자리적 삶을 사는 것 이외의 다른 방식으로는 실현될 수 없습니다. 그들이 자리적 삶을 충실히 살 때 비로소, 그리고 그 정도만큼, 다른 사람들도 자리적 삶을 살게 될 것입니다. ...(중략)기신론의 용어로 말하자면, 우리의 삶은 여래와 중생이 함께 타고 있는 '큰 수레'입니다. 노인이 손자에게 들려주는 옛날이야기(문학의 초보적 형태)는 '손 씻어라, 밥 먹어라'는 잔소리가 손자에게 이익이 되는 것과는 다른 방식으로 손자에게 이익이 됩니다. 그리고 전자의 이익은 후자의 이익에 비하여 '한도 끝도 없이' 큰 것입니다(이홍우, 2006, pp. 254-255).

특수교육도 교육인 한에서(아니 교육 중의 교육이기에) 특수교사의 삶은 전형적으로 자리적 삶이어야 한다. 이것은 모든 특수교육 교사에게 주어진 운명이다. 그리고 그 운명은 우리가 자의적으로 거역할 수 있는 그런 것이 아니다.

| Chapter 3 |

특수교육 교사양성제도

3.1. 우리나라의 특수교육 교사양성제도

3.1.1. 특수교육 교사 양성체제 발전과정

우리나라에서 근대적 방법으로 특수교육을 시작한지 1세기를 넘겼다. 그간 특수교육 교사양성제도는 우리나라 특수교육 제도 전반의 발전과 더불어 많은 변화를 거쳐 왔다. 우리나라 특수교육 교사 양성 체제의 변천 과정은 다른 나라의 일반적인 예에서 볼 수 있듯이 크게 ①견습생 혹은 도제식 훈련체제, ②단기 강습이나 훈련에 의한 양성체제, ③정규 대학과정에 의한 양성체제 등으로 발전해 왔다.

첫째 단계 : 견습생/도제식 훈련체제 : 1898년에서 광복 이전까지

1898년 R. S. Hall 부인은 평양에서 맹여아 오봉래에게 뉴욕식 한글 점자 체제를 직접 전수하여 한글을 읽고 쓸 수 있게 한 다음 그 후에 오봉래는 일종의 교생자격으로 후배 맹학생들에게 그가 배운대로 직접 점자지도를 수행 하였다. 한편, Hall부인은 1908년에 이익민 등을 중국에서 동료 선교사가 운영하는 농학교에 파견하여 직접 농교육 방법을 익히게 한 후, 이듬해에 평양에서 처음으로 농교육을 시작하였다. 이처럼 초기에 특수교육을 시작한 Hall 부인은 일종의 견습생 훈련이나 도제식 훈련을 통해 당시 평양 맹아학교의 교사를 자체적으로

충당하였다.

후에 평양 맹아학교의 학생수가 많아지고, 또 1913년에 설치된 제생원(濟生院) 맹아부를 담당할 교사를 충당하기 위한 목적으로 당시 일본의 동경 맹학교와 농학교 사범과에 유학생을 파견하여 특수교육 분야에 전문훈련을 받은 교사를 충원하기도 했다. 이것은 당시 특수교육 교사 양성체제가 견습생 훈련형태에서 단기 훈련과정 체제로 이행하는 일종의 과도적 현상으로 볼 수 있다.

둘째단계 : 단기훈련 양성체제 : 1950년에서 1964년까지

우리나라에서 최초의 특수교육 교사양성을 하게 된 것은 1950년 6월 서울맹아학교 맹학생과 농학생 가운데 우수한 자들을 선발하여 특수교육을 담당할 교사로 양성하여 활용한 것에서 비롯되고 있다. 초기의 특수학교들이 자체적으로 사범과를 설치하여 직접 교사양성을 하는 경우는 외국의 예에서도 흔히 볼 수 있다.

그 후 1954년에는 1년제의 보통 사범과를 설치하여 정상인으로 고등학교 과정을 마친 사람을 대상으로 1년 동안 특수교육에 대한 훈련을 거쳐 맹학교와 농학교의 교사를 양성하였다. 당시 국립 맹학교에 3년제의 사범과 설치는 맹·농학생들을 대상으로 특수학교 교사를 양성하였다는 데 큰 특징이 있으며, 1년제의 보통 사범과는 고등학교 과정을 졸업한 정상인을 대상으로 1년 동안 특수교육 훈련을 시킨 전형적인 단기훈련 양성체제라 할 수 있다.

1년제 보통 사범과의 교육과정을 보면 국어, 수학, 사생, 과학, 영어, 미술, 보건, 음악 등에 걸쳐 교과교육이 주당 34시간 중 23시간으로 전체의 약 68%를 차지하고 있으며, 교직과목으로 교육학 분야가 7시간으로 20%정도 할애되고, 나머지 12%정도가 특수교육 교직과정으로 점자(2), 구화(1), 수화(1) 등을 개설하였다.

맹·농 분야 사범과와 보통 사범과는 1964년 3월에 서울 맹학교와

서울 농학교에 고등부가 신설되면서 폐과되었다. 당시에 이 양성체제에 의해서 맹학교 교사 자격증을 취득한 사람이 217명(맹인 94, 정안자 123), 농학교 교사 자격증을 취득한 사람은 298명(농인 68, 건청인 230명)으로 이들 중 상당수는 아직도 특수학교에 봉직하고 있다.

셋째단계 : 대학의 정규과정에 의한 양성체제 : 1961년에서 현재

대학과정에서 특수교육 교사를 양성하게 된 것은 1961년 한국사회사업대학(현 대구대학교의 전신)에 특수교육과를 설치한 것이 그 효시이다. 여기서는 1964년에 2년제 대학 졸업자에게 맹·농학교 교사 자격증을 수여하였고, 다음 해에는 4년제 대학 졸업생들에게 맹학교와 농학교 교사 자격증을 취득케 하였다. 그러나 그 후 특수학교 교사수요가 극히 한정되어 있었기 때문에 1968년부터 1976년까지의 특수교육과 졸업생에게는 일반학교 교사 자격증을 부여하였다.

그 후 1971년 단국대학교와 이화여자대학교에 특수교육과가 설치되었고, 1980년 강남사회복지학교(현 강남대학교), 1981년 전주우석대학에 특수학교 교직과정이 설치되었으며, 1983년 국립인 공주대학과 1995년 부산대학교에 각각 특수교육과가 설치되었다. 1998년에는 창원대학교와 조선대학교에도 각각 특수교육과를 신설인가 받았다.

1999년 현재 특수교육 담당교원을 양성하는 대학은 공주대학교, 부산대학교, 강남대학교, 단국대학교, 대구대학교, 이화여자대학교, 우석대학교, 용인대학교, 창원대학교, 조선대학교, 여수대학교, 순천향대학교, 나사렛대학교, 천안대학교 등이다. 이는 국립대학 4교, 사립대학 10교로 모두 14개교이며, 매년 약 600명 정도의 교사를 양성하고 있다.

이외에도 1992년 12월 교육법 [별표1] 개정으로 인해 교육대학원(특수교육전공) 또한 특수교육 담당교사 양성기관으로 지정되었다. 이외에도 1997년 11월 특수교육대학원의 설치와 교육대학원 특수교육 전공의 증설로 2000년도부터는 단국대학교 특수교육대학원(전공 : 특수

〈표 3-1〉 국립맹학교 사범과와 보통사범과 졸업생 현황

졸업 년도	맹(盲)		농(聾)		비고
	사범과 (3년)	보통사범과 (1년)	사범과 (3년)	보통사범과 (1년)	
1954	7	•	•	•	○ 보통사범과는 정상인 이수
1955	•	•	•	5	
1956	•	•	•	19	
1957	6	•	3	30	
1958	5	•	4	11	
1959	5	•	4	36	○ 1959년 맹·농 분리(서울맹·농아학교)
1960	5	33	3	41	
1961	5	35	1	28	
1962	6	19	1	22	
1963	14	16	7	18	
1964	15	20	10	20	
1965	12	•	20	•	
1966	16	•	15	•	
계	96	123	68	230	

유아교육, 초등특수교육, 중등특수교육, 언어치료교육, 물리·작업치료교육, 심리치료교육, 입학정원 : 100명)과 대구대학교 특수교육대학원(전공 : 시각장애교육. 청각장애교육, 정신지체교육, 지체부자유교육, 유아특수교육, 치료교육, 초등특수교육, 입학정원 : 100명)에서 연 200명의 특수교육 담당교사 양성·공급이 가능하게 되었으며, 세종대학교(유아특수교육), 용인대학교(특수교육), 인제대학교(특수교육), 공주대학교(유아특수교육), 가톨릭대학교(특수교육) 등의 교육대학원과 진주교육대학교(초등특수교육) 등 교육대학교 대학원에도 특수교육 전공이 설치되어 특수교육 교사를 양성할 수 있게 되었다.

이상에서 처럼 우리나라 특수교육 교사 양성체제의 변천과정을 일별해 보면, 19세기말에서 광복 이전까지는 주로 견습생 훈련이나 도제식 훈련형식으로 필요한 특수교육 교사를 충원해 왔으며, 부분적으로 해외유학을 통한 특수교육 단기훈련 과정을 거쳐 특수학교 교사로 채용하기도 했다. 이어 광복 후 1950년대에서 60년대 중반까지는 기존의 특수학교 내에 설치된 사범과를 통해 단기훈련에 의한 양성체제를 유지해 오다가, 60년대 중반 이후 대학과정에서 교사양성체제를 갖게 되었으나, 대학과정의 양성체제가 본격적으로 활용되기는 70년대 중반 이후부터였다. 한편, 90년대에 와서는 교육대학원의 특수교육 전공 뿐만 아니라 신설된 특수교육대학원에서 특수교육교사를 양성할 수 있게 되어, 특수교육교사 양성을 대학원 수준으로 격상시키는 계기를 마련하였다.

3.1.2. 특수학교 교원 자격증제도의 변천

우리나라에서 특수학교 교사 자격이 법규로 처음 명문화된 것은 1949년 교육법 '제 9절 특수학교'란이 설정된 3년후인 1953년 교육공무원법이 신규 제정되면서부터이다.

표 3-2에서처럼 초기 자격기준은 '특수학교는 장애가 있는 자에게 초등학교, 중학교에 준한 교육과 그 실생활에 필요한 지식, 기능을 가르침을 목적으로 한다'는 교육법 규정(제143조)에 따라 교육공무원법상에는 교사의 자격을 정교사(1급, 2급), 준교사, 특수교사, 양호교사로 나누어 별표 제 2호의 자격기준에 달하는 자로서 문교부 장관이 수여하는 자격증을 가진 자라고 한정하는 동시에 특수교사는 초등학교 특수교사, 중등학교 특수교사로 기준을 구분하였다. 이때는 중앙교원자격검정위원회의 검정을 거치거나 특수학교 사범과를 졸업한 자만 특수교육 교사 자격증을 취득할 수 있었다.

1953년 신규 제정된 교육공무원자격검정령은 위의 특수교사 자격을 1급정교사, 2급정교사, 준교사로 세분하고 모든 자격증의 효력을 10년으로 하는 등 자격증제도 체제를 새로이 정비하였다.

1963년 사범학교제를 폐지하고 초등학교는 교육대학에서, 일반 중학교 및 고등학교 교원은 4년제 대학에서 양성토록 교육법을 개정함에 따라 특수학교 교사자격도 교육공무원법에서 개정을 보게 되었다. 즉, 대학 또는 초급대학 졸업자로서 재학 중 소정의 특수학교 교직과정을 이수한 경우는 1급 정교사 자격증을, 특수학교 교사의 자격검정에 합격한 자는 2급 정교사 자격증을 부여할 수 있도록 규정하였다.

〈표 3-2〉 초기의 특수학교 교사자격기준

학교급 자격별	고등학교	중학교	국민학교
정교사(1급)	생 략	생 략	생 략
정교사(2급)	생 략	생 략	생 략
준 교 사	생 략	생 략	생 략
특수교사	1. 중등교원 자격 검정위원회에서 고등학교 특수교사 자격 검증을 받은 자 ① 실업과 과학과에 대한 특수한 지식과 기능을 가진자 ② 예능과, 보건과에 대한 특수한 지식과 기능을 가진자	1. 중앙교원 자격검정위원회에서 중학교 특수교사 자격 검정을 받은자 ① 실업과 과학과에 대한 특수한 지식과 기능을 가진자 ② 예능과, 보건과에 대한 특수한 지식과 기능을 가진자	1. 중앙교원 자격 검정위원회에서 국민학교 특수교사 자격 검정을 받은자 ① 실업과 과학과에 대한 특수한 지식과 기능을 가진다 ② 예능과, 보건과에 대한 특수한 지식과 기능을 가진자
		2. 특수학교 사범과 졸업자	2. 특수학교 사범과 졸업자

[자료] : 교육공무원법(법률 제285호, 1953. 4. 18) 발표 제 2호

1964년에는 종전의 교육공무원자격검정령을 폐지하고 교원자격검정령을 신규 제정하여 대체하였다. 동령 별지 제 2호에 의하면 특수학교의 초등교사는 맹·농아를 표시하고, 특수학교의 중등과는 맹·농아의 표시 다음에 괄호를 만들어 중등학교란의 전공과목을 표시하도록 하여 특수학교교사 자격제도가 장애영역별, 교과별로 전문화되었다. 그러나 같은 해 7월 교원자격검정령 1차 개정 때는 정교사(1,2급), 준교사로 나누어져 있던 것을 '특수학교교사'로 통합하여 자격제도상 상당한 퇴보를 가져오기도 했다.

그 후 1969년 특수학교교사 자격증 표시과목으로 '정신박약'과 '지체장애'를 추가 신설한 것은 종전 맹·농의 중심에서 정신지체·지체장애의 영역까지 확대하여 장애별 교육을 강화하였다는 점에서 발전적인 조치라 볼 수 있다.

1973년 교원자격검정령을 개정하여 중등학교 교사자격증 표시과목에 「특수교육, 시청각교육, 전자계산, 철도운전, 철도업무」를 추가하였는데, 이 중 특수교육이 포함된 것은 기존 특수학교 교사자격증으로는 취업기회가 희소하므로 사범대학은 중등교사를 양성하는 기관이라 하여 부전공 교과목을 이수하여 기회를 제공하자는 의도가 있었던 것으로 추정된다. 그 후 「특수교육」 표시과목은 1978년 교원양성대학의 전공과 중등교과목 분류간의 불일치 현상을 해소하기 위한 작업의 하나로 폐지되었다.

또 동세칙에는 초등 특수교사 자격증에 장애영역을 표시토록 명시되어 있지 않았으며, 중등 특수교사 자격증에는 교과목과 장애영역을 표시토록 규정되어 있었다. 이때 초등 자격증에 장애별 표시가 없어 자격증 발급에 문제가 발생하였던 것이다. 그 당시 장애별 통합 양성을 목적으로 하였는지, 행정착오였는지 그 자세한 경위를 확인할 수 없으나 이로 인해 자격증 발급제도가 일부 혼선을 빚었다. 이어 1982년 동세칙 개정으로 초등특수교사 자격증에 장애영역을 표시하도록 다시 환원하였으며, 1986년 이후 현재에 이르기까지는 모든 양성기관에서 장애영역을 구분하고 있는 실정이다.

1953년 교육공무원법상의 특수학교 교사 자격증이 1992년 교육법 개정 이전까지 각 양성기관에서 발급한 특수교육 담당교사의 자격증 표기유형을 연대별로 정리해 보면 표 3-3과 같다.

표 3-3과 같이 자격증의 표기유형이 아주 다양한 것은 특수교육교사자격증 제도에 대한 일관성있는 전문성이 결여된 탓이기도 하지만, 현실적으로는 특수교육교사 양성 대학들이 자신들의 편의에 따라 교사자격증 발급에 영향을 미친 편의주의 탓이기도 하다.

〈표 3-3〉 특수학교 자격증 표기 유형의 변천

연도	자 격 증 표 기 유 형
'50 ~'60	국민학교 특수교사(맹 또는 농과) 중학교 특수교사(일반중등교과목) 고등학교 특수교사(일반 중등교과목)
'70 ~'77	초등 : 특수학교 교사(맹·농) 중등 : 특수학교 교사(맹·농) + (일반중등교과목) ※ 중등학교 2급 정교사(특수교육) 부전공 영어
'78 ~'81	초등 : 특수학교 교사 (맹·농·정신박약·지체장애) 중등 : 특수학교 교사(맹·농·정신지체·지체장애) + (일반중등교과목) 특수학교 교사 특수학교 교사 부전공(일반중등교과목)
'82 ~'85	특수학교 교사 특수학교 교사 부전공(일반중등교과목) 특수학교 교사(맹·농·정신박약·지체장애), 부전공(일반중등교과목) 초등 : 특수학교 교사(맹·농·정신박약·지체장애) 중등 : 특수학교 교사(일반교과목) + (맹·농·정신박약·지체장애)
'86 ~	초등 : 특수학교 교사(맹·농·정신박약·지체장애) 중등 : 특수학교 교사(일반중등교과목) + (맹·농·정신박약·지체장애)

[자료] 김원경(1997). 특수학교 교사 자격제도. 국립특수교육원

1992년 12월 특수교육 담당교원의 자격 및 양성제도를 개선하여 특수교육 현장의 내실화에 기여할 수 있도록 교육법중 교사자격기준[별표1]과 교장(감)자격기준 [별표2]를 전면 개정하였다. 개정된 교사자격기준은 정교사 1급 자격란에 정교사(1급)·(2급)·준교사 구분 없이 ① 대학 또는 전문대학 졸업자로서 재학중 소정의 특수교육 교직과정을

〈표 3-4〉 특수학교 교사자격 기준

자격	특 수 학 교
정교사(1급)	1. 특수학교 정교사(2급) 자격증을 가지고 3년 이상의 교육경력이 있는자로서 소정의 재교육을 받은자 2. 특수학교 정교사(2급) 자격증을 가지고 1년 이상의 교육경력이 있는자로서 교육대학원 또는 교육부장관이 지정하는 대학원에서 특수교육을 전공하고 석사학위를 받은 자 3. 유치원·초등학교 또는 중등학교 정교사(1급) 자격증을 가지고 필요한 보수교육을 받은 자 4. 유치원·초등학교 또는 중등학교 정교사(2급) 자격증을 가지고 1년 이상의 교육경력이 있는자로서 교육대학원 또는 교육부장관이 지정하는 대학원에서 특수교육을 전공하고 석사학위를 받은 자
정교사(2급)	1. 교육대학 및 사범대학 특수교육과를 졸업한 자 2. 대학의 특수교육 관련학과 졸업자로서 재학중 소정의 교직과정을 이수한 자 3. 유치원·초등학교 또는 중등학교 정교사(2급) 자격증을 가지고 필요한 보수교육을 받은자 4. 유치원·초등학교 또는 중등학교 정교사(2급) 자격증을 가지고 교육대학원 또는 교육부장관이 지정하는 대학원에서 특수교육을 전공하고 석사학위를 받은 자 5. 특수학교 준교사 자격증을 가지고 2년 이상의 교직경력이 있는 자로서 소정의 재교육을 받은 자 6. 유치원·초등학교 또는 중등학교 준교사(2급) 자격증을 가지고 2년 이상의 교육경력이 있는자로서 교육대학원 또는 교육부장관이 지정하는 대학원에서 특수교육을 전공하고 석사학위를 받은 자
준교사	1. 특수학교 준교사 자격검증에 합격한 자

이수한 자, ②특수학교 교사의 자격 검증에 합격한 자로 되어 있던 것을 정교사(1급)·(2급)·준교사로 구분하여 현직연수 강화와 승급 기회를 제공함은 물론 양성 수준을 다양화하였다. 개정된 특수학교 교사 자격기준은 표 3-4와 같다.

이상과 같이 자격증의 표기유형이 아주 다양한 것은 제도의 변경 이외에도 양성 대학들이 자체 형편에 따라 학점을 이수시킴에 따라 자격제도에 부응한 교사자격증을 발급치 못한 현실적 요인에도 기인한다고 볼 수 있다.

개정된 자격기준에 따르면 양성기관이 전문대학·대학에서 대학 또는 대학원 수준으로 격상되었다. 또한 양성과정도 대학의 특수학교 교직과정 이수자와 교사 자격검정 합격자로 하던 것을 대학 특수교육과 졸업자와 관련학과 졸업자 중 교직과정 이수자, 일반교사 자격증 소지자중 보수교육 이수자, 일반교사 자격증 소지자의 대학원 석사학위 소지자 등으로 다양하고, 종전 교사 자격검증 합격자는 정교사로 하던 것을 준교사로 하향 조정하였다.

〈표 3-5〉 특수학교 교장(감) 자격기준

구 분	구 법	신법('92.12)
교 장	1. 중등학교 또는 초등학교 교장 자격증을 가진자 2. 특수학교 교사 자격증을 가지고 9년이상 교육경력과 소정의 재교육을 받은자	1. 특수학교 교감 자격증을 가지고 3년 이상 교육경력이 있는 자로서 소정의 재교육을 받은자 2. 초등 또는 중등학교 교장자격증을 가지고 필요한 보수교육을 받은자 3. 학식 덕망이 높은 자로서 장관의 추천을 받은자
교 감	1. 중등학교 또는 초등학교 교감 자격증을 가진자 2. 특수학교 교사 자격증을 가지고 6년 이상 교육경력과 소정의 재교육을 받은자	1. 특수학교 정교사(1급) 자격증을 가지고 3년이상 교육경력이 있는 자로서 소정의 재교육을 받은자 2. 초등 또는 중등학교 교감 자격증을 가지고 필요한 보수교육을 받은자

특수학교 교장·교감 자격 기준 개정 내용을 비교하면 표 3-5와 같다.

교장·교감 자격기준 개정 내용을 보면 일반학교 교장·교감이 특수교육에 대한 소양 없이 특수학교 교장·교감자격을 취득하여 현장에서 근무하는 현상은 개선되었다고 볼 수 있다.

3.2. 주요국의 특수교육 교사양성제도

3.2.1. 미국의 특수교육 교사양성제도

미국의 특수교육 교사양성제도는 각 주 정부에서 자격기준을 결정하기 때문에 주에 따라 다르며, 같은 주 내에서도 양성기관의 특성에 따라 다양성을 나타낸다. 따라서 미국의 특수교육 교사 양성체제를 하나로 묶어 "이것이 곧 미국의 특수교육 교사 양성제도이다."라고 제시하기란 불가능하다. 이런 측면에서 미국 캘리포니아 주립대학교(LA)의 김효선(Christina Kimm)교수는 각각 다른 특징을 나타내는 미네소타, 네바다, 캘리포니아주에서 실시하는 특수교육 교사양성제도를 다음과 같이 소개하고 있다(김효선, 1995).

미테소타주 : 대학원 수준 양성

미네소타주에서는 특수교사 양성기관에 입학하기 위한 조건이 두가지가 있다. 첫째로, 일반학교 교사자격증을 소지해야 하고, 둘째로 일반학교에서의 교사 경력이 2년 이상인 사람이 특수교사 양성과정에 입학을 할 수 있다. 미네소타에서는 4년제 대학에서 교양과목과 전공과목 및 교직과목 등을 이수하고 2학기에 걸친 교생실습을 하는 일련의 조직된 교육과정을 이수하면 일반교사 자격증을 획득하게 된다. 그 후 학교에서의 경력이 적어도 2년이 된 경우에 대학원과정에 설치된 특수교사 프로그램에 입학이 가능하다.

특수교사 자격증의 종류는 정신지체, 학습장애, 시각장애, 청각장애, 정서장애, 지체장애 등이 있다. 지체장애를 제외한 다른 자격증 이수는 각 자격증을 위한 교육과정의 교과목을 이수하는 것으로 자격증을 획득하나 지체장애 경우에는 다른 특수교사 자격증을 소지하고 있는 사람만이 재등록을 하여 소정의 과정을 이수하고 지체장애영역의 특수교사 자격증을 획득하게 된다.

네바다주 : 4년제 대학 수준과 대학원 수준 양성의 병행

네바다 주에서의 특수교사 양성제도는 미네소타와는 달리 특수교육학과가 4년제 대학과정으로 개설되어 있는데 이 대학과정은 학습장애에 관한 교육과정으로 이루어져 있으며, 졸업 후 기본 특수교사 자격증을 부여받고 일반학교내 자료실이나 학습장애를 가르치는 교직을 가질 수 있다. 이 기본 특수교사 자격증을 소지한 사람들이 대학원과정의 특수교육 영역의 전공을 택해 세분화된 특수교사 자격증을 획득하게 된다. 특수교육의 영역으로 정신지체, 시각장애, 청각장애, 정서장애, 지체장애 등으로 구분되어 있다. 대학원과정의 특수교사 양성 교육과정을 이수한 사람만이 각 분야에 맞는 장애아동의 교육을 담당하는 교사로 취업할 수 있다.

캘리포니아주 : 대학원 수준양성

캘리포니아의 특수교육 교사양성제도는 다른 어느 주보다도 보수적이다. 우선 일반교사자격증이 특수교육교사 교육과정에 입학하는 전제 조건이 된다. 캘리포니아에는 일반교사가 되기 위해 우선 4년제 대학을 졸업해야 한다. 일반적으로 유아발달이나 그와 유사한 학부과정을 이수한 사람은 초등학교 교사자격증을 획득하기 위한 프로그램에 입학을 하고, 학부에서 영어, 사회, 역사, 물리, 수학 등과 같이 교과과목에 치중된 교육을 받은 경우에는 중등학교 교사자격증을 위한

프로그램에 입학을 한다. 캘리포니아에서는 일반학교 교사도 역시 대학원 과정에서 양성하며, 이러한 일반교사 자격증을 소지한 사람만이 특수교사 양성 프로그램에 입학자격이 주어진다. 특수교사 양성 교육과정에서 교생실습은 학생에 따라 두학기나 세학기에 걸쳐 실시하고 대학교수가 한 학기에 7회 이상 직접 방문하여 지도 평가를 하게 된다.

캘리포니아에서는 심각한 교사 부족 현상을 해소하고 임시교사 자격증을 가지고 있는 교사들에 의해 운영되는 특수교육의 질을 높이기 위해 특수교사 양성 프로그램에 개혁이 필요하여 1991년부터 각 대학의 창의적인 교육과정의 개발을 촉구했다. 그 골자로는 특수교사 양성과정의 입학조건인 일반 교사자격증 소지를 없애는 것으로 최대한 단기간에 질적인 교사를 양성하는 교육과정을 요구하는 것이다.

이에 캘리포니아 주립대학(Califonia State University, Los Angeles)이 캘리포니아에서는 처음으로 특수교사 자격증을 기본 자격증으로 인정하는 교육과정을 개발하여 1995년 가을 학기부터 실시하고 있다. 이 프로그램에서는 학사자격증과 교사기초 시험에 합격한 사람을 대상으로 입학기준을 넓히고 있다. 교과 영역으로는 청각장애, 시각장애, 지체부자유, 특수유아교육, 경중도장애, 중중도장애로 나누고 있다. 경중도와 중중도 영역의 교사 자격증은 과거의 학습장애와 정신지체를 장애의 정도로 표시한 새로운 교사자격증이다. 학습장애, 행동장애, 정신지체, 중증장애, 복합장애 등을 통합하여 경중도와 중중도의 자격증으로 나눈 것이다.

경중도와 중중도의 자격증을 취득하기 위한 교육과정은 두단계로 나누어져 있다. 기초 특수교사자격증(2정 정교사에 포함)을 취득하기 위해서는 2학기에 걸친 교생실습을 포함한 49학점을 이수하도록 되어 있다. 이 과정을 이수하면 학생은 기초자격증을 취득하게 되고 그 이후 5년 내에 20학점으로 구성된 전문 교사자격증(1정 정교사에 속함) 과정을 마쳐야 한다. 그렇지 않으면 기초 특수교사자격증이 말소되고 만다. 전문 특수교사자격증을 소지하고 취업을 한후에도 5년에 한 번씩 자신과 학교 간의 계약에 의한 연수과정에 참가한 증빙서류를 제출하여 자격증을 갱신한다. 그러한 연수과정으로는 대학원의 학과목을 들어야 하므로 대부분의 교사들은 석사과정을 쉽게 이수할 수 있다.

이처럼 미국에서의 특수교육 교사양성제도는 주마다 각기 다르고, 같은 주내에서도 대학에 따라 조금씩 다르게 되어 있다. 따라서 현재 미국의 특수교육 교사양성 수준의 분포를 보면, 전체 양성과정 가운데 대부분은 대학원 과정에서 양성되고 있으며, 일부주의 일부대학에서 장애영역의 구분없이 경도장애(주로 학습장애) 중심으로 4년제 과정에서 양성하는 경우도 있다. 대학원 과정의 양성도 석사과정수준, 전문가 자격과정, 박사과정 수준 등으로 다양하게 분포되어 있다.

대학원 과정이 중심이 되는 미국의 특수교육 교사양성제도는 일반아동의 교직과정을 이수하고 그 위에 특수아동의 특수성에 따른 교사교육을 실시한다는 점에서 퍽 논리적이고 타당하지만, 현실적으로 특수교육 교사 자격증 취득 기간이 너무 길다는 단점이 있다. 이런 측면에서 그 문제점을 구체적으로 살펴보면 다음과 같다(김효선, 1995).

(1) **경제적인 부담** : 일반교사 자격증을 갖고 있는 사람이 교직에 있는 경우 특수교육에 관심이 있어 특수교육 양성 프로그램을 야간에 듣는다 하여도 두학기에 걸친 교생실습 기간중에는 교직을 떠나야 하므로 우선 많은 사람이 경제적으로 어려움을 겪기 때문에 쉽게 선택할 수 없다.

(2) **특수교사의 처우문제** : 캘리포니아의 경우에는 특수교사가 되기 위해 고등학교 졸업후 거의 8년 정도의 교육을 받아야 하는데 그것은 법과대학이나 의과대학 정도에서 요구하는 기간임에 반하여 특수교사가 되어 받는 처우에는 크게 혜택이 없기 때문에 많은 사람에게 동기 유발을 시킬 수 없다.

(3) **교사 부족 현상** : 특수교사 자격증을 취득하는 것이 어렵기 때

문에 교사 자격증을 소지한 교사의 부족으로 각 주에서는 심각한 어려움을 겪고 있다. 그 해결책으로 주 정부의 교육부에서는 학부졸업을 한 사람에게 교사가 되기에 가장 기초적인 읽기, 쓰기, 수학능력의 시험을 실시하여 합격한 사람에게 임시 특수교사 자격증을 발급하여 취업을 할 수 있도록 하고 있다. 캘리포니아의 경우에는 전체 특수교사중 35%정도가 임시 자격증을 소지한 무자격 교사에 속한다. 임시 자격증을 소지한 경우 일반적으로 특수교사 양성 프로그램에 입학을 하여 1년에 소정의 학점을 취득해 교육청에 제출을 해야 다음 해의 임시자격증이 연장된다.

(4) **동기부족** : 임시자격증을 가지고 이미 교직에 있는 교사들이 특수교사 자격증을 취득하기 위해 수업을 듣기 때문에 학생들의 동기유발이 매우 저조하다. 캘리포니아에서 가장 많은 특수교사를 배출하고 있는 캘리포니아 주립대학교의 경우 특수교사 교육과정에 입학한 학생들의 98%가 현직 교사들로 경직되고 소극적인 태도로 수업에 임하는 경우가 많이 있다.

(5) **교생실습의 지도** : 대부분의 학생들이 특수학교에 취업을 하고 있으므로 교생실습을 자신이 가르치고 있는 학급에서 실시한다. 그러므로 교수가 7회 방문하는 것 외에는 소속된 특수학교에 경험이 있는 교사의 계속된 지도가 행해지지 않으므로 교생실습의 질적인 문제가 대두된다. 자기 학급에서 교생실습을 하는 경우에는 일반적으로 3학기 동안 실습을 한다.

(6) **대학간의 교사양성 프로그램의 차이** : 주정부에서는 교사양성기관의 질을 견제하기 위해 특별한 기구를 설치하고 그 기구에서는 4년에 한번씩 각 대학의 교사양성 프로그램을 평가하고 있다. 이 기구에서는 교사로서 갖추어야할 최소한의 자격기준만을 제시하고 있으며, 그 기준 이상의 수업의 질과 내용은 각 대학에서 자체적으로 실시하게 되어 있기 때문에 대학별 이수학점 및 교육과정에 큰 차이가

있다. 대학교에서 교사양성을 하는데 오랜 시간이 걸려 교사 부족 현상을 크게 겪고 있는 교육청에서는 자체에서 교사양성 프로그램을 개발해 교육을 하는 곳도 있다. 이 자격증은 그 교육청내에서만 유효하고 다른 교육청이나 다른 주로 옮겨 사용할 수 없다.

미국의 특수교육 교사양성에 있어 현실적으로 이상과 같은 문제점이 있으나, 최근의 특수교육 교사양성 동향을 보면 조기교육 담당 교사, 통합교육 담당교사, 전환교육 담당교사의 양성에 특히 주안점을 두고 있다.

CEC의 특수교육 교사양성 국제표준(1995)

CEC(Council for Exceptional Children)에서는 1960년대 이래 주기적으로 특수교육 교사양성 표준을 개발해온 이래, 최근에는 특수교육 교사양성의 국제적 표준을 개발하여 제시한 바 있다. 그 표준의 기본적 내용은 다음의 여섯 측면으로 요약된다.

첫째, 특수교육 교사로서 입문하는 자격을 갖추기 위해서는 특수교육의 실천에 필요한 지식과 기능을 최소한 학부수준 이상에서 이수하여야 한다.

둘째, 특수교육 교사로서 자격을 인정받기 위해서는 CEC가 개발한 모든 특수교육 교사가 갖춰야 할 공통 중핵적 지식과 기능을 성공적으로 획득한 자라야 한다.

셋째, 특수교육 교사로서 자격을 인정받기 위해서는 CEC가 개발한 초임 특수교육 교사가 갖춰야 할 장애영역별 전문적 지식과 기능을 획득한 자라야 한다.

넷째, 특수교육 교사가 되기 위해 이상의 과정을 성공적으로 마친 뒤에 특수교육 교사로서 현장 역할을 수행하는 첫 1년 동안(최소한 1년이상) 수습교사로서 경험(mentorship)을 쌓아야 한다. 수습기간 동안의 지도교사(mentor)는 그 분야의 경험있는 전문교사이어야 한다.

다섯째, 특수교육 분야의 교사로서 그 전문성을 지속적으로 공인받기 위해 모든 교사들은 정해진 기간동안에 자격 갱신요건을 충족시켜야 한다.

여섯째, 특수교육 분야에서 일하는 모든 전문가(교사, 행정가, 교사교육자 등)는 매년 자신들의 전문성 개발을 위해 최소한 연간 25시간 이상 계획되고 조직된 전문성 개발에 참여하여야 한다. 이런 활동은 현직교육의 일환으로 대학의 강좌, 전문조직 활동 참여, 전문적 워크숍, 특수프로젝트, 전문문헌 읽기 등과 같은 활동들의 적절한 결합으로 이루어진다. 따라서 모든 기관들은 현직 수행과정에서 개개인이 자신의 전문성 개발을 위한 현직교육에 참여할 수 있는 자원을 마련해 주어야 한다.

이상에서 보는 것처럼, 미국에서 모든 특수교육 교사는 최소한 4년제 이상의 대학과정에서 특수교육 교사로서 전문적 지식과 기능을 성공적으로 획득한 후, 초임교사로서 적어도 첫 1년 동안은 수습교사로서 유능한 선임교사의 지도를 받아야 하며, 처음 획득한 자격증의 효력기간을 갱신하기 위해 매년 25시간 이상 여러 형태의 현직 연수교육 활동에 참여하여야 한다.

3.2.2. 독일의 특수교육 교사 양성제도

독일에서의 교사교육은 다른 나라에 비해 매우 엄격하고 양성기간이 긴 편이다. 우선 교사가 되기 위해 모든 교사지망생은 종합대학교 또는 교육대학에서 4년에서 6년간의 정규과정(대개 초등교사 4~5년, 중등교사 5~6년)을 마치고, 현장에서 18개월에서 24개월간 수습 교사로서 시보근무(실무실습)를 성공적으로 마치고 최종적으로 국가고시에 통과하여야 한다.

대학에서 기본과정을 통해 특수교육 교사가 되고자하는 자는 4~6

년간 교사양성과정을 성공적으로 수료한 후 이론중심의 1차국가고시에 통과하면 시보교사(견습교사)로서 다시 1년반에서 2년간 현장 실습을 성공적으로 마치고 실습평가 위주의 2차 국가고시에 합격함으로써 정식 교사로서 임용된다. 독일에서 특수교육 교사로서 자격을 취득할 수 있는 과정은 크게 두 개의 과정으로 대별된다. 그 하나는 전술한 바와 같이 종합대학교나 교육대학에서 특수교육 교사가 되기 위한 기초교육을 받아 1, 2차 국가고시를 거쳐 특수교사로 임용되는 과정이고, 다른 하나는 일반학교 교사로서 자격을 취득한 후 특수교육 교사양성 대학에서 특수교육 전공과정과 특수교육 교사로서 시보근무를 성공적으로 마친 후 특수교육 교사로서 임용되는 과정이다. 어느 경우에나 특수교육 교사로서 자격을 취득하고 임용되기 위해서는 최소한 6년에서 길게는 8년간의 양성과정을 거쳐야 한다.

특히, 독일의 특수교육 교사양성제도에 있어 수습교사로서의 실습기간은 퍽 긴장된 기간이다. 왜냐하면 이 기간의 실습활동을 성공적으로 마치고 2차 국가고시에 최종 합격되어야 자격증을 취득하여 임용될 수 있기 때문이다. 그렇지만 길고 까다로운 교사양성 교육기간을 거치고 일단 교사로 임용(자격증 취득 =임용)되고 나면, 상대적으로 많은 자유를 만끽할 수 있는 재량권과 자율성이 허용된다. 이를테면 교육과정 운영에 대한 재량과 자율권이 최대한 허용된다. 또한 교사의 계속교육(현직교육)을 위해 교사 아카데미코스가 제공되지만, 이런 연수참여는 기본적으로 자율적이며, 이 강좌는 반드시 학기중에 운영하도록 되어 있다.

그러나 오늘날 독일의 교사들은 최근 교사로서의 직무수행 과정에서 많은 긴장감을 가지게 되고 때로는 무력감에 빠지는 경우가 적지 않다. 그 사정의 일단을 다음의 상황에서 잘 읽을 수 있다.

우선 학생들과 부모들의 불만은 교사들이 게으르다는 비난으로부터 구체화된다. 이러한 비난은 독일의 교사들은 수업이 없으면 학교에 의무적으로 출석할 필요가 없다는 사실에서 비롯된다. 교사들은 수업이 끝나면 학생들의 과제물을 수정하거나 다음 수업 준비를 위해 집으로 퇴근한다(독일학교는 수업준비나 연구할 교무실이 따로 없음). 그러나 이들의 십중 팔구는 곧장 집으로 가는 대신 부인과 함께 장보러가든지 하면서 다음날 아침까지 겨우 자신의 과제를 해결한다. 그들이 게으르다는 비난에 대하여 교사는 단지 개인적으로만 방어할 수 밖에 없는데, 결코 직무상으로는 해명이 보장되지 못한다. 따라서 교사는 자신의 학급현장에서 신경을 써야 하는 것이 매우 많아지게 된다(B. Lang, 1997.).

이러한 현상은 교사가 가지고 있는 전문적 지식과 기능에 비해 학습자의 요구나 사회변화는 아주 다양하고 빠르게 일어나고 있기 때문에 나타나는 일종의 문제상황이라 할 수 있다. 이런 측면에서 독일에서 전통적인 의미에서 교사의 월계관은 벗겨진 상태로 평가되고 있다.

3.2.3. 일본의 특수교육 교사 양성제도

일본의 교원양성제도는 2차세계대전 이후 교육개혁의 일환으로 성립되었다. 1949년 교육직원 면허법이 제정되어 교원은 대학에서 양성한다는 개방제가 채택되어 특수교육 교사양성도 새로운 전기를 맞게 되었다. 우선 도쿄(東京)맹학교와 농학교에 설치되었던 사범부가 1949년 5월 국립학교 설치법의 제정에 따라 국립맹교육학교 및 농교육학교로 각기 변경되었다가 1950년에는 도쿄교육대학에 이관 설치하고 1951년에는 도쿄교육대학 교육부의 특수교육학과의 특설 교원양성부(문부대신 지정 교원양성기관)로 발전되었다. 1950년도부터는 교원양성대학 학부에 맹농학교 교원양성과정(당초는 2년과정)이 설치되었으나 특수교육교원의 본격적인 양성은 1953년에 히로시마(廣島)대학에 맹학교 교원양성과정이, 도쿄가꾸게이(東京學藝)대학에 농학교교원양성과정이 설치되면서 시작되었다.

양호학교 교원의 양성과정은 1960년도에 도쿄가꾸게이대학과 히로시마대학에 신설되고, 1968년도에는 언어장애교육 교원양성과정, 1969년도에는 지체부자유교육 교원양성과정이, 1973년도에는 병약교육 교원 양성과정이 설치되었다. 그리고 현직교원을 대상으로 하는 1년제 임시교원양성과정도 1960년부터 설치되었으나 1973년에는 이를 대신해서 일반교원 양성과정의 졸업자 및 현직교원을 대상으로 하는 1년 과정의 특수교육 특별전공과(정신박약전공)가 도쿄가꾸게이대학등 3개 대학에 설치되었다. 그 후 순차적으로 기타 종별의 특별전공과가 설치되었다.

당시 교원양성대학에 대학원 석사과정도 1974년도에 처음으로 도쿄가꾸게이대학에 설치되고, 그 후 각 대학에도 순차적으로 설치되어 1984년에 9개대학, 1988년에 12개 대학에 개설되어 있다. 한편 정규양성기관과는 별도로 교원양성과정의 인정을 받은 일반대학 즉 과정인정대학에서도 교원을 양성하고 있다.

그리고 현직교원을 대상으로 하는 교육직원면허법에서 정하는 면허법 인정 강습도 1954년부터 시작하여 1972년부터는 특수교육 제학교 교사자격 부여 강습으로 바뀌어 지금까지 시행되고 있다. 1973년에는 교육직원면허법이 개정되어 교원자격인정시험이 실시되었고 특수교과인 양호·훈련의 면허증 취득시험도 실시하게 되었으며, 합격하면 해당 면허증을 받을 수 있게 되었다. 교육개혁 사업의 일환으로 교원의 전문성 향상을 위하여, 1988년 교육 직원 면허법 등의 일부를 개정하는 법률이 공포되고 1989년 4월부터 시행케 되어 보통 면허증을 전수면허증과 1,2종 면허의 3종류로 변경하고 대학에서 취득에 필요한 이수 단위수를 높히고 특별면허증제도 도입하게 되었다. 일본에 있어 특수교육 교사양성제도는 기본적으로 일반학교 교사양성제도와 그 특징은 동일하다. 특수교육 교사가 되기 위해서는 4년제 대학의 특수교육 교사양성과정에서 소정의 과정을 이수함으로써 농학교 교사, 맹학교 교사, 양호학교 교사(정신지체, 지체부자유, 병허약으로 대별됨)자격증을 취득하게 된다.

학부수준의 4년제 양성과정 외에도 일반학교 교사 자격증(보통 면허증)소지자를 대상으로 하는 1년제의 특별전공과 과정이 있어, 언어장애, 정신지체, 지체부자유, 정서장애, 병약, 중복장애 등 장애유형별로 운영되고 있다. 이외에도 특수교육 교사양성을 대학원 과정(수사과정)에서 양성하는 경우(12개 대학)도 있어 특수교육 교사의 전문적 자질 향상에 노력하고 있다.

3.3. 특수교육 교사양성제도의 개선

여기서는 우리나라 특수교육 교사 양성제도의 개선을 중심으로 양성기관 및 수준, 자격증제도로 나누어 살펴보고자 한다.

3.3.1. 양성기관 및 수준

오늘날 교사양성은 대학교육의 일환으로 4년제 대학 혹은 대학원 수준에서 양성하는 것이 일반적 경향이다. 초기에 특수교육 교사양성은 기존의 특수학교에서 도제식(徒弟式)으로 자급자족하기도 하고, 단기 강습회 형태로 필요에 따라 교사 공급에 대응하였다. 우리나라도 50년대와 60년대의 특수교육 교사양성은 기본적으로 이런 범주의 양성체제를 벗어나지 못했다. 그러나 고학력 지향의 사회적 추세에 따라 대학교육이 보다 일반화되고, 교사교육의 수준이 보다 상향조정돼야 한다는 교육내적 요청에 따라 우리나라도 70년대에 접어들어 실질적으로 4년제 대학수준에서 특수교육 교사를 양성하기에 이르렀다.

우리나라는 현재 4년제 대학과정에 의한 특수교육 교사 양성과정을 14개 대학(교)에서 설치하고 있으며, 그외 교육대학원과 특수교육대학원에서 양성하는 프로그램도 있다.

미국은 현재 전체 특수교육 교사양성 프로그램중 약 3분의 1정도는 4년제 대학의 학부 수준에서 양성하고 있으며, 나머지 3분의 2정도는 대학원 수준의 과정에서 다양하게 양성하고 있다(CEC, 1992). 그러나 주에 따라서는 대학원 수준의 양성을 원칙으로 하고 있으며, 전반적으로 특수교육 교사 양성을 대학원 수준에서 양성하는 추세로 가고 있다. 일본은 기본적으로 4년제 대학 과정에서 양성하는 것이 중심이 되고 있으나, 일반학교 교사 자격증 소지자를 대상으로 한 1년제의 특별전공과에 의한 특수교육 교사양성과 대학원 수준의 교사양성 과정이 최근 늘어나고 있다.

한편, 유럽은 기본적으로 일반 초·중등학교 교사 자격증 소지자를 대상으로 특수교육 교사 양성과정을 운영하고 있으므로 기본적으로 대학원 수준의 특수교육 교사 양성이 행해지고 있다고 볼 수 있다. 독일의 경우 대학(종합대학교 또는 교육대학)의 특수교육 교사양성 기간이 5~6년을 소요하며, 그 후 1차 국가 시험을 통과하고도 다시 18개월에서 2년간의 실습과정을 거쳐 2차 국가시험에 합격해야 교사자격증을 취득할 수 있어 교사 양성기간이 짧게는 6년에서 길게는 8년간의 긴장된 양성과정을 거쳐야 한다(B. Lang. 1997).

이상에서처럼 대체적으로 국제 비교의 관점에서 볼 때, 특수교육 교사의 양성은 최소한 4년제 대학과정에서 이루어지고 있으며, 최근에 와서 대학원 수준의 양성과정에 보다 비중을 두고 있음을 볼 수 있다.

현재 우리나라의 교육법 [별표1]에서 제시하고 있는 교사자격 기준에서 특수학교 교사 자격기준을 보면, 특수학교 정교사(2급) 자격 취득을 위해 다음의 자격기준을 갖추어야 한다.

특수학교 정교사(2급)자격기준

1. 교육대학 및 사범대학의 특수교육과를 졸업한자.

2. 대학의 특수교육 관련학과 졸업자로서 재학중 소정의 교직과정을 이수한자.

3. 유치원·초등학교 또는 중등학교 정교사(2급) 자격증을 가지고 필요한 보수교육을 받은자.

4. 유치원·초등학교 또는 중등학교 정교사(2급) 자격증을 가지고 교육대학원 또는 교육부 장관이 지정하는 대학원에서 특수교육을 전공하고 석사학위를 받은자.

5. 특수학교 준교사 자격증을 가지고 2년 이상의 교육경력이 있는 자로서 소정의 재교육을 받은자.

6. 유치원·초등학교 또는 중등학교 준교사 자격증을 가지고 2년이상의 교육 경력이 있는 자로서 교육대학원 또는 교육부 장관이 지정하는 대학원에서 특수교육을 전공하고 석사학위를 받은자.

이상의 특수학교 교사 자격기준에서 볼 때, 우리나라의 특수교육 담당교사 양성은 4년제 대학의 특수교육과와 그 관련학과 졸업자를 기본으로 하면서, 일반학교 교사자격증 소지자를 대상으로 필요한 보수교육을 받은자와 교육대학원 또는 교육부 장관이 지정한 대학원에서 특수교육을 전공하고 석사학위를 받은자로 규정하고 있어 대학원 수준에서도 양성할 수 있도록 하고 있다.

특히 교육부의 특수교육 발전계획 중 교원양성체제 개선에서 특수교육 교원양성을 대학원 중심 양성체제로 전환할 것을 강조하면서 초등교원 양성대학(13개 교육대학) 및 한국교원대학교의 대학원에 현직교사 양성과정 설치를 권장하고 있다(교육부, 1997).

이에 따라 우리나라에서 특수교육 교사양성 기관 및 수준의 개선을 다음과 같이 제안한다.

첫째, 특수교육 교사양성은 기본적으로 대학과정에서 정규 사범교육의 일환으로 실현되어야 하며, 보수교육이나 시험검정에 의한 교사양성은 최대한 억제되어야 한다.

둘째, 우리나라에서 특수교육을 담당할 교사양성은 최소한 4년제 이상의 대학과정에서 특수교육 교사양성을 위한 특수목적 과정을 통해 양성함을 원칙으로 하며, 자격취득의 융통성을 위해 복수전공제를 폭 넓게 활용하도록 함으로써 실제로는 5년제 과정을 거쳐 양성될 수 있도록 한다.

셋째, 향후 우리나라의 특수교육 교사양성은 대학원 수준의 다양한 교사교육 프로그램을 활용하는데 강조점을 두면서, 2000년대에는 학부중심 양성체제에서 대학원 중심 양성체제에 이르기까지 다양한 양성체제가 실현되도록 유도해야 한다.

3.3.2. 자격증제도

모든 교사는 국가에서 공적으로 인정하는 자격증을 취득해야 한다. 이렇게 함으로써 국민교육을 담당할 교사의 수월성을 보증하고자 하며, 자라나는 세대들에게 유자격 교사들에 의해 양질의 교육을 받을 수 있는 기회를 보장하고자 하는 것이다. 따라서 교사가 되는 자격을 공적으로 인정하는 자격증제도는 유능한 교사양성과 그 확보를 위한 합리적인 제도로 그 권위가 엄격히 관리되어야 한다.

특수교육을 담당할 교사들에 대한 자격증제도는 특수교육 분야에서 특수아동을 위한 현장교육의 제도와 조직을 어떻게 구성하여 운영하느냐에 따라 달라지게 된다. 지금까지 특수교육을 담당할 교사들의 자격증제도에 있어 주요한 쟁점이 되어온 것은 장애영역 및 정도별, 발달단계별(학교급별), 교육활동 영역별에 따라 어떻게 자격증 종별을 설정하느냐는 것이다. 이들 변인간의 관계를 2원 분류화하여 표로 나타내면 다음과 같다.

〈표 3-6〉 특수교육 교사 자격증 설정 요인

영역 / 발달단계	장애별 영역							장애정도별		교육활동 영역별			
	시각장애	청각장애	정신지체	지체부자유	정서장애	학습장애	기타	경도	중도	교과	직업	치료교육	기타
취학전단계 (영·유아)													
초등단계													
중등단계													

이상의 요인들간의 관계속에서 특수교육 교사 자격증 종별을 설정할 수 있겠으나, 중요한 것은 이들 요인들이 각 나라의 특수교육 실천 상황과 관련하여 어떤 연관성을 가지고 그 관계성이 설정되느냐에 따라 자격증 종별을 분화·통합할 수 있다는 점이다. 이를테면 장애영역별 설정을 시각장애, 청각장애, 정신지체, 지체부자유, 정서 및 행동장애, 학습장애, 언어장애 …… 등으로 어느 정도까지 분화시킬것인지, 또 장애영역별 분화보다 장애정도별(severity)로 경도(mild)와 중도(profound)로 나누어 볼것인지 혹은 경도장애는 비범주화(noncategorizing)로 묶되 중증장애는 장애영역별 중심으로 분화할것인지, 교육활동 영역에 따라 교과별 구분은 어떻게 설정할것인지, 취학전·초등·중등 단계에 따라 어떻게 통합하고 분리할 것인지, 치료교육 영역은 어떤 영역으로 나눌것인지, 기타 활동영역에서 보조교사의 자격은 어떻게 설정할 것인지 등이 한 나라의 특수교육 실천 방향과 관련하여 합당하게 결정되어야 한다.

우리나라 교원자격 검정령 시행 규칙 [별표1]에서는 특수학교 교사(정교사 1급 및 2급, 준교사) 자격증 표시를 다음과 같이 규정하고 있다.

1. 중등학교 과정은 표시과목 다음에 시각장애, 청각장애, 정신지체 및 지체부자유 등 장애의 영역을 구분하여 괄호안에 표시한다.

2. 초등학교 및 유치원 과정은 표시과목 없이 시각장애, 청각장애, 정신지체 및 지체부자유 등 장애의 영역을 구분하여 괄호안에 표시한다.

3. 이료과목은 이료로, 치료과목은 치료교육으로, 직업교육과목은 직업교육으로 각각 표시하고 장애의 영역을 표시하지 아니한다.

이상에서 보면, 우리나라에서 특수교육을 담당할 교사의 자격증 표시는 '특수학교 교사'로 한정하여 이들에 대한 장애영역별 구분은 시각장애, 청각장애, 정신지체 및 지체부자유등 4개 장애영역으로 구분하고 있다. 또한, 학교급별에 따라서 초등학교 및 유치원 과정은 표시과목 없이 이상의 4개 장애영역 가운데 하나의 영역을 괄호안에 표시하도록 하며, 중등 특수학교 경우는 중등학교 표시과목인 국어·수학·과학(물리·화학·생물·지구과학)·사회(일반사회·역사·지리)·윤리 … 등의 표시과목 다음에 마찬가지로 위의 4개 장애영역을 구분하여 괄호안에 표시하도록하고 있다. 한편, 교육활동 영역에 따라 이료과목은 '이료'로, 치료과목은 '치료교육'으로, 직업교육과목 역시 '직업교육'으로 묶어 표시하고 장애의 영역을 표시하지 않도록 하고 있다.

이상의 특수학교 교사 자격증 표시에 대한 현행 교원 자격 검정 시행규칙은 우리나라의 특수교육 현실과 향후 지향하게 될 발전 방안에 비추어 볼 때, 다음 몇가지 측면에서 개선되어야할 문제점을 지니고 있다.

첫째, 장애영역의 구분에 따른 자격증 표시에 있어 시각장애, 청각장애, 정신지체, 지체부자유 등 4개 장애영역에 따른 구분은 현재 우리나라 특수교육의 실상과 앞으로의 발전계획에 비추어 볼 때 좀더 다양하면서도 탄력성 있게 조정될 필요가 있다.

1998년 현재 우리나라는 전체 118개 특수학교중 장애영역별로 시각장애학교 13개교, 청각장애학교 21개교, 정신지체학교 64개교, 지체부자유학교 15개교, 정서장애아학교 5개교 등으로 분포되어 있다. 교육부의 특수교육 발전 방안(1997)에 의하면 2001년까지 20개 특수학교를 지역간 장애유형별로 균형 배치하여 신설할 계획이다. 이외에도 통학이 곤란한 중도·중복장애 학생들을 위해 재택 순회교육을 담당할 순회교사를 2001년까지 1000명 배치할 계획이다. 이상과 같은 중증장애아동에 대한 교육부의 특수교육 수혜대책에서 특히 "장애 유형별 균형배치"라는 특수학교 신설계획의 방안에 비추어 볼 때, 심한 정서장애와 자폐증상을 지닌 아동을 대상으로 한 '정서장애' 영역을 특수학교 교사자격증 표시에 추가하여 설정해 줄 필요가 있다.

따라서 현재 우리나라 특수학교의 장애별 종별에 따른 설립 운영에 상응하여 특수학교 교사자격증 표시도 "시각장애, 청각장애, 정신지체, 지체부자유, 정서장애" 등으로 구분하여 표시함이 마땅하다. 그러나 장애영역별간의 공통성을 중시하여 정신지체·정서장애 영역을 '발달장애'로 묶어 처리할 수도 있을 것이다.

둘째, 학교 급별 구분에 따른 자격증 표시 기준을 '초등학교 및 유치원과정'은 함께 묶어 통합하고, 중등학교 과정은 따로 구분하여 설정하고 있다. 이것은 일반학교의 학교급별 구분에 따라 특수학교 교사 자격증 표시에서도 그대로 적용한 것이라고 볼 수 있다. 일반학교 학생들과 기본적으로 동일한 교육과정에 따라 교육받을 수 있는 시각장애, 청각장애, 지체부자유 영역의 특수학교 경우에는 이와 같은 초·중등 구분 기준이 합당하다고 하겠으나, 전반적으로 발달지체 문제를 지니는 정신지체 특수학교와 정서장애 특수학교 경우는 학교급별에 따라 유치원 및 초등과정과 중등과정을 구분하고, 중등의 경우 일반중등학교 교사자격증에 표시하는 표시과목을 그대로 표시하게 하는 것은 교육대상의 '특수성'을 전혀 반영하지 못하는 부적절한 조치이다. 따라서 정신지체 특수학교와 정서장애 특수학교의 경우 초·중등 과정을 하나의 '기본과정'으로 묶어 학교급별 구분은 물론, 가르쳐야

할 과목에 대한 '표시과목' 구분 없이 장애영역의 구분만 표시하도록 함이 합당하다. 이것은 이들 장애영역의 특수학교에서 운영하고 있는 교육과정의 성격과 편성체제에 비추어 보더라도 당연히 초·중등 구분과 표시과목 구분 없이 장애영역 구분만으로 자격증 표시를 하는 것이 마땅하다.

셋째, 현재 우리나라는 일반 초·중등학교내에 약 3500여 특수학급이 설치되어 있다. 교육부는 경도장애 아동수를 약18만 2천명으로 추정하여 이들중 2만6천명정도는 특수학급에서 특수교육 혜택을 받고 있으나, 나머지 15만 6천명 정도는 특수교육 수혜 대상에서 제외되고 있다고 볼 수 있다. 따라서 현재 일반학급에서 특수교육 수혜를 받지 못하고 있는 학습장애아, 경도정신지체아, 경도정서장애아를 위한 통합교육 모형으로 학습도움실 운영을 계획하고 있으며, 이를 위해 2001년까지 초·중등학교의 학습도움실에 통합교육을 위한 특수교육 교사(resource room teacher)를 모두 5,458명을 새로이 배치할 계획에 있다.

따라서 경도장애아동에 대한 특수교육을 담당할 특수학급 담당교사와 일반학급 내에 특수한 학습 요구를 지닌 아동을 위한 학습도움실 배치 교사를 위해 "경도장애아동을 위한 통합교육"의 개념에 상응하는 교사를 양성하여 장애영역의 구분 없이 비범주화(noncategorizing) 특수교육 교사를 배치하여야 한다. 일반학교 내에서 특수학급과 학습도움실(학급)을 담당할 교사를 위한 자격증 표시는 장애영역의 구분 없이 초등/중등학교 특수교육 교사로 표시함이 합당하다.

넷째, 특수학교 교사자격증 표시에서 치료교육 과목은 '치료교육'으로, 직업교육 과목은 '직업교육'으로 각각 표시하고 장애의 영역을 표시하지 아니한다고 규정한 것은 자격증 표시에 전문적 분화보다 편의적 통합을 강조한 조처라 할 수 있다. 현실적으로 치료교육과 직업교육은 전문과목별로 양성하기가 용이하지 않다는 양성기관측의 제약이 있겠으나, 교육과 서비스를 받아야 할 대상의 특성과 해당과목의 전문성에 비추어 볼 때 자격증 표시에서 해당분야의 전문성(표시과목)이 드러나도록함이 타당하다.

현행 특수학교 교육과정에서는 치료교육활동을 장애영역별로 분리하여 특수학교별로 획일적인 치료교육을 실시하도록 되어 있으나, 개정되는 특수학교 교육과정에서는 장애영역에 구애받지 않고 개별장애학생의 특성에 부합하는 치료교육활동을 융통성 있게 운영할 수 있도록 터 놓고 있다. 치료교육활동은 특수학교의 장애영역에 관계없이 공통적으로 언어치료, 청능훈련, 물리치료, 작업치료, 감각·운동·지각훈련, 심리·행동적응훈련, 보행훈련, 일상생활훈련 등으로 제시하고 있다(교육부, 1998).

직업교육 과목도 현행 교육과정에서는 특수학교 고등부 전문교과를 장애영역별로 따로 제시하고 있으나, 개정되는 특수학교 교육과정에서는 장애영역에 따른 구분없이 공통적으로 직업교과를 공예, 포장·조립·운반, 농업·축산, 전자조립, 제과·제빵, 정보처리, 상업디자인, 이료 등으로 제시하고 있다(교육부, 1997).

따라서 치료교육과 직업교육의 자격증 표시는 과목 표시 없이 '치료교육', '직업교육'으로 묶어 표시할 것이 아니라, 치료교육 다음에 치료교육 영역을 표시하고, 직업교육 다음에 직업교육 과목을 구체적으로 명시함이 마땅하다. 이런 측면에서 현행 교원자격검정령 시행규칙 [별표1]의 특수학교 교사 자격증 표시중 "치료교육 과목은 치료교육으로, 직업교육 과목은 직업교육으로 표시하고 장애의 영역을 표시하지 아니한다"는 규정은 "치료교육 과목은 치료교육으로 표시하고 치료교육 활동영역을 괄호안에 표시하고, 직업교육 과목은 직업교육으로 표시하고 직업교육 과목을 괄호안에 표시하며, 장애의 영역은 표시하지 아니한다"는 내용으로 개선되어야 한다.

이상과 같은 자격증 표시 개선 방안에 기초하여 대학과 대학원 수준에서 특수교육 교사양성 교육과정의 표준이 구안되어야 할 것이다.

3.4 특수교육 교사수급의 쟁점[1)]

특수교사의 수요공급에 미치는 요인은 퍽 복잡할뿐더러, 정치적으로 정책의지가 어떻게 작용하느냐에 따라 달라질 수 있다. 최근 특수교육의 환경변화와 새로운 법제가 맞물려 정책적인 측면에서 특수교육 교원 중장기 수급(김삼섭 외5인, 2007) 문제가 주요 현안 과제로 떠오르고 있다. 특수교사 수급의 과학적 예측은 합리적인 교원정책을 수립하기 위해 중요한 자료가 되겠지만, 미시적 분석 못지않게 거시적 통찰이 중요하다. 이런 문제의식에서 이하에서는 우리나라 특수교사 수급상의 주요 쟁점을 먼저 한국 특수교육 발전을 상징적으로 함의하는 '압축 발전'의 시각에서 집중적으로 논의해 보고자 한다. 이어 국제비교에 따른 한국 특수교사 수급상의 주요 쟁점을 이런저런 모습으로 우리나라에 영향을 주는 미국과 일본의 경우를 중심으로 짚어 보고, 마지막으로 특수교사 수급문제에 대한 우리나라의 현안문제를 짚어 보고자 한다.

3.4.1. 압축적 발전에 따른 쟁점

아시아 경제발전 모형으로 우리나라는 '압축 성장'의 대표적인 나라로 손꼽힌다. 가끔 외신 기자들은 한국을 'too dynamic'으로 표현할 정도이다. 이런 압축 성장의 결과 우리는 "근대적응과 근대극복의 이중과제"(이남주, 2009)라는 특이한 부담을 안게 된다. 정치적 민주화와 경제적 고도성장이 압축적으로 이루어진 것처럼 우리나라에서 특수교육도 최근 30-40년간 압축적으로 발전해 온 것이 사실이다. 최근 장경섭(2009)은 가족주의에 기초한 한국인의 삶을 '압축적 근대성'(compressed

---

1) 이 절의 내용은 필자가 2009년 한국특수교육학회 추계학술대회에서 주제 발표한 것을 일부 수정한 것임.

modernity)으로 규정하여 개념화하였다. 이런 일련의 개념적 모형에 따라 한국 특수교육의 '압축적' 발전에 대한 설명이 가능할 뿐만 아니라, 그것을 이해하는 데 도움을 얻을 수 있을 것이다.

시간계열로 볼 때 우리나라의 특수교육은 1970년대, 특히 특수교육진흥법제정 이후 급속하게 발전해 왔다. 이런 압축 발전에 탄력을 받아 2000년대에 접어들어서도 우리나라 특수교육 요구학생들의 전형적인 교육배치장면인 특수학교와 특수학급 수는 꾸준히 증가하는 추세를 보이고 있다. 2000년 현재 특수학교 수는 129개교이고, 일반학교 내의 특수학급 수는 모두 3802개 학급이며, 전체(학교 · 학급) 학생수는 54,732명이고 교원수는 8,201명이나. 이에 비해 2008년 현재 특수학교 수는 149개교로 20개교가 증설되어 8.6% 늘어났고, 특수학급은 6,352개 학급으로 약 60%나 증가하였으며, 교원수는 13,165명으로 약 62% 증가하였다(교육과학기술부, 2008). 2008년 현재 특수교육 담당교원 1인당 학생수는 5.4명으로, 이는 「장애인 등에 대한 특수교육법」에서 특수학교 및 특수학급 교사배치 기준을 학생 4명당 1명으로 규정한 기준치에 비추어서도 1.4명이나 초과하고 있다. 이에 비해 이웃 일본의 경우는 국가에서 정한 표준 기준보다 교사 1인당 학생수가 훨씬 낮게 나타나고 있다.

우리나라에서 특수교사 수요의 증가 보다 훨씬 빠른 속도로 공급 팽창은 압축적이었다. 주지하는 것처럼 우리나라에서 특수교사 양성은 일종의 '견습생훈련'체제로 1950년에 국립서울맹아학교 내에서 3년제 사범과를 통해 맹학생과 농학생을 대상으로 특수교사를 자체 양성한 것에서 비롯된다. 그 후 1954년에는 '단기양성'체제로 1년제 보통사범과를 통해 고등학교 과정을 졸업한 일반인을 대상으로 특수교사를 양성했다. 우리나라에서 4년제 정규대학 과정에서 특수교사를 양성한 것은 1961년 한국사회사업대학(현 대구대학교의 전신) 특수교육과 설치에서 비롯되었으나, 1971년에 이화여자대학교와 단국대학교에 특수교육과가 설치됨에 따라 우리나라에서 4년제 대학과정에 의한 특수교사 양성체제가 본격적으로 활성화되기 시작했다. 그러나 초기에 이들 양성대학들은 중등특수교사 중심으로 양성을 하였기 때문에 1977년 특수교육진흥법 제정 심의과정에서 "특수교사 양성에서 초등교육과정 교사양성 기관이 없음"(1977년 12월 7일 김병영 의원 질의)에 대한 문제제기가 있었다. 이에 따라 특수교육진흥법이 통과되고 1978학년도에 한국사회사업대학 특수교육과에 입학정원 40명의 '초등교육전공'을 설치하여 초등특수교사 양성에 대비하였다(김병하, 2005).

1980년대에 접어들어 1980년에 강남대학(당시 강남사회복지학교)에 특수교육과가 설치되어 초등특수교사 중심으로 양성하고 있으며, 이듬해에는 전주 우석대학에 특수교육과가 설치되었다. 이어 1983년에 국립대학으로는 처음으로 공주대학에 특수교육과가 설치됨으로서 전국적으로 지역별 특수교사 양성의 안배를 기하게 되었다. 그러나 이때 까지 만해도 특수교사 수요에 비해 공급이 훨씬 부족해 임시 특단의 조치로 특수교사 자격시험을 통해 대거 자격증을 양산한 적도 있었다. 1990년대 이후에 특수교사 양성대학은 급격하게 늘어나 1999년에는 위의 6개 대학을 포함해서 14개 대학(국립 4개, 사립 10개)에서 연간 약 600명을 양성하게 되었다.

2006년 현재 특수교육 관련학과까지 포함하여 특수교사 양성과정을 설치한 대학은 42개교에 이르고 전체 정원은 1800여명(유치원과정 190명, 초등과정 770명, 중등과정 850명)이다. 불과 7년(1999-2006) 동안 양성대학은 14개 대학에서 42개 대학으로 꼭 3배로 늘어났고, 예비특수교사 양성수에 있어서도 600명에서 1800명으로 3배나 늘어났다. 우리나라 교원정책의 일반적 준칙에 비추어 납득하기 어려울 정도로 급격히 팽창되어 왔다(김병하, 2007).

한편, 교육대학원의 특수교육전공은 1967년에 이화여대 교육대학원에서 처음 설치한 이래, 2008년 현재 42개교 교육대학원에 특수교육 및 관련전공을 개설하여 운영하고 있다. 이 외에도 1998년에 대구대와 단국대에서 각각 입학정원 100명의 특수교육대학원을 설립한 이래, 공주대에서도 입학정원 60명의 특수교육대학원을 설립하였다. 이처럼 외형적으로 보면, 대학원 수준의 특수교사 양성과정이 대폭 늘어나게 되어 자연히 특수교사 양성수준이 학부중심에서 대학원 중심으로 이행하는 발전적 양상으로 볼 수도 있겠지만, 실제로는 그렇게 낙관하기가 어렵다.

이상에서 보는 것처럼 우리나라에서 특수교사 양성의 급격한 팽창은 필연적으로 심각한 수준에서 특수교사 과잉공급 현상을 초래 하였다. 그 심각성은 당분간 특수교육 요구학생들에 대한 교육기회를 늘려감으로써 특수교사 공급이 완만히 늘어날 수도 있겠지만, 이미 지나치게 그 정도를 벗어나 버려서 과잉양산(공급)에 따른 문제를 상쇄할 수 없게끔 되어 있다. 최근 3년간(06-08) 특수교사의 임용현황을 보면, 해를 거듭할수록 수요에 비해 과잉공급은 더욱 심각한 양상을 띤다. 유치원과정의 경우 2006년도에 특수교사 모집 인원은 불과 28명이었으나 응시인원은 241명으로 8.6대 1의 경쟁률을 보였고, 2008년에는 27명 모집에 무려 295명이나 응시하여 10.9대 1의 경쟁률을 나타냈다. 초등특수교사의 경우 2006년에 297명 모집에 1,231명이 응시하여 4.4 대 1의 경쟁률이었으나, 2008년에는 244명 모집에 1,763명이 응시하여 7.2 대 1로, 2009년에는 141명 모집에 2,137명이 응시하여 무려 15.2 대 1로 경쟁률이 높아졌다. 중등특수교사는 2006년에 339명 모집에 801명이 응시하여 2.4 대 1이었고, 2008년에는 441명 모집에 1,585명이 응시하여 3.6 대 1로, 그리고 2009년에는 124명 모집에 1,456명이 지원하여 11.75 대 1로 역시 경쟁률이 높아졌다(교육과학기술부 자료제공, 2009).

전체적으로 보면 2006년에 특수교사 전체(유치 · 초 · 중등) 임용수요는 801명이었으나, 응시인원(공급수)은 2,273명으로 3.4 대 1이었고,

2008년에는 임용수요 712명에 무려 3,643명이나 응시하여 5.1 대 1의 경쟁을 보였고, 2009년에는 임용수요 275명에 14.1 대 1로 높은 경쟁률을 초래했다. 한편, 일본의 경우 2008년 현재 특별지원학교 교원채용 경쟁률은 3.5 대 1(즉, 응시자 6,827명 중 1,939명을 선발하였음)로 상대적으로 우리나라 보다 안정적이다. 이런 추세라면 우리나라에서 특수교사 임용수요에 비해 공급은 더욱 빠른 속도로 늘어나 유자격 특수교사의 적체현상이 심각한 사회문제로 대두되어, 소위 청년실업을 더욱 부추기게 될 것이다.

더욱이나 현저한 저출산에 영향을 받아 장기적으로 볼 때 전반적으로 특수교사 공급의 적체현상은 상상을 초월하는 지경에 이를 수 있다. 전반적(일반교육 기준)으로 2006년 우리나라 교사 1인당 학생 수는 OECD 평균과 비교해 초등과 중학교는 1.6배, 고등학교는 1.3배로 나타났으나, 2010년대 중반부터 학생 수 대비 교사 수가 OECD 평균을 웃돌고, 2030년에는 두 배 수준에 이르게 될 것으로 전망했다(한국교직원신문, 09.4.13.). 최근 통계청에 따르면 2006년 현재 우리나라 교사 1인당 학생수는 초등학교 26.7명, 중학교 20.8명, 고등학교 15.9명으로 OECD 평균보다 다소 높지만, 최근 5년간 추세대로 교사수가 증가하면 초등학교는 2012년, 중학교 2015년, 고등학교는 2018년에 OECD 수준에 도달할 것으로 내다봤다.

이후 2030년에는 OECD 대비 교사수가 초등학교 189%, 중학교 196%, 고등학교 158%로 '교사정원 초과' 상황이 벌어질 것으로 추정됐다. 이는 2030년 초·중·고교 학령인구가 저출산 탓에 2007년의 60% 이하 수준에 그칠 것으로 예상됐기 때문이다. 즉, 2007년 대비 2030년 학령인구는 초등학교 58.0%, 중학교 54.0%, 고등학교 59.6%로 추정됐다. 이에 따라 특수교육대상도 비슷한 비율로 줄어든다고 봐야 한다. 저출산에 따른 학령인구의 급속한 감소로 2006년 기준 OECD 평균 학급당 학생수를 유지할 경우 2050년에는 178개 대학만 '생존'한다는 예상이 나왔다(교수신문, 09.4.13).

이제 대학들은 학령인구 감소에 따른 생존전략이 현안문제로 다가왔고, 이와 함께 특수교사 양성대학의 구조조정도 불가피한 단계에 접어들고 있다. 교수수도 지금은 교수 1인당 학생수가 국제비교 기준에서 지나치게 많지만, 교수 1인당 학생수를 OECD 평균수준으로 유지할 경우 2010년까지는 6만7천명이 필요해 임용수를 늘려야 한다. 그러나 2018년에는 교수수가 6만4천명, 2030년에는 4만3천명, 2050년에는 3만5천명으로 그 필요수요가 줄어든다는 것이다.

특수교사 수급 측면에서 볼 때, 그렇지 않아도 현재 추세대로라면 특수교사 수요에 비해 과잉공급 현상은 기하급수적으로 심각해질 것이다. 김삼섭 등(2007)의 특수교사 중장기 수급예측에 의하면, 초등특수교사는 2009년부터 '과잉공급' 폭이 커져 현재 양성체제가 지속될 경우 2020년에는 1만3천명이나 과잉양성 될 것으로 예측하고 있다. 중등특수교사의 경우 2008년부터 매년 1천명 정도 과잉공급이 지속되어, 2020년에는 초등보다 훨씬 큰 폭으로 과잉양성 될 것으로 예상하고 있다. 게다가 원천적으로 저출산에 따른 학령인구의 급속한 감소에 따라 2012년부터는 특수교육 요구학생수가 점차 감소됨으로써 특수교사 수요-공급 간의 불균형은 설상가상으로 심각한 문제로 불거질 위험을 안고 있다. '압축 발전'에 따른 특수교사 수급상의 급격한 불균형은 일차적으로 특수교사 양성대학(원)의 질적·양적 구조조정에 심각한 영향을 미칠뿐더러, 장기적으로는 그 존폐의 위기에 당면할 수도 있다.

3.4.2. 국제비교에 따른 주요 쟁점

우리나라 특수교육은 초기에 실천적 측면에서 일본으로부터 적잖은 영향을 받았고, 후에는 주로 미국으로부터 이론적 담론에서 상당한 영향을 받아온 것이 사실이다. 특수교사 양성체제에서도 우리나라는 유럽의 목적형 보다는 미국이나 일본의 개방형에 강한 영향을 받은 가운데 제도운영 조정에 실패한 면이 있어, 양성된 특수교사의 질에 있어서나 그 수급의 양적 조정에서 심각한 문제를 노정하고 있다. 여기서는 주로 미국과 이웃 일본에서 특수교사 양성과 그 수급상의 주요 쟁점을 살펴보고자 한다.

(1) 미국에서 특수교사 수급상의 쟁점

미국에서 특수교사 수급에 있어 주요 쟁점은 유능한(highly qualified) 교사를 안정적으로 확보하는 것과 고질적인 교사부족 문제이다. 어쩌면 이것은 교사수급의 질과 양이 맞물려 있는 동전의 양면과 같은 문제이다. 특히, 미국 초·중등교육법으로 NCLB(No Child Left Behind, 2001)가 발효되면서 교과교육을 중심으로 한 고품질의 교사를 확보하는 것에 대한 요구가 일반교육과 특수교육 양쪽 모두에서 더욱 강조되고 있다(Skrtic, Harris, and Shriner, 2005). 이런 요구에 대응하여 교사공급을 원활히 하기 위해 '교수와 미국미래 전국위원회'(National Commission on Teaching and America's Future)에서는 교직 개선책으로 (1) 전문성의 상향, (2) 근무조건의 개선, (3) 멘토링을 통한 유인책 강구, (4) 지식과 기능에 기초한 교사연봉 책정 등을 제안하고 있다.

미국에서 특수교사 부족 문제는 연방 특수교육법(P.L 94-142, 1975) 제정 이후 꾸준히 지적 되어 왔지만 지금도 여전히 현안 문제가 되고 있다. 미국 노동통계국(Bureau of Labor Statistics, 1999)에서는 1998년에서 2008년에 이르기까지 추가적으로 요구되는 특수교사는 무려 135,000명 이상인 34% 정도로 증가 된다고 진작부터 예고했지만, 아직도 대부분의 주에서 특수교사 부족현상은 해소되지 않고 있다. 전반적으로 미국에서 특수교사 부족 현상은 주별, 지역별(도시와 도시주변 및 시골), 장애별에 따라 다양한 편차를 나타내고 있다. 게다가 미국에서 특수교사 수급상의 심각한 문제로 작용하는 요인 가운데 하나는 특수교육 요구학생 수는 계속 늘어나는 데 비해 교직 이직률은 특수교육이 일반교육 쪽보다 훨씬 높다는 현실 때문이다. 미국 특수교육 수월성 대통령위원회(Presidents Commission on Excellence in Special Education, 2001)에서는 미국 전역 학구 가운데 98%나 특수교사 부족현상을 겪고 있으며, 심지어 특수교사 수요의 10% 정도(약 39,000명)는 무자격교사로 매워지는 실정이라고 보고했다. 그렇다면 이 같은 특수교사 부족현상은 왜 좀체 해소 되지 않으며, 그 주된 요인은 무엇 때문인가?

이 문제에 대해 Brownell(2005) 등은 교사 자신의 개인적 특성, 근무조건, 교직에 대한 정서적 반응 등의 세 측면에서 그 이유를 설명하고 있다. 즉, 교사의 개인적 특성 가운데 연령, 경력, 자격증 상태 등이 특수교사의 이직률에 상당한 영향을 미치는 주요 변인으로 지적되어 왔다. 연령대가 젊고 경력이 짧을수록 이직현상이 두드러지고, 임시자격증이나 대안자격증 소지자가 정규(종신) 특수교사자격증을 취득한 자에 비해 이직이 높을 수밖에 없다는 것이다. 근무조건으로는 교사급여 상태가 결정적으로 영향을 미치지만, 외적인 조건과 관계없이 교사 자신의 교직에 대한 내면적 보상(intrinsic rewards) 또한 대단히 중요하다. 특수교사는 그의 직무수행과정에서 정서적으로 흔히 적잖은 스트레스를 받게 되어 스스로 소진상태(burn-outing)에 빠지기 쉽다.

결과적으로 미국 특수교사 수급상의 가장 큰 쟁점은 양질의 특수교사를 안정적으로 확보하는 일이다. 대부분의 지역에서 특수교사 부족현상을 일종의 응급조처로 메워나가다 보니 아예 무자격 교사로 충당하거나 일반교사로 충당하는 경우가 적지 않다. 결국 미국에서는 특수교사 수요를 공급이 충족시켜주지 못할 뿐만 아니라, 설상가상으로 일반교사에 비해 특수교사의 이직률도 훨씬 높다. 이런 측면에서 미국에서 특수교사 수급상의 고민은 우리나라와는 상반되는 것으로 볼 수 있다.

(2) 일본에서 특수교사 수급상의 주요 쟁점

일본은 최근 아동 한 사람 마다의 개별지원교육을 향한 '특별지원교육'으로의 일대 전환을 서두르고 있으나, 그에 따른 진통과 혼란 역시 만만찮은 것 같다. 일본은 특수교육의 '고비용 저효율'이 하나의 심각한 문제로 지적되기도 한다. 일본의 특수학교(맹학교, 농학교, 양호학교)는 OECD 국가 중 교사 1인당 학생 수가 가장 낮은 나라이고, 양호학교의 경우 교원을 비롯해서 직원 수가 오히려 학생 수를 능가하는 경우도 있다.

2002년 현재 장애종별로 특수학교에서 교사 1인당 학생 수의 비율을 보면 맹학교는 1.1명, 농학교는 1.3명, 양호학교 중 지적장애는 1.8명, 지체부자유는 1.2명, 병약은 1.1명으로 보고되고 있다. 일반학교 내의 특수학급 경우도 교사 1인당 대비 입급학생 수는 소학교 2.6명, 중학교 2.8명으로 나타났다(문부과학성, 2006). 일본에서 특수교사 1인당 대비 학생수의 비율은 최근에 와서 조금 완화되는 추세를 보이긴 하지만, 여전히 특별지원학교(급)의 법적 표준보다 실제 급당 학생수는 훨씬 적다. 게다가 일본은 특수학교 장애종별에 따른 해당 장애종별 교사면허증을 소지한 비율이 그리 높지 않아 특수교사의 전문성 면에서도 부담을 안고 있다.

최근 특별지원학교(종래의 특수학교)에서 특별지원학교 교사면허증 보유상황(2008)을 보면, 시각장애교육 경우 해당 장애영역 교사면허증 보유자가 33.1%에 불과한 반면에, 타장애영역 교사면허증 소지자가 23.7%이고 일반학교 교사면허증만 소지한 교사가 무려 22.0%나 된다. 청각장애교육에서도 해당 장애영역 교사면허증 소지자는 46.1%이고, 타장애영역 교사면허증 소지자가 27.0%, 일반학교 교사면허증 소지자가 26.5%나 된다. 이에 비해 해당 장애영역 교사면허증 소지자 비율에 있어 지적장애는 70.9%, 지체부자유는 69.7%, 병약교육은 71.8%로 비교적 높은 분포를 보이고 있다(문부과학성, 2008). 이처럼 장애별 특수성이 대단히 강함에도 불구하고 소위 특수교육 인구구성 분포에서 소인수(마이너리티)에 해당되는 맹교육과 농교육이 상대적으로 그 전문성 관리 측면에서 심한 불이익을 당하는 결과를 초래하고 있다. 특히, 2007년 현재 신규채용 교사 가운데 해당 장애영역 교사면허증 소지비율을 보면 시각장애교육은 16.4%, 청각장애교육은 39.1%로 더욱 낮은 비율을 보이고 있다.

한편, 일본은 2007년 6월에 '개정교육직원면허법'을 마련하여 2009년 4월부터 교원면허제도 갱신제도(更新制度)를 도입하여 교원들에게 정기적으로 필요한 지식과 기능의 체득을 검증하여 교직의 권위와 신뢰를 더 높이고자 했다. 이 제도에 의해 교원면허증 갱신기한 만료 전 2년 동안에 대학에서 개설하는 30시간의 면허증갱신 강습을 수료하여야 한다. 이 면허증갱신강습의 주요 내용은 교육의 최근 동향에 관한 것 12시간 이상, 교과지도와 학생지도 등에 관해 18시간 이상을 이수토록 하고 있다. 교원자격증 갱신제도는 미국의 경우 진작부터 도입한 제도로서, 주에 따라 최초의 자격증(provisional/initial certification) 취득 후 5년에서 10년 주기로 정규(professional)자격증으로 갱신케 하는 일련의 장치를 마련하고 있다.

또한, 일본은 종래의 특수교육을 '특별지원교육'체제로 바꿈에 따라, 교원면허증도 지금까지의 '맹 · 농 · 양호학교 교사면허증'을 2007년 4월 이후부터는 '특별지원학교 교사면허증'으로 바뀌게 된다. 즉, 맹학교 교사면허증은 특별지원학교 교사면허증(시각장애자에 관한 교육영역)으로, 농학교 교사면허증은 특별지원학교 교사면허증(청각장애자에 관한 교육영역), 양호학교 교사면허증은 특별지원학교 교사면허증(지적장애자에 관한 교육영역, 지체부자유자에 관한 교육영역, 병약자에 관한 교육영역) 등으로 명시된다. 이에 따라 '면허법 시행규칙'에서 정한 과목구분도 특별지원교육의 기초이론에 관한으로 과목으로 특별지원교육원론(필수), 장애아교육의 역사와 전망, 장애자복지론, 장애아

교육학연습 등을 포함하고, 특별지원교육영역에 관한 과목은 심신장애아 심리 · 생리 · 병리에 관한 과목, 심신장애아 교육과정 및 지도법에 관한 과목으로 대별하고 그 속에 장애영역별 해당과목을 포함하게 하고 있다(玉村 외6인, 2007). 특별지원교육 교사양성과정에서 비범주적 종합성과 장애별 특성에 따른 특수성 간의 균형을 어떻게 유지할 것인가가 중요한 과제가 되고 있다. 그리고 특별지원교육에서 새로이 관심을 가지는 학습장애와 경도장애아 지도에 대응한 특수교사 전문성을 어떻게 반영 할 것인지도 하나의 과제가 되고 있다.

현재 일본에서 특수교사 양성대학은 모두 100 여개 대학에 이르며, 전술한 것처럼 2008년 특별지원학교 교원임용 시험 경쟁률은 3.5 대 1로 일본의 전체 교원임용 경쟁률 6.5 대 1에 비해 상대적으로 낮은 편이다. 게다가 최근에 와서 특별지원학교 교원임용 합격자 가운데 일반학교 교사자격증 소지자가 늘어나는 추세라고 한다. 필자가 보기에 일본에서 특수교사 수급상의 주요 쟁점은 특별지원학교 교사중심으로 특수교사를 양성하면서 일반학교에서 통합교육을 위해 특별지원교육을 어떻게 적절히 수행 하느냐가 중요 관건이 될 것 같다. 현재로서는 특수학교(특별지원학교) 교사가 일반학교 내의 특별지원교육을 지원하도록 하고 있으나, 기존의 분리교육 중심 체제를 유지하면서 동시에 통합교육을 어떻게 효율적으로 지원하느냐가 현실적으로 중대한 과제가 될 것 같다.

이상의 국제비교에서 보는 것처럼 미국은 양질의 특수교사를 확보하기 위해 지속적으로 노력해 왔지만, 여전히 늘어나는 특수교사 수요에 공급이 미치지 못하는 그런 문제를 노정하고 있다. 이에 비해 일본은 최근 특별지원교육체제로의 전환을 통해 이에 상응하는 교사양성과 그 질 관리에 노력하고 있으나, 양성되는 특수교사의 전문성 확립에 역시 한계를 지니고 있다. 특히, 일본의 특수교육은 '고비용'이라는 부담을 안고 있으나, 특수교사 수급면에서는 비교적 안정성을 유지하고 있다. 이에 비해 최근 우리나라 특수교사 양성은 그 질적 전문성 보증(accountability)도 불안정할 뿐만 아니라, 양적 수급면에서도 해를 거듭할수록 과잉공급이 누적되어 가고 있다. 결과적으로 우리나라는 특수교사정책에 관한 한 그 질과 양 모두에 걸쳐 실패하고 있다는 비난을 면하기 어렵게 되어 있다.

3.4.3. 특수교사 수급의 적정화에 따른 주요 쟁점

우리나라는 유럽과 달리 전형적으로 '개방형' 교사양성 체제를 유지하고 있으므로, 소정의 양성과정을 수료하고 교사자격증을 취득했더라도 자유경쟁을 통한 임용절차를 성공적으로 통과해야 교사로서 임용기회를 획득할 수 있다. 일반 초등학교 교사의 경우 '목적형'에 준하는 교사양성을 통해 교사수급의 적정화를 유지하기 위해 국가차원에서 엄격하게 통제하고 있다. 그러나 중등학교 교사양성은 전형적인 개방체제를 유지하면서 사범교육의 목적성이 크게 훼손되는 현상을 되풀이 해오고 있다.

특수교사의 양성은 '90년대까지 비교적 안정성을 유지해 왔으나, 2000년대에 접어들어 해를 거듭할수록 특수교사의 공급과잉이 심각해져 현재 특수교사의 적체현상은 기하급수적으로 늘어나고 있다. 물론 그 일차적 이유는 '90년대 후반부터 2000년대 중반에 이르기까지 약 8년간 특수교사 양성대학이 경쟁적으로 우후죽순처럼 증설된 데에 기인하고 있다. 이 기간 동안에 전체 36개 특수교사 양성대학 중 24개 대학이 신설되어 무려 67%가 갑자기 늘어났다. 더욱이나 이 기간 동안 특수교사 양성과정을 신설한 대학은 모두 사립대학이고 전체의 95% 이상이 지방대학이다. 이것은 결국 특수교사 양성의 급격한 팽창이 전반적으로 질적 저하를 초래할 위험을 다분히 내포하고 있다는 것을 의미한다. 2002년을 기점으로 우리나라 특수교사 양성은 전체적으로 약 2천명을 상회하고 있으나, 최근 8년간 특수교사 임용 평균 숫자는 630명 정도에 머물고 있다. 이런 상황에서 해를 거듭할수록 특수교사의 과잉공급에 따른 적체현상은 더욱 심각해질 수밖에 없다. 여기서 우리가 간과할 수 없는 것은 장애아동을 위한 특수교육의 질을 체계적으로 근심하기보다 특수교사의 질은 시장원리에 따라 자유경쟁하면 저절로 좋아지기 마련이라는 '신자유주의적' 발상의 극치가 마침내 특수교육을 불모로 삼은 꼴이 되어버렸다는 사실이다.

이런 식으로 특수교사 적체현상이 해를 거듭할수록 엄청나게 늘어나고 있음에도 공립 특수학교(급)의 최근 3년간 특수교사 임용현황을 보면, 2007년 823명, 2008년 712명, 2009년에는 349명으로 대폭 축소되었다. 「장애인 등에 대한 특수교육법」의 시행(2008년)에 따라 특수교사의 법정정원 기준에 따른 확보율이 64.5% 수준에 머물고 있음에도, 2009년 특수교사 임용수가 직전 연도의 절반이하로 대폭 축소된 것은 단적으로 현 정부의 장애아동 교육지원에 대한 인식수준이 어느 정도인가를 잘 반영해 주고 있다.

교육에서 자유경쟁에 의한 자율화가 거듭 강조되는 동안에 경쟁력 제고에 도움 되지 못하는 장애아동교육은 다시 정책 우선순위에서 뒤로 밀릴 수밖에 없게 되어 있다. 한 나라의 교육이 참으로 품위 있는 교육이기 위해서는 학교교육에서 낙오되기 쉬운 장애아동, 다문화가정아동, 빈민아동 등에 대한 교육복지정책이 우선해서 취해지지 않으면 안 된다. 이런 의미에서 장애아동을 위한 특수교육은 일반교육에 대한 하위 종속개념의 교육이 아니라, 교육정의 실현을 위해 일반교육보다 우선되는 '교육 중의 교육'이어야 한다.

| Chapter 4 |

특수교육 교사양성과정

특수교육 교사양성 교육과정을 개발함에 있어 그 개발의 중요한 준거는 무엇이며, 양성과정의 공신력을 제고하기 위해 그 표준을 어떻게 설정할 수 있으며, 양성과정의 효율적 운영을 위해 어떤 요건들을 충족해야 할 것인가를 각각 논의하고자 한다.

4.1. 양성과정의 개발 준거

4.1.1. '좋은 교사'에 대한 개념과 양성과정의 개발

좋은 교사상에 대한 관점은 교육에 대한 관점 만큼이나 다양하게 설정될 수 있다. Combs 등(1974)은 교사의 전문성을 논하는 가운데 좋은 교사는 우선 "잘 가르치는 사람"이어야 한다는 관점에서 다음과 같이 좋은 교사가 갖추어야 할 요건을 규정하고 있다.

첫째, 지식인으로서의 교사, 즉 가르치는 내용에 대한 풍부한 지식을 갖춘 사람일 것.

둘째, 교사로서 나타내 보여야 할 전문적 수행능력(competencies)이 잘 갖추어진 사람일 것.

셋째, 개인적으로 풍부한 인간성과 뚜렷한 개성을 소유한 사람일 것.

넷째, 교직을 단지 기능적 업무 수행으로 삼지 않고, 자기 스스로를 지성적이고 창의적으로 관리해 가는 사람일 것 등이다.

위의 네가지 요건 가운데 두가지는 교사양성 교육과정에 구체적으로 반영할 수 있는 성격의 것이지만, 나머지(후반부) 두 가지는 그것의 개발을 위해 구체적으로 어떤 내용의 프로그램을 개설해야 할지 퍽 막연하다. 가령 학생들에게 늘 따뜻한 애정을 베풀고 인격적으로 귀감이 되는 것, 또 스스로 책임성 있게 창의적으로 교직을 수행하는 가운데 큰 보람을 만들어 내는 것 등이 좋은 교사로서 갖춰야 할 요건으로 매우 중요한 것이긴 하지만, 이런 것들을 구체적으로 길러 주기 위해 교사양성 교육과정에서 어떤 프로그램을 개발해야 할 것이냐고 할 때 아주 막연하다.

이에 비해 가르치는 교과내용에 대한 지식을 풍부하게 갖추게 한다든지, 교직 수행을 위해 요구되는 전문적 수행능력들을 구체적으로 습득케 한다든지 하는 것은 교사양성 교육과정 속에서 실제적 프로그램을 통해 길러 줄 수 있는 것들이다. 따라서 앞에서 Combs 등이 훌륭한 교사란 우선 "잘 가르치는 사람"이어야 한다는 견해는 퍽 현실적인 지적이다.

잘 가르치기 위해서는 가르칠 내용에 대한 풍부한 지식을 갖추고 있을 뿐만 아니라, 학생들에게 그 내용을 효과적으로 전달해 주는 방법이 적절히 뒷받침되어 있어야 한다. Bruner(1978)는 교육과정에 있어 지식과 방법간의 결합이 이루어져야 함을 강조하면서, "지식을 교육의 내용으로 의미있게 조작하는 일"이야말로 교사가 교과를 가르칠 때에 반드시 할 수 있어야 한다고 했다. Dewey(1922)도 교과와 방법의 동일성을 강조하는 가운데, "학문의 내용이 조직되어 있다는 것은 곧 그것이 이미 지적인 활동을 거쳐 나온 산물로서 방법화되어 있음"을 의미한다고 규정하고, 방법이 교과내용과 결코 떨어져 있을 수 없음을 강조하고 있다. 현행 우리나라의 특수교육 교사양성 교육과정에서 교과전공은 단지 가르칠 교과목에 대한 지식만을 다루고, 특수교육전공(교직)에서는 가르칠 교과내용과 관계 없이 단지 장애아 교육의 방법

원리만을 각각 다룬다면, 내용과 방법간의 의미있는 연관을 유지하기 어렵다.

어쨌든 좋은 교사는 유능한 교사이어야 하고, 그러기 위해 좋은 교사는 '잘 가르치는 사람'이어야 하고, 잘 가르친다는 것은 가르칠 교과내용에 대한 방법화가 뒷받침되어 있을 뿐만 아니라 교사 스스로 학생들에게 교육적 경험의 좋은 모델로서 사표(師表)가 되어야 한다.

4.1.2. 교사의 수행능력과 양성과정의 개발

특수아동을 지도하는 교사가 실제로 "특수교육 현장에서 하는 일이 무엇인가"를 철저히 분석해 봄으로써, 특수교육 교사양성 교육과정의 개발에 필요한 중요한 정보를 얻어 낼 수 있다. 이런 관점에서 교사양성 교육과정을 개선하기 위해 제안된 것이 소위 수행능력에 기초한 교사교육(competency-based teacher education : CBTE)이다. 이 입장은 교사교육에 있어 책무성(accountability)의 개념을 강조하여, 잘 양성된 교사의 책무는 그 교사의 지도에 의해 학생이 나타내 보이는 변화의 결과에 의해서만 입증될 수 있다고 본다. CBTE에 의하면, 전통적 코스 중심의 교사 교육과정에서 일정기간 동안 소정의 학점을 성공적으로 취득했다는 것이 실제 교직 수행과정에서 훌륭한 교사가 된다는 것을 어떻게 보증할 수 있느냐는 데에 강한 의문을 제기한다. 이런 관점에서 Ysseldyke(1982)는 과거 50년간 교사교육에서 일어난 변화의 대부분은 기존의 코스를 재조정하는 것에 주로 의존해 왔으나, 좀 더 근원적으로 교사교육 프로그램의 본질을 바꾸기 위해서는 현장에서 교사가 하는 일, 교사들이 학교에서 그들의 시간을 어떻게 보내고 있는가에 대한 구체적 정보를 가지고 필요한 전문능력을 도출해 내지 않으면 안된다고 했다. Spungin 등(1977)이 시각장애아 교사에게 요구되는 수행능력을 진술하기 위해 현장의 교사들이 보내는 시간 할당을 수업(52.88%), 측정과 평가(18.77%), 생활지도와 상담(11.21%), 기기와 공학의 활용(5.42%), 행정과 관리(4.92%), 학교와 지역사회의 유대관계(4.36%), 연구(2.00%) 등으로 분석하여 제시한 것은 그 좋은 예가 된다.

이처럼 교사양성 교육과정을 개발함에 있어 유능한 현장교사가 수행하는 수행 능력을 분석해 보는 것이 중요한 대안일 수 있지만, 이 경우에 문제가 될 수 있는 것은 너무 "실제적 기능"의 분석에만 치우친 나머지 교사가 갖추어야 할 윤리적 책임이나 인성적 품위 등을 간과하기 쉽다는 점이다.

4.1.3. 현장학교의 교육과정 활동과 교사양성과정

교사양성 교육과정 개발 준거로서 교사가 현장에서 가르칠 학생들의 학습활동에 초점을 맞춰야 한다는 주장은 지금까지 교사교육이 너무 대학교육의 틀 속에서 이론적 수준에 머물고 있다는 비판에 대한 반성으로 오늘날 교사양성 교육과정 개발의 주요 지침이되고 있다. 즉, 교사양성 교육과정은 교사가 현장에서 가르칠 학생들의 학습활동에 초점을 맞추어야하기 때문에, 현장학교의 교육과정 그 차제가 교사양성 교육과정 개발을 위한 기본적 지침이 되어야 한다는 것이다. 최근 영국에서 도입한 "현장교육중심 교사양성체제"는 이 지침에 입각한 전형적 교사양성 모형이다.

7차 교육과정에서는 초등학교 1학년부터 고등학교 1학년까지 모든 학생들에게 '국민공통 기본 교육과정'을 도입하게 되며, 이에따라 중등학교 교사양성 교육과정도 국민공통 기본 교육과정에서 설정한 10개 교과의 틀에 맞춰 재조정되어야 한다. 가령 종래의 물리, 화학, 생물 등은 과학교과로 통합됨에 따라 사범대학의 과학계열학과들은 통합교과로서 '과학' 교육을 위한 교사양성과정을 재편성해야 할 것이다.

또한, 이번에 개정되는 특수학교 교육과정에서는 정신지체 특수학교와 정서장애 특수학교 교육과정을 12년제의 '기본교육과정'으로 묶어 초·중등에 따른 부별 구분을 없애고 지적요소 보다 기본 생활요소를 강조하면서 국어, 사회, 과학, 수학, 건강, 예능, 직업 등 7개 과목으로 편성하고 있다. 따라서 이와같은 현장의 '기본교육과정' 모형에 따라 대학에서 정신지체 특수학교 교사양성 교육과정이 재개념화되어야 한다.

4.1.4. 대학 교육과정과 교사양성과정

오늘날 대부분의 특수교육 교사들은 종합대학교 내의 사범대학에서 양성되고 있다. 따라서 '사범대학'은 교사양성 목적 대학으로서의 성격이 강조되고 있지만, 기본적으로 종합대학교 내의 한 단과대학으로서 대학교육의 기본적 틀을 크게 벗어날 수 없게 되어 있다. 사범대학의 교육과정에서 교양과정은 종합대학교 내의 다른 단과대학과 기본적으로 차이가 없고, 교과내용학의 경우 문리과대학의 전공과목과 다르지 않은 현실에서 사범대학은 교사양성을 위한 목적대학으로서 스스로 많은 한계를 지니고 있다.

이를테면, 오랜동안의 교사교육 전통을 가지고 있는 아이오와대학교의 경우 사범대학은 문리과대학의 한 단위로서 중등학교 교사가 되고자하는 학생은 문리과대학에 그대로 남아서 전공분야에서 학사학위를 취득하고, 사범대학에서 교사자격 취득을 위한 기준을 충족시키도록 함으로써 "보다 균형있고 학식 높은" 교사를 배출하고자 한다 (Qualls, 1997).

최근 우리나라에서 교원양성을 위한 목적기관으로서 사범대학은 양질의 교사교육을 수행할 수 있는 자기 정체성 회복을 위한 각오를 새롭게 다지면서, 교양과정에서부터 사범대학생들에게는 교직교육 과목을 제공하는 것, 전공과목(교과내용학)과 교과교수법의 연관성을 강화하는 것, 교육실습의 효율화와 그 강화를 위한 논의가 활발히 제기되어 왔으나 현실적으로 대학교육의 전반적 개혁방안과 맞물려 제대로 실천되지 못하고 있다.

따라서 지금까지 교사양성 교육과정은 기껏해야 대학교육의 틀 속에서 교양과정중 교직교육을 어떻게 반영할 것이며, 전공과정에 교과내용과 교과지도법의 비중을 어떻게 조정할 것인가 하는 등의 수준에서 논의되어 왔으며, 그것도 극히 형식적 논의에 그치는 경우가 많았다.

이상에서 교사양성 교육과정의 개발 준거로서 좋은 교사의 개념, 교사의 수행능력 분석, 현장학교의 교육과정활동 분석, 대학의 교육과정 틀 등을 살펴보았다. 이상의 준거들은 상호 밀접한 연관성을 지니기도 하지만, 상호 갈등적 관계에 있는 측면도 있다. 이를테면 교사양성 교육과정 개발준거로서 교사의 수행능력 개발과 현장학교의 교육과정활동 분석은 밀접한 연관성이 있지만, 대학의 교육과정 틀을 유지하는 것과 현장학교의 교육과정을 반영하는 것과는 상당히 상반된 관계에 있다. 따라서 현실적으로 교사양성 교육과정을 개발함에 있어 이런 상반된 요구를 어떻게 조정하여 반영하느냐가 중요한 과제가 된다.

4.2. 양성과정 개발의 모형

우리가 실제로 개발하고자 하는 특수교육 교사양성 교육과정이 현장학교의 교육과정 특성과 깊이 관련을 맺어야 하고, 또 교사가 실제로 수행하는 직무에 직결되는 것이어야 한다면, 도대체 그런 교육과정은 어떤 성격의 것이며, 어떻게 개발될 수 있는가 하는 것이 문제이다. 이를 위해 여기서는 개발하고자 하는 교사양성 교육과정의 기본방향, 교사 역할 분석, 요구되는 수행능력(competencies), 포함되어야 할 내용과 코스의 구성, 프로그램의 운영과 평가 등에 걸쳐 논의해 보고자 한다.

4.2.1. 기본방향 설정

이 문제에 관련되는 상당 부분은 이미 앞에서 논의하였다. 우리가 개발하고자 하는 교사양성 교육과정에서 추구하는 교사상은 일단 전문가로서 그가 수행하는 능력, 즉 실제로 '가르치는 활동'을 성공적으로 수행하는 능력을 잘 갖춘 자이면서도 인간애에 가득 찬 사랑의 실천가일 뿐만 아니라, 국가발전에 대한 신념과 의식이 뚜렷한 교사이다. 때문에 교사양성 교육과정의 개발 과정에서 항상 전문교사로서 나타내 보여야 할(demonstrate) 수행능력을 강조하고 있지만, 실제로 운영되는 양성과정은 설정된 개개 수행능력 목록들을 모두 합친 것 이상의 의미를 가져야 한다.

이런 관점에서 개발되어야 할 교사양성과정의 기본 성격을 생각할 때, 미시간대학교의 특수교육과에서 개발한 특수교육교사를 위한 "개념적 양성모델"은 우리들에게 유익한 아이디어를 제공해 준다. 이 개념적 양성모델에서는 교사에게 요구되는 전문능력을 지식·태도·수행능력(performance abilities)으로 대별하고, 개념화를 위한 다른 세 요인으로서 교수능력, 인간관계, 개인적 품위(personal and stylistic development) 등을 설정하여 다음과 같이 그 모델을 제시하고 있다.

〈표 4-1〉 교사양성과정 개발의 모델: University of Michigan

	교수능력	인간관계	개인/품위개발
지식	①가르치는 것에 대한 지식	⑥인간에 대한 지식	⑨자아/교수스타일에 대한 지식
태도	②가르치는 것에 대한 태도	⑦타인에 대한 태도	⑩자아/교수스타일에 대한 태도
수행능력	③학습환경의 계획/준비 ④교육 프로그램의 적용 ⑤학급경영	⑧다른 사람과 관계를 갖는 것	⑪개인적 품위 및 능력

위의 개념적 양성 모델은 교수역할의 성공적 수행을 위해 요구되는 수행능력을 강조하고 있으면서도 이것을 인간주의 철학에로 연결 지우려고(incorporation of a humanistic philosophy)하는 큰 특징이 발견되며, 이는 우리가 앞에서 논의한 기본 가정과 일치하고 있다. 위의 모델에서 가장 많은 비중을 차지하는 것은 교수능력에 관계되는 영역이지만 특히 개인적 품위 발전에 관한 ⑨~⑪의 영역이 주요한 의미를 지니는 것으로 주목할 필요가 있다고 본다. 비록 이 영역들은 구체적인 코스로 표현되기는 어려울지 모르지만, 소위 교사로서의 사명감이나 교직에 대한 책임과 자각 등으로서, 이런 것을 통해 우리는 교사에게 유독 존중되어야 할 일종의 삶의 스타일 같은 것을 생각해 낼 수 있다.

4.2.2. 교사의 역할 분석

마련된 양성과정을 졸업했을 때 기대되는 기능을 정의함으로써 양성과정의 구성요소, 전문능력의 진술 영역 등에 대한 지침을 얻을 수 있다. 이것은 역으로 현장에서 교사가 수행해야 할 역할분석으로부터 얻어지는 정보와 결국에는 같아져야 한다.

교사가 수행해야 할 역할분석에 기초하여 교사양성 프로그램을 개발하고자 한 좋은 예로 일찍이 Mackie(1959) 등이 다음과 같이 10개 수행능력 영역을 제안한 것이 있다.

① 특수아동의 심리적, 의학적, 사회적, 교육적 특성에 대한 지식
② 아동과 그의 편차를 이해하는 것
③ 교육과정의 적용과 교수 방법
④ 특수기기 및 자료의 사용능력과 지식
⑤ 아동 및 양친에 대한 상담과 생활지도의 지식·능력

⑥ 각종 검사 및 기록의 실시와 해석 능력
⑦ 단체 및 인접 분야 전문가와 협력해서 일할 수 있는 능력
⑧ 특수교육 프로그램의 조직과 행정적 기능
⑨ 중복장애아 지도능력
⑩ 일반아동의 교육에 대한 지식과 경험

Mackie 등은 이상의 전문능력 영역들을 실제로 교사양성 교육과정을 편성할 때 하나의 표준이 되도록 했으며, 이것은 이후의 특수교육에 있어 교사양성 교육과정 개발에 미친 바가 대단히 크다.

한편 Dodl(1972) 등은 프로리다 주립대학에서 개발한 CBTE프로그램에서 교사의 행동영역을 다음과 같이 7개 영역으로 제안하였다.

① 학생 행동을 측정·평가하는 것
② 교수를 계획하는 것
③ 교수를 수행·적용하는 것
④ 행정적 의무를 수행하는 것
⑤ 의사소통을 하는 것
⑥ 자기 개인적 기능을 개발하는 것
⑦ 학생의 자아를 개발하는 것

이상에서 볼 때 학교에서 교사가 하는 역할수행 가운데 측정과 평가, 교수전략과 그 적용, 학생-부모-교사간의 인간관계유지, 행정적 업무수행 등이 중요한 역할영역이라 할 수 있다. 특수교육에 있어 장애영역과 대상아동의 학교 급별 및 프로그램 유형에 따라 교사역할은 상당히 달라질 수도 있는 것이지만, 기본적 역할수행은 위의 역할 영역을 벗어나기 어렵다고 본다.

4.2.3. 수행능력(competencies)의 설정

교사에게 요구되는 수행능력을 확정(identification)하는데 아직 우리들은 익숙치 않을 뿐만 아니라, 그 방법 자체에 대한 논란은 여전히 계속되고 있다. 교사에게 요구되는 '수행능력(competencies)'에 기초한 교사양성 교육과정을 개발하고자 할 때, 도대체 이 '수행능력'이란 무엇이며, 그것이 어떤 방법으로 개발될 수 있느냐 하는 것이 가장 중요한 관심사가 된다. 70년대 초반부터 활발히 논의되기 시작한 소위 수행능력에 기초한 교사교육(CBTE)에 있어 '수행능력'은 하나의 과업을 성공적으로 수행하는데 요구되는 지식·기능·태도 혹은 행동을 의미하는 것으로서, 원래 'competency'란 말은 '지식을 입증하는 능력'에 대한 전통적 강조점보다 '실제로 수행해야 할 능력'에 더 역점을 두는 경향이 있다고 하지만, 적어도 교사교육에 있어 이 'competency'란 말은 기술자가 가지는 'performance'라는 개념수준 이상의 것이어야 한다. 교사교육은 단순한 훈련(training)이 아니고 교육(education)의 과정이어야 하며, 동시에 그 자체가 분명히 하나의 이론적 분석의 대상이 될 수 있는 것이라야 한다고 믿는다. 이런 의미에서 Peter(1975)가 교사교육에 있어 'competency'를 "이론, 방법, 실천을 통합한 것"으로 이는 곧 책무성의 한 체제라고 규정한 것은 퍽 적절한 표현이라 할 수 있다.

그러면 이 수행능력이 무엇에 기초하여 어떤 방법으로 확정될 수 있는가? Houston, Dodl 및 Weber(1975)는 수행능력을 확정하는 방안을 ①기존의 코스나 프로그램의 번안, ②과제분석, ③교사 지망생의 요구사정, ④학습자의 요구분석, ⑤이론적 기초로부터의 일반화, ⑥군집분석(cluster analysis)등 6가지를 들고 있으나, 이들 방안 중 어느 것도 완벽한 방안이라 할 수는 없다.

교사에게 요구되는 수행능력을 확정함에 있어 대부분은 전문가의 판정에 의존하고 있으나, 최근에는 교사행동에 대한 직접관찰로부터 얻어지는 경험적 정보를 대단히 중시하고 있다.

Blackhurst(1979)는 교사행동에 대한 직접관찰이 이론적으로 타당한 것 같지만 심한 논리적 문제를 야기하며, 실제로 그 방법을 적용하는 데는 너무 많은 시간과 경비가 든다고 비판하고 있다. 교사행동의 직접 관찰에 대한 한 변용으로 객관적 정보를 얻기 위한 방안으로 Franagan(1962)이 개발한 극적 사태법(critical incident technique)이 가끔 특수교육 쪽에서도 활용되어 왔으나 이 방법은 개인적 회고에 기초하여 자료가 수집되기 때문에 기억상의 오류, 개인적인 편견 혹은 해석상의 오류 등에 의해 객관성이 약화될 가능성이 많다는 약점이 있다.

필자의 경험으로는 우리나라의 경우 우선 외국에서 비슷한 목적으로 개발된 수행능력 목록들을 번안하여 전문가의 판정 혹은 패널토의를 위한 일차적 자료로 활용하는 한편, 가능한 범위 내에서 교사행동에 대한 직접적 관찰의 자료를 병행하여 활용하면 좋다고 본다.

특수교육 영역에서 개발된 수행능력 가운데 우리나라에서 특히 활용가치가 있다고 생각되는 것으로 몇 가지를 소개해 보면, 시각장애 영역에는 Spungin 등의 개발안이 있고, 청각장애 영역에는 농유아를 위한 Northcott의 안(1971), 미국 농교육협회(CED)에서 개발한 모형(1972)이 대표적이며, 우리나라에서는 필자가 개발한 모형(1980)이 있고, 정신지체 쪽에는 Ratberg(1968)가 개발한 EMR교사를 위한 수행능력안, Brolm과 Thomas(1972)가 개발한 중등 EMR교사를 위한 안 등이 있으며, 지체부자유영역에는 G. Best(1975) 등에 의해 미래의 지체부자유아와 병허약, 중복장애아 교사를 위한 모형안이 각각 개발된 것이 있다. 이들 선행 개발안들을 액면 그대로 활용할 수는 없지만, 이미 개발된 안들에 깔려있는 기본가정이라든가 상위영역 등은 우리들에게 적절한 아이디어를 제공해 줄 것이다.

4.2.4. 목표와 평가준거

교사에게 요구되는 수행능력이 확정되면, 이 수행능력에 대한 목표(행동목표로)를 진술하여, 이들 목표에 대한 평가준거가 제시되어야 한다. Mager식의 목표진술은 너무 목표를 명세화함으로서, 의미있는 전체로 이들 목표를 통합하여 관련지우고 종합화하는데 실패하고 별로 가치없는 지엽적 기능들만 나열하기 쉽다는 비판을 받기도 한다. 특히 개발된 수행능력들이 인지목표와 수행목표들만을 강조하는 나머지, 태도에 관련되는 정의적 목표, 실습 및 임상장면에서 요구되는 경험적 목표, 특히 CBTE에서 가장 중시하는 결과목표(consequence objective) 등의 영역이 적절히 반영되지 못하는 경우도 많다.

목표진술에 관련된 이상의 문제들에 끈질기게 도전하는 가운데, 교사에게 요구되는 수행능력은 교수수행을 적절히 평가하도록 진술되어야 한다는 입장에서 Tawney(1972)는 하나의 대안을 제시하고 있다. 즉 그에 의하면 각 교과 영역에 포함되는 다양한 수업수준은 수백개의 목표들을 표함하는 혼잡을 야기하기 때문에, 그는 이들 각 교과영역을 꿰뚫는 몇 가지 기본사항으로 다음 세 가지 측면을 생각할 수 있다는 것이다. 즉 첫째, 교사는 애정어린 태도(humane manner)로 아동과 교섭하는가? 둘째, 아동은 교사가 지시한 대로 주어진 과업에 열중하는가? 셋째, 시간의 경과에 따라 아동은 보다 복잡한 과업을 수행해 내는데 진전을 보이고 있는가? 만약 이상의 물음들에 학생이 모두 긍정적 반응을 보인다면, 그 교사가 가르친다는 것은 목표에 진술된 대로 만족할 만한 것이 되는 것이다.

교사양성 교육과정의 개발에 있어 목표와 평가준거에 관한 사항은 우리에게 많은 논쟁의 여지를 안겨 주고 있다.

4.2.5. 내용선정과 코스의 구성

전술한 수행능력과 수행능력에 대한 목표진술에 따라 이미 교사양성 교육과정에 포함되어야 할 내용은 결정된다. 이 내용에 따라 적절한 교수자료, 교재 및 참고자료들을 적용하게 된다. 그러나 종종 우리는 선택한 교재에 따라 거꾸로 가르쳐야 할 내용을 구성하므로써 수행능력과 목표들로부터 추출된 내용과는 관계없이 교사양성 교육과정이 운영되는 경우를 자주 경험하게 된다. 이같은 오류는 전통적 코스 중심의 교사교육 프로그램에서 흔히 발견될 수 있다.

가르쳐야할 내용은 상위 행동지표인 수행능력에 비추어 결정되며, 이들 수행능력 목록들을 다시 상위영역으로 적절히 묶어줌으로써 소정의 코스를 형성하게 된다. 흔히 CBTE프로그램에서는 설정된 코스는 다시 그 자체가 독립된 교수단위인 몇 개의 교수 모듈(module)을 형성하게 되는데, 모든 교사양성 교육과정(비록 CBTE프로그램이라 할지라도)이 반드시 모듈에 기초한 과정으로 개발될 필요는 없다고 본다.

모듈은 원래 건축에 있어 건물 각 부분의 구성, 비율, 면적 등을 결정하기 위해 적용되는 단위로서 이와 같은 모듈에 기초한 체계적 설계에 의해 건축의 공정과정에 있어 필요한 각종 자재가 조정됨으로써 자재의 낭비를 최대로 줄일 수 있다.

다음에는 설정된 코스를 전체 교사교육과정 속에 어떻게 짜넣느냐 하는 문제가 남는다. 이 문제와 관련하여 우리가 늘 신경을 써온 것은 전체 과정 속에 교양, 교직, 전공의 구성비를 어떻게 할 것인가 하는 문제이다. 가령 미국의 경우 중등교사 양성과정에 있어 졸업에 필요한 최저 120학점 가운데 교양 3분의 1(약 40학점), 교직 17%(평균 20학점), 나머지 약 50%가 전공과정으로 구성되고 있는데(Weible, Dumas, 1982), 문제는 이들 세 영역이 어떤 이론적 근거에서 이 같은 구성비로 제시될 수 있느냐에 대한 명백한 해답을 제시하는 것이 중요하다.

그런데 특수교육 교사교양과정의 구성에 있어서는 이 교양, 교직, 전공과정의 구성비가 그렇게 단순하지가 않다. 즉 교직과 전공과정에 소위 특수교육 공통영역과 장애별 전공과정을 어떤 비율로 어떻게 반영하느냐가 문제가 된다. 캐나다에서 Hardy(1971)등은 특수아동 교사의 자격표준을 수행능력(competencies)에 기초하여 제시함에 있어 ①모든 교사에게 일반적으로 요구되는 수행능력 영역, ②모든 특수교육 교사에게 공통으로 요구되는 수행능력 영역, ③장애영역의 특수성에 따른 수행능력 영역등 세 영역으로 대별하고 이들 영역 가운데 두 번째의 '모든 특수교육 교사에게 공통으로 요구되는 수행능력' 영역을 중핵과정으로 할 것을 제안하고 있다.

미국 CEC(Council for Exceptional Children)에서 제안한 1966년의 특수아동 교사의 전문적 표준에서는 철저히 장애영역에 따른 교사, 행정가, 박사과정 양성프로그램의 표준을 제시하고 있으나, 1976년의 개정된 지침에 의하면, 적어도 특수교육 공통영역은 장애영역별 전공과정의 절반정도는 되어야 한다고 지적하고 있다.

특수교육 공통영역에 대한 강조와 관련하여 하나 생각할 수 있는 것은, 최근 특수교육에 있어 장애영역을 통합한(noncategorical) 교사양성의 접근 경향이다. 펜실버니아주는 1977년 이래 EMR, 정서장애, 지체부자유, 학습장애아를 위한 학급에 공통으로 적용되는 종합자격증(comprehensive certificate)을 인정해 왔는데, 한 조사에 의하면 현재까지 대부분의 주에서는 이들 장애영역에 있어 분화된 자격증제도를 유지하고 있으나, 앞으로는 전체 50개 주 가운데 약 40% 정도의 주들이 펜실버니아주와 비슷한 제도를 취하기를 희망하고 있다는 것이다.

특수아동을 위한 교사교육에 있어 noncategorical 혹은 crosscategorical 접근은 결국 가벼운 행동장애, EMR, 학습장애 등을 "행동 및 학습장애"로 묶어 보자는 정도이고, 이런 접근을 취하는 주에 있어 조차도 시각장애, 청각장애, TMR, 중증장애 영역은 장애별로 분화된 양성제도를 그대로 유지하고 있음에 유의할 필요가 있다. 다만 상대적으로 과거에 지나치게 분화된 장애영역을 적절히 가능한 범위에서 통합·조절하고자 하는 것이 noncategorical접근의 현실이며, 기존의 장애별 특성을 완전히 탈피하는 것을 의미하지는 않는다. 이 점에 있어 우리나라에서 비범주적 접근을 이해함에 있어 오해가 없었으면 좋겠다.

코스의 구성과 관련하여 고려해야 할 또 다른 주요 사항 가운데 하나는 수행능력에 기초한 코스설정과 함께 실습경험을 어떻게 짜 넣을 것이냐 하는 문제이다. 단적으로 교육실습은 반드시 최종 학년에만 집중적으로 실시될 필요는 없다고 본다. 전술한 CEC에서 제안한 특수아동 교사교육을 위한 표준 프로젝트에서도 실습은 이론코스를 마친 후에 최종적으로 제공할 것이 아니라, 처음 단계부터 다양한 형태로 계속 행해야 하며, 양성과정의 전체 속에 잘 통합되어 있어야 한다고 제의하고 있다. 이런 점에서 독일의 4년제 기초 양성과정에서 적용하는 특수교육 교사양성을 위한 실습운영은 퍽 적절하다고 본다. 즉 독일에서는 실습운영을 ①교직 입문으로서의 실습(prepracticum)으로 이 분야에 있어 개인적 적합성을 평가하기 위해 7-8주 동안 행하는 것, ②학기중에 가지는 실습으로 주당 하루 반 정도 지도교사 감독하에 관찰, 참관, 수업 경험을 갖게 하는 것, ③전학기 동안 실시하는 실습으로 7-8주간 집중적으로 특수학교에서 실습하는 것으로 구성하고 있다(O. Speck, 1978).

4.2.6. 양성과정의 운영과 평가

교사양성과정의 편성과 양성기관의 현실적 제약성은 양성과정의 실제 운영에 가장 직접적인 영향을 미친다. 양성과정의 개선이 아무리 절실하다 할지라도 양성기관 자체가 그 변화를 수용할 수 있는 조건과 능력을 갖추지 못하면 그 양성과정은 하나의 탁상공론으로 끝날 뿐이다.

Blackhurst는 특수교육 교사양성 교육과정의 운영에 있어 고려해야 할 점으로 다음 몇 가지를 들고 있는데, 이는 우리나라의 경우에도 많은 시사를 준다고 본다.

첫째, 양성과정(이를테면 CBTE프로그램)의 개발과 적용을 위한 구체적 계획과 소요 기간을 설정한다.

둘째, 개정모형에 따라 코스를 변경코자할 경우 미리 필요한 자료들을 적절히 마련 해 두어야 한다.

셋째, 학생들에게 전체 프로그램에 대한 충분한 오리엔테이션을 해주고, 프로그램 개발과정에 수시로 토의와 대화의 기회를 마련한다.

넷째, 새로운 프로그램이 이전의 것과 많이 다른 경우, 프로그램을 적용하기에 앞서 관계 행정가(학장등)에게 충분한 설명을 해준다.

다섯째, 운영되는 프로그램에 대한 이해와 협의를 위해 교수들에게 충분한 대화의 기회를 마련해 준다. 즉 교수들 간에 프로그램에 대한 해설이 일치하도록 노력한다.

여섯째, 개정의 필요성에 대해 항상 융통적, 개방적이어야 한다.

일반적으로 교사양성과정의 효율적 운영에 관계되는 주요변인들로서 학생변인, 교수변인, 교재 및 자료 변인, 양성기관의 행정지원 등을 생각할 수 있는데, 우리나라의 경우 학생변인을 제외한 다른 여러 변인에 특히 많은 문제가 있는 것으로 생각된다.

다음에 양성과정의 평가 문제에 대해 간단히 생각해 보고자 한다. 교사양성 교육과정에 대한 평가는 각 코스가 지향하는 목표에 비추어 교수결과를 평가하는 측면, 양성된 교사가 자기가 체험한 양성과정의 효과를 평가하는 측면, 이상의 양자를 포함한 장기적 총괄평가 등 세 측면을 생각할 수 있다. 첫 번째의 것은 설정된 목표에 의해 평가의 방법, 평가의 정당성이 결정되므로 여기서 더 언급하지 않겠다. 우리는 현재 운영되고 있는 교사 양성과정에 대한 총괄적 평가자료를 얻기 위해 양성과정을 마친 졸업생들을 대상으로 형식적 비형식적 평가 방안을 몇 년마다 정기적으로 계속 적용해 볼 필요가 있고, 이 평가 결과에 따라 현재 운영되고 있는 양성과정 그 자체를 재검토, 분석해 봄으로써 양성과정의 개선에 대해 항상 개방적이어야 하며, 그 노력은 계속되어야 한다.

4.3. 양성과정 모형과 표준 설정

4.3.1. 특수교육 교사양성 교육과정 모형

특수교육을 담당할 교원양성 교육과정을 구성할 때, 기본적으로 반영되어야할 주요 변인들이 있다.

첫째, 일반적으로 특수교육 교사에게 요구되는 전문적 수행능력(competencies)들을 위계화해 보면, 세 유층으로 대별할 수 있다. 즉 특수교육 교사에게는 (1) 모든 교사에게 공통적으로 요구되는 일반교직 수행상의 전문능력, (2) 장애영역에 관계없이 모든 특수교육 대상아동의 이해와 지도를 이해 공통으로 요구되는 전문능력, (3) 장애영역별 심화과정 등으로 나눌 수 있으며, 이들 과정은 내적으로 서로 잘 연관·융합되어 있어야 한다.

특수교육 교사양성 교육과정을 개발하고자 할 때, 이들 세 유층의 영역이 내적으로 어떻게 서로 관련될 수 있게 하느냐도 중요하지만, 그 비중을 상호 어떻게 조정할 것인가 하는 것이 실제로 퍽 중요한 과제가 된다. 우선 일반교육 교직과정은 이미 국가 수준에서 표준화된 모형이 있으므로 여기서 더 논의하지 않겠다(물론 현실적으로 일반교육 교직과정을 그대로 특수교육 교사양성 과정에 포함시킬 것인가 하는 점은 충분히 논의의 여지가 있다). 그렇다면 결국 특수교육 공통과정과 장애별 심화과정을 어떻게 연관지우며, 그 비중은 어떻게 조정할 것이냐는 것이 중요하다.

일찍이 이 문제에 대해 미국의 CEC 교사자격 표준 프로젝트(1976)에서는 그들의 입장을 명백히 밝힌바 있다. 즉 CEC의 특수교육 교사양성 과정에서 이 공통영역은 중핵과정이 되어야 함을 제안하고 있다. 이것은 특수교육 공통과정을 중핵화하자는 것으로 볼 수 있다. 또 학점 구성 비중도 장애별 심화과정을 18—24학점 정도로 한다면, 공통기초과정은 9—12학점으로 할 수 있다는 것으로 이는 대학에서 특수교육 교사양성 과정을 개발하는 지침이 될 수 있을 것이다. 그러나 최근 특수교육 교사양성에서 비범주화(noncategorizing)동향이 강조되면서, 공통과정과 심화과정의 비중은 물론 그것의 구분적 개념도 허물어지고 있는 경향이다. 특히, 어떤 장애영역을 주전공으로 하든지 모든 장애영역에서 일정학점 이상을 필수적으로 이수하도록 하고 있는 경향이다.

또한 최근에 CEC에서는 특수교육 교사양성과 자격의 국제적 표준을 개발한 바 있는데(1995), 여기서도 특수교육 교사가 되고자 하는 모든 사람들에게 필수적인 지식과 기능으로 공통중핵(common core)영역을 설정하고, 그 위에 심화과정으로 장애영역별 및 특수영역(speciality areas)으로 시각장애, 농과 난청, 정신지체 및 발달장애, 정서 및 행동장애, 신체 및 건강장애, 학습장애, 우수 및 재능, 유아특수교육 등을 설정하고 있다.

둘째로, 발달단계에 따른 학교급별을 취학전 단계, 초등교육단계, 중등교육 단계 등으로 대별하고 이에 따라 기간학제가 편성되어 있다. 따라서 발달단계에 따른 학교급별 구분은 특수교육 교사양성 교육과정을 구성할 때에도 하나의 기준이 된다. 최근 장애영유아를 위한 조기 특수교육이 강조됨에 따라 취학전 단계의 특수교육도 3세 이하의 조기교육과 3~5세 유아를 위한 취학전 교육으로 구분하여, 특히 3세 이하의 장애영유아는 굳이 장애영역별로 구분하지 않고 '발달지체'라는 기본적 특징에 초점을 두고 비범주화(noncategorizing)로 가는 경향이다.

발달단계에 따른 학교급별 구분에서 시각장애, 청각장애, 지체부자유 등의 영역은 일반학교와 같이 유치·초등·중등으로 구분할 수 있으나, 소위 '발달장애'라는 공통적 기반을 가지는 정신지체와 정서 및 행동장애 등의 영역은 발달단계에 따른 초·중등의 구분이 사실상 의미가 없다.

따라서 특수교육 교사양성 교육과정을 구안할 때, 학교급별 구분을 일반학교의 학제와 같이 구분하여 적용해야할 특수교육 대상과 아예 학교급별에 따른 구분이 별 의미가 없는 특수교육 대상(발달장애영역)에 따라 그 적용기준을 달리하여야 한다

셋째로, 대학에서 특수교육 교사양성 교육과정을 구안할 때, 대학교육의 일반목적과 교사교육의 특수목적을 어떻게 조정·연관하여 교육과정을 구성할 것인가 하는 것이 퍽 중요한 과제가 된다. 일반적으로 대학과정에서 특수교육 교사양성 교육과정은 교양, 일반·특수교육학(교직과정), 교과내용학, 교과교육학 등의 영역으로 구성된다. 이들 영역은 상호간 유기적 통합관계를 적절히 유지하여야 한다.

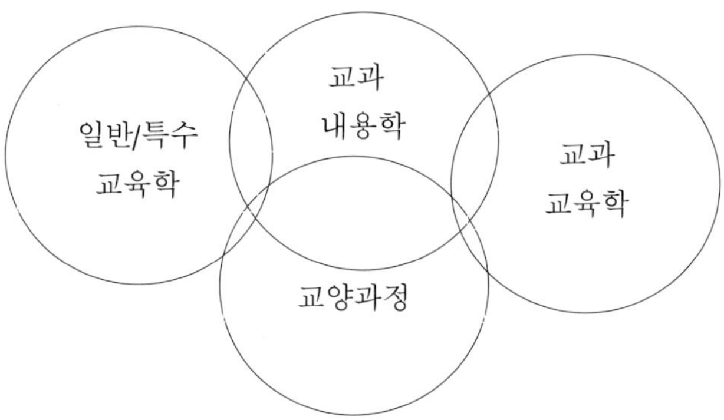

그림 4.1 특수교육 교사양성 교육과정 영역의 유기적 통합관계

최근 우리나라의 교사양성 교육과정 개선에서 교육학(교직)과 교과교육학의 상호연관성 및 그 비중의 조정 문제가 주요한 논란이 되고

있다. 교과교육학에 대한 강조가 상대적으로 교육학 영역의 축소로 이어지면서, 한국 교과교육학회(1997)에서는 교육학(교직)을 약 9학점까지 축소할 것을 제안해 놓고 있다. 이와 같이 교사양성 교육과정내에서 영역간의 단순한 학점비율 조정·변화는 교육과정 편성에서 흔히 야기되는 제로섬(zero sum)게임에 불과한 것이 되므로 좀더 본질적 원칙에 충실하면서 양성과정의 통합과 조정을 논의하여야 할 것이다. 이런 관점에서 한명희(1997)은 교과교육학이 강화되어야함에도 교직과정으로서 교육학이 축소되어서는 안될 분명한 근거를 제시하고 있다.

특수교육 교사양성 교육과정의 구성에서 이 문제는 좀 더 복잡하고 심각한 문제로 남아 있다. 우선 대학의 특수교육 교사양성 교육과정에서 다음 두 측면에 대한 철저한 논의가 있어야 하겠다.

첫째는 교직과정으로서 일반교육학과 특수교육학 과정을 어떻게 조정·통합할 것인가 하는 문제이다. 엄격한 의미에서 우리나라는 특수교육 교사의 자격취득에 필요한 특수교육 교직과정에 대한 표준적 모형이 설정되어 있지 않기 때문에, 양성기관에 따라 특수교육 교직과정에 대한 개념과 그 편성원칙이 아주 다르게 나타나고 있다. 또, 특수교육 교사양성 과정에서는 교직과정으로서 일반교육학과 특수교육학의 통합적 조정이 필요하며, 이처럼 일반교육학과 특수교육학이 통합·조정된 새로운 개념의 '일반/특수교육학'이 특수교육 교사양성 교육과정에서 '교직과정'으로 구안되어야 한다.

둘째는, 특수교육 교사양성 교육과정에서 교과교육학과 교과내용학, 교과교육학과 교직과정(일반·특수교육학)간에 상호연관성이 확립되어 있지 못하다는 점이다. 가령, 청각장애학교 중등 국어과 교사가 되기 위해 교과내용학에 대해 42학점 이상을 이수하지만, 그 교과내용학이 청각장애 학생들에게 국어과를 가르치기 위한 교과교육학 측면에서의 연관성이 확립되어 있지 않을 뿐더러 교직과정 속에서도 청각장애의 특수성에 따른 교과교육학적 배려가 반영되지 못하고 있는 것이 우리나라의 현실이다.

이상에서 제안된 세 측면의 주요 요인들을 반영한 특수교육 교사양성 교육과정 구성을 위한 기준을 모형화해 보면 다음 그림 4.2와 같다.

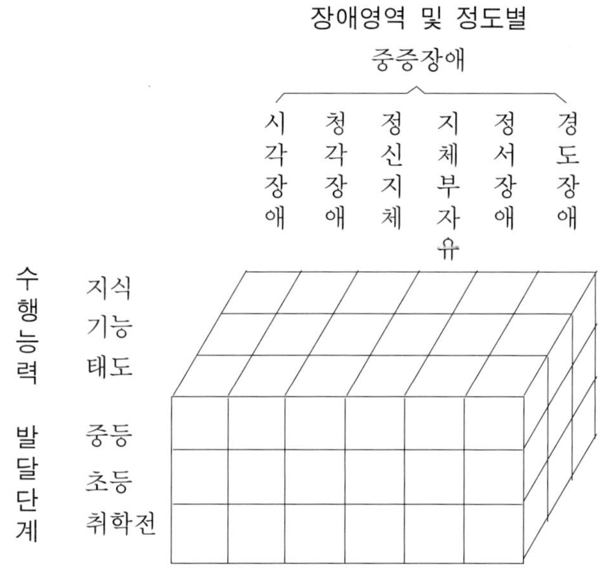

그림 4.2 특수교육 교사양성 교육과정 개발의 모형

그림 4.2의 모형에 기초하여 4년제 대학과정에 의한 특수교육 교사양성 교육과정의 구조를 제시하면 그림 4.3과 같다.

<table>
<tr><td>교과내용과정(35)</td><td>교과교육과정(9)
교육실습(5)</td><td>자유선택과정(47)</td></tr>
<tr><td>일반교직과정(10)</td><td colspan="2">특수교육 교직과정(15)</td></tr>
<tr><td colspan="3">교 양 과 정(30)</td></tr>
</table>

( ) 내는 최저학점 기준

그림 4.3 4년제 특수교육 교사양성 교육과정의 구조

위의 그림 4.3은 우리나라 사범대학 교사양성 교육과정 구성모형을 근간으로 하면서, 특수교육 교사양성 교육과정의 특수성을 반영하여 그 구조를 제시해 본 것이다.

4.3.2. 특수교육 교사양성과정의 표준화

이상에서 논의한 요건을 두루 갖춘 교사를 길러내기 위해 구체적으로 어떤 교사양성 교육과정을 개발해야 하는가? 교사는 국민교육의 구체적 담당자이므로 교사양성의 표준을 국가적 수준에서 규제하고자 하는 노력이 일찍부터 행해져 왔다. 일반적으로 국가 수준에서 이 같은 표준을 설정하는 것은 교사들의 전문성을 더 높이고, 양성기관들의 자체 평가를 위한 기준을 제시하는데 주요 목적이 있다.

가령 미국의 경우 하나의 자문기관이지만 교사교육 자격심의협의회(National Council for Accreditation of Teacher Education : NCATE)에서 교사양성 프로그램 개발의 전문적 표준을 개발함으로써 교사교육의 질적 관리에 강한 영향력을 행사하고 있다.

NCATE의 교사자격 표준에 기초하여 CEC(Council for Exceptional Children)에서는 특수교육 교사양성 교육과정의 표준을 설정해 놓고 있다. CEC의 표준(1983)에 의하면, ⑴ 특수교육 교사양성 교육과정의 실제는 교사가 수행해야 할 역할에 대한 양성기관의 관점을 명백히 반영하는 것이어야 하고, ⑵ 교양 과정은 전체과정의 약 3분의 1이 되게 하고, ⑶ 전공과정은 전체과정의 반이상이 되게 해야 하는데 여기에는 ① 교과교육 ② 실험과 임상경험을 곁들인 교수-학습이론(교직과정), ③ 교육실습 등이 포함되어야 하며, ⑷ 교사양성 교육과정은 전국적으로 공인된 전문 협의단체에서 개발한 지침을 활용해야 하고, ⑸ 양성과정의 개발과 평가에 학생대표를 반드시 참여시키도록 하고 있다.

이처럼 미국의 CEC에서는 1983년에 특수교육 교사양성을 위한 표준을 개발한 이래, 1988년에 특수교육 교사양성 교육과정 수월성을 위한 표준을 개발하였고, 이어 1995년에는 특수교육 교사양성과 자격을 위한 국제적 표준을 개발한 바 있다. CEC에서 개발한 특수교육 교사양성 표준에 대한 1983년 표준, 1988년 표준, 1995년 표준을 각각 요약하여 제시해 보면 다음과 같다.

특수교육 교사양성 교육과정의 CEC표준(1983)

학부수준의 기초 프로그램과 대학원 수준의 상급 프로그램으로 대별하여 다음과 같이 제시되고 있다.

1) 학부수준의 기초 양성프로그램

(1) 양성과정의 설계

교사 교육과정은 교사의 역할에 대한 양성기관의 관점을 반영하는 명백한 목표에 기초해 있어야 한다. 이들 목표와 양성과정의 구성 간에는 직접적이고도 명백한 상호관계가 있다.

▪ 다문화(multicultural) 교육

양성기관은 교사양성 과정에 일반적 및 전문적 연구 요소들을 포괄해서 다문화 교육을 마련해야 한다.

▪ 특수교육

양성기관은 특수아동에게 적절한 교육을 마련해 주는데 필요한 지식과 기능을 가진 교사들을 배출해야 한다.

(2) 교양과정의 구성

교양과정은 정보 기호학, 자연 및 행동과학, 인문학 등에 걸쳐 각각 3분의 1씩으로 구성되도록 한다.

(3) 전공과정의 구성

전공과정 구성은 유능한 교사를 길러내는데 꼭 필요한 양성과정이어야 하며, 학생의 전체 학부과정 가운데 절반 이상으로 짜여져야 한다.

▪ 교과교육

유망한 교사를 길러내기 위해 전공과정에는 학생들에게 가르치게 될 교과내용에 대한 연구가 포함되어야 한다.

▪ 인문주의적 및 행동주의적 연구

유망한 교사를 길러내기 위해 전공과정에는 인문주의적 연구와 행동연구에 관한 지도를 포함해야 한다.

▪ 실험적 및 임상적 경험을 곁들인 교수 및 학습이론

전공과정 가운데는 적절한 실험, 질적 및 임상적 경험을 곁들여 교수와 학습이론에 대한 체계적 연구를 포함해야 한다.

▪ 실습

각각 별도의 전공영역 교육과정으로 전공과정에서는 직접적, 질적, 집중적으로 교수 경험을 갖도록 하는 실습을 포함시켜야 한다. 유망한 교사를 길러내기 위해서는 특정 전공영역(개별 교사양성 프로그램과 주 교육청에서 규정한 대로)에서 실습을 수행하도록 해야 한다.

▪ 실습의 감독

각각의 특정 전공영역에서는 그 전공영역에서 교수경험을 쌓고 유능한 자질을 갖춘 교사에 의해 교육실습생에 대한 감독이 이뤄지도록 해야 한다.

▪ 실습선정

각각의 전공영역 프로그램은 유망한 교사를 길러내기 위해 적합한 실습 장면을 선정하는데 필요한 특정 준거 목록을 마련해야 한다. 모든 실습장면은 그들의 적절성과 질을 측정할 수 있도록 지속적으로 평가되어야 한다.

▪ 실습배치

각각의 특정 전공영역 프로그램에서는 공인된 실습기관에 실습생을 배치해 줄 책임이 있다. 실습 배치시에는 협력교사와 감독자의 승인을 받아야 한다.

2) 대학원 수준의 상급양성 프로그램

(1) 양성과정의 설계 : 기초 프로그램과 동일함

(2) 양성과정의 구성

상급 프로그램의 양성과정은 ①특정 영역에 대한 교과교육, ②인문 및 행동연구, ③전공실습에서 직접 경험을 가지고 특정영역에 관련된 이론의 연구 등을 포함한다.

(3) 상급과정에서 연구

각각의 상급과정은 연구방법론의 이수를 포함해야 한다. 특히 박사과정은 연구설계와 수행에 관한 코스를 마련해야 한다.

(4) 프로그램 평가와 개발에 있어 학생 참여 : 기초 프로그램과 동일함.

(5) 프로그램의 개별화

각각의 상급 양성과정은 학생들의 프로그램을 개별화해야 한다.

이상의 CEC(1983) 교사 양성과정 표준에서 볼 때, 우선 학부 수준의 기초과정과 대학원 수준(석사, 박사포함)의 상급과정으로 대별되고 있는 것이 기본 특징이다. 기초과정에서는 임상경험과 교육실습에 상당히 주안점을 두고 있으며, 상급과정에서는 특정 전공영역에서 이론과 실제의 연관을 중시하고, 연구방법론과 프로그램의 개별화를 중시하고 있다.

특수교육 교사양성 교육과정 수월성을 위한 CEC의 표준(1988)

1) 대학 학부과정

1988년의 표준은 1983년 표준의 골격을 유지하면서 발전적인 개선을 이룩한 것으로 특수교육 협의회가 미국의 전국 교사교육 자격심의 협의회 산하의 기구로서 교사교육 자격심의회의 기준을 준수하고 있음을 명시하고 있으며, 많은 부분은 자격심의회의 원칙을 따르고 있음을 보여주고 있다.

(1) 교육과정의 전달

교육과정의 전달은 교과내용의 기초를 교과교육에 통합하여 프로그램의 특성에 반영할 것을 강조하고 있으며, 가장 좋은 교수 프로그램과 방법을 모델로 삼을 것을 권장하고 있다. 특히 가장 최신의 연구를 반영한 질적인 체제를 구축할 것을 강조하며, 준거평가 기준을 제시하여 평가의 공정성을 기하도록 노력하고 있다.

(2) 교육과정의 설계

설계부분은 기초연구에 기반을 둔 연구와 실천을 고려한 교육과정의 실태를 반영하고 있다. 일반교육, 전문교육, 그리고 특수영역을 통합적으로 고려한 설계를 강조하면서 특히 전문인의 윤리를 포함 할 것을 지적하고 있다. 표준기준에서는 프로그램을 지지하는 지식기반과 채택한 모델을 합리화하는 철학, 목적, 그리고 목표가 분명히 진술되며, 그러한 요소들이 일관성을 가져야 함을 강조하고 있다.

(3) 교육과정의 내용

내용에는 일반교육, 전문교육, 그리고 특수영역의 교육 연구들이 연계될 것을 강조한다. 지식의 형태를 세 가지로 유형을 나누어 ①학업을 통하여 습득한 인지적 지식, ②전문가적 실천과 방법에 관련된 과정지식(process knowledge), ③전문가적 가치 윤리, 그리고 참여에 반영된 행동적 지식을 내용별로 분류한다. 이것은 일종의 교육목표 분류(taxonomy) 형태이다.

(4) 교양과목

교양과목의 구성요소는 인문(liberal arts)연구와 그 밖의 교양연구, 전공 교수에 의하여 개설되는 잘 계획된 강의와 경험의 연계성을 강조한다. 정보 기호학(symbolics of information), 자연과학, 행동과학, 그리고 인문학 영역을 중심으로 묶고 그 하부 영역으로 언어학, 수학,

과학, 역사, 철학, 문학, 예술 분야의 이론적/실천적 지식과 경험의 획득을 강조하며, 전문가로서의 목표와 목적에 적합해야 함을 강조하고 있다. 특히 여기서는 교양과목의 부분이 대학교육 과정의 1/3 이상이 되어야 함을 강조하고 있다.

(5) 전공과정

학부과정의 1/2 이상을 차지하고 있는 이 영역은 능력 있는 전문가 개발에 필요한 선결 요건으로서 교육의 사회학적, 철학적, 역사적 기초를 마련해야 함을 강조하고 있다. 다양한 교직과목을 살펴보면 다음과 같다: 교육사회학, 교육철학, 인간발달, 학습이론, 교육원리, 공학과 사회변화가 교육에 미치는 영향, 평가 탐구와 연구, 교육정책, 독창적 사고, 의사소통 및 판단력 배양, 전문가 협동체제, 학교 일에의 효과적인 참여와 가치 식별, 교육과정 계획과 설계, 교수기술, 교수계획과 관리, 평가와 측정의 사용, 학급행동 관리, 특수성에 맞춘 교수전략, 학교와 학급제도, 학교법, 교수공학, 상담기술, 학급관리, 의사소통법, 학습 스타일.

전문가 과정의 특수성은 교직에 관련된 영역들을 포괄적으로 다양하게 규정하고 있어, 현시점에서 단지 20학점 이상을 규정하고 있는 교직과정의 확대 및 전문성 제고를 위한 연구가 시급함을 잘 지적해주고 있다.

(6) 특수영역(전공) 교수

이 영역은 특수영역(speciality area) 혹은 중점영역, 강조영역이라고 하며 특수교육 전공학생들에게 그들이 집중적으로 탐구하는 영역을 구성하고 있는 교과 영역의 구조, 기능, 주요 아이디어, 가치와 사실을 완전히 습득해야 함을 강조하고 있으며, 계열성 있는 교과목의 개발을 강조하고 있다.

(7) 다원 문화교육

다원 문화교육은 특수인구 집단에 대한 연구와 경험이 교육에 반영되어야 함을 지적하고 있으며, 지구전체에 대한 조망이라든가 여러 집단의 문화적 특수성에 대한 이해를 교육에 반영해야 함을 나타낸 것으로 미국과 같은 다원적 문화 요소를 가진 사회에서 고려해야 할 점을 지적하고 있다.

(8) 인문주의적, 행동과학적 연구

장래의 교사를 위한 전문과정 구성요소는 인문주의적 연구와 행동과학적 연구를 일반과정의 일부로 혹은 그와는 별도로 취득되어야 함을 포함하고 있으며, 특히 특수교육에 있어 이 부분의 이해가 필수적임을 강조한다.

(9) 실험실과 임상적 경험을 갖춘 교수와 학습이론

이론과 실천이 연결된 현장에 바탕을 둔 경험을 강조하며, 전문가의 역할에 맞는 다양한 환경에서 관찰하고 계획하며, 실습할 수 있는 기회가 마련되도록 체계적인 교육이 이루어져야 함을 강조하고 있다. 특히 실습 부문에서는 실습감독, 실습지 선택 및 배치기준 등을 상세히 규정하고 있으며, 계획적인 실습을 유도하기 위한 전문가들의 참여를 규정하고 있다. 그리고 실습을 담당하고 있는 학교 단위의 역할을 의무화하고 있는 점이 두드러진다. 실습기간을 10주로 하고 있는 점이 우리의 4주 단위 실습과 대조를 이루고 있다.

(10) 학술단체와 전문가 집단의 지침 사용

학문적으로 전문성의 최고 기구인 각종 학술 단체의 최근의 연구를 받아들이고 그 집단의 권고와 지침을 사용할 것을 강조하며, 교과목 개발과 연계하여 최신의 연구경향에 뒤지지 않는 양성 표준을 마련할 것을 규정하고 있다.

(11) 계획작성시 학생 참여

프로그램의 설계, 인가, 평가 및 수정에 졸업생과 학생의 참여 기회를 마련해줌으로써 새로운 요소를 받아들일 수 있도록 하고 있으며, 졸업생에 대한 추수지도와 초임교사를 위한 현장지도의 필요성을 규정하고 있다.

2) 대학원 석사 이상 상위과정

석사학위 수준을 넘어선 과정은 기초과정의 기본방향과 철학을 받아들이면서 연구와 이론적인 수월성을 강조하고 있다. 특히 박사수준의 연구 수행능력은 최첨단 연구에 참여하면서 이론과 실천에 대한 지식과 기능을 갖출 것을 요구하고 있다. 본 연구에서는 학부 수준의 표준에 주안점을 두고 있으므로 자세한 분석은 하지 않으면서 기본방향을 제시하고 있다.

특수교육 교사양성과 자격을 위한 국제 표준(CEC, 1995)

초임 특수교육 교사로서 자격을 취득하기 위해서는 적어도 학사학위 이상의 수준에서 특수교육 실천에 관한 지식과 기능을 획득해야 한다. 특수교육 교사로서 입문하기 위해서는 모든 초임 특수교육 교사가 갖추어야할 CEC의 공통중핵에 해당하는 지식과 기능을 갖추고, 그 위에 장애영역별로 전문화된 지식과 기능들을 갖추어야 한다.

이들 지식과 기능들은 다음의 영역에 따라 구체적 수행능력(competencies)중심으로 제시된다.

1.0. 특수교육의 철학적, 역사적, 법적기초
2.0. 학습자의 특성
3.0. 측정, 진단 및 평가
4.0. 수업내용과 실제
5.0. 교수와 학습환경의 계획과 운영
6.0. 학생행동 및 사회적 상호작용 기능의 관리
7.0. 의사소통과 협동적 파트너쉽
8.0. 전문성과 윤리적 실천

이상의 수행능력 영역들은 공통중핵 과정에서 43개의 지식목록과 53개의 기능목록으로 구체화되며, 이들 영역은 다시 장애영역 중심으로 시각장애, 청각장애, 정신지체 및 발달장애, 신체 및 건강장애, 정서 및 행동장애, 학습장애 등으로 그 전문성이 구체화되며, 다른 기준의 특수성(speciality)에 따라 우수 및 재능, 조기교육도 별도 영역으로 구체화되고 있다.

이상의 지식과 기능을 갖추고 특수교육 신임교사가 된 사람은 그가 임용된 특수교육 현장에서 첫 1년 동안은 최소한 1년제 수련교사(1-year mentorship)과정을 거쳐야 한다. 수련교사를 지도하는 교사는 현장의 중견교사로서 전문적 숙련성을 가진자라야 한다.

특수교육 현직교사로서 개인의 직위를 인정받기 위해서는 소정의 기간내에 자신의 자격갱신 요건을 만족시켜야 한다. 특수교육 분야에 종사하는 개개 전문가(교사, 교장, 행정가, 사범대학 교수 등)는 자신의 전문적 실천과 관련하여 계획되고 인정되고 조직된 전문적 개발활동에 매년 최소한 25시간 이상 참여하여야 한다. 이런 활동들에는 전문적 개발학점, 현직교육 학점, 대학강좌, 전문적 조직활동, 전문가 워크숍, 특수프로젝트, 혹은 전공서적 읽기 등이 포함될 수 있다. 따라서 교사를 임용하는 기관에서는 개개인의 전문성 신장을 위한 계속교육의 기회를 제공해 주어야 한다.

이상의 특수교육 교사양성과 자격표준을 요약하여 도표로 나타내면 다음과 같다.

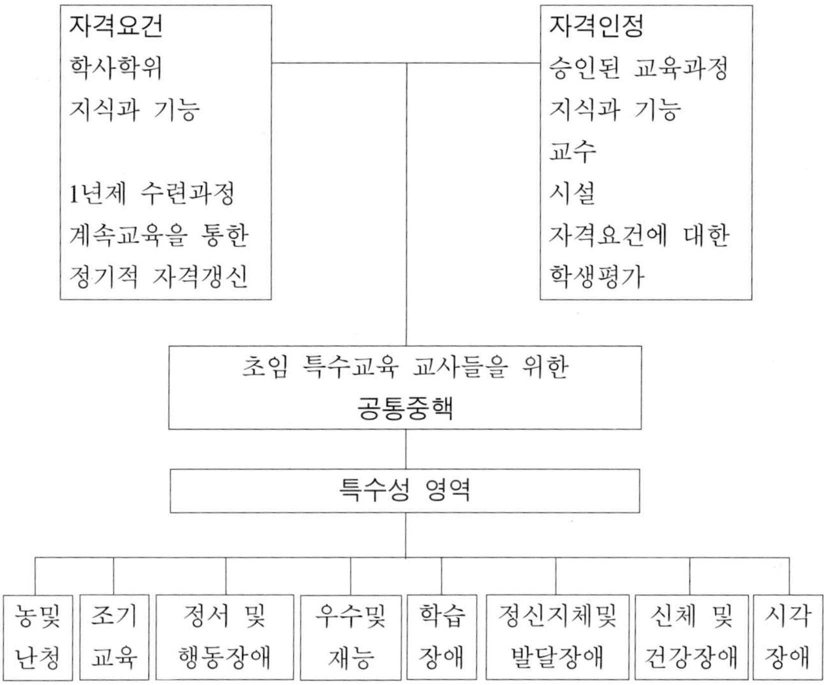

그림 4.4 CEC(1995)의 특수교육 교사양성과 자격표준

한편, 우리나라에서 특수교육 교사양성 교육과정의 표준을 마련하기 위한 연구는 중앙교육 심의회의 정책연구과제로 김재규, 송준만, 김병하(1991) 등에 의해 수행된 바 있으며, 그후 국립특수교육원이 주관하여 특수교육 교사양성 교육과정 표준화를 위한 세미나에서 김승국(1995)은 4년제 대학 특수교육과 교육과정의 모형을 제시한 바 있다.

특수교육 교사양성 교육과정의 표준(1991)

본 연구(김재규, 송준만, 김병하, 1991)에서는 우리나라 특수교육 교사양성 교육과정의 표준을 현행 특수교육 프로그램에 기초한 교사양성과정 표준과 향후(2000년대) 개발되어야할 양성과정의 표준 모형으로 대별하여 다음과 같이 제시하고 있다.

가. 현행 특수교육 프로그램에 기초한 교사양성과정 표준

1. 양성과정 개발의 준거

길러질 교사가 누구를 대상으로 하고, 무엇을 가르치게 될 것인가에 대한 명백한 구상을 가지고 교사양성 과정이 개발되어야 한다.

1) 가르칠 대상에 따른 기준 : 현행 우리나라 특수교육 현장 프로그램의 특성에 따라 기본적으로 시각장애, 청각장애, 정신지체, 지체부자유 등의 장애영역에 따른 변인과 더불어 특수학급 교육 대상인 경도장애아동을 위해 "학습 및 행동이상"(교육가능 정신지체, 학습장애, 정서장애 등의 통합)이라는 통합영역의 변인을 고려하고, 이를 다시 발달단계에 따라 취학전, 초등, 중등과정으로 대별해서 교사양성 과정 표준을 설정해야 한다.

2) 가르칠 내용에 따른 기준 : 장애영역별, 발달단계별 수준에 따라 현장 특수교육 프로그램을 위해 개발된 교육과정(국가수준의 교육과정)에 의거하여, 교사양성 과정의 표준이 설정되어야 한다.

2. 양성과정 개발의 수준

특수교육 교사양성 과정은 기본적으로 4년제 대학과정(기초과정)에서 개발되어야 하고, 일반 초·중등 교사양성 과정을 수료했거나 특수교육 기초양성 과정을 수료한 사람을 대상으로 대학원 수준에서 상급과정이 개발되어야 한다.

3. 양성과정의 구성

1) 구성의 준거 : 특수교육 교사에게 요구되는 전문적 수행능력(competencies)들의 군집을 위계화하면, ⑴ 모든 교사에게 기본적으로 요구되는 수행능력, ⑵ 장애영역의 특수성에 관계 없이 모든 특수교육 대상아동의 지도를 위해 요구되는 수행능력, ⑶ 장애영역별 특수성에 따라 요구되는 수행능력 등으로 대별할 수 있다. 이런 수행능력들은 상호간에 내적으로 연관·융합되어 있어야 한다.

2) 양성과정의 영역별 구성 : 특수교육 교사양성 과정은 교양과정, 일반교직과정, 특수교육 전공과정으로 구성되어야 한다. 대학원 수준의 상급과정에서는 별도의 특수교육 교직과정을 구성해야 한다. ⑴ 교양과정은 4년제 대학의 교양과정 표준에 따른다. ⑵ 일반교직과정은 4년제 사범대학 과정에서 운영하는 국가표준(20학점이상)에 따른다. ⑶ 특수교육 전공은 ①특수교육 공통필수 과목, ②장애영역별 선택 심화과정, ③가르칠 내용에 대한 교과교육 등으로 구성되어야 한다.

4년제 대학과정

① 특수교육 공통필수 과정은 최저 9학점 이상이어야 하고, 여기에는 특수교육 개론, 특수아 심리, 특수교육 기초실습 등이 포함되어야 한다.

② 장애영역별 선택 심화과정은 최저 15학점 이상이어야 하고, 여기에는 장애별 교육과정 및 지도방법, 교육실습 등이 반드시 포함되어야 한다. 단 장애정도가 심하지 않은 특수학급 교육대상을 위한 "통합된 장애영역(학습 및 행동이상)"에서 심화과정은 최소한 20학점 이상이어야 하고, 여기에는 학습 및 행동장애아 교육, 교육가능 정신지체아의 교육과정과 지도법, 학습장애아 진단과 교정지도, 정서장애아 진단과 교정지도, 교육실습 등이 포함되도록 해야 한다.

③ 가르칠 내용에 대한 교과교육은 취학전, 초등, 중등에 따른 단계

와 장애영역별 교육과정 특성에 따라 이루어져야 하고, 여기에는 기본 이수 영역이 반드시 포함되도록 해야 한다.

대학원 석사과정

특수교육 교직과정으로 특수교육 공통과정은 최저 6학점 이상, 장애별 심화과정은 최저 12-15학점 이상으로 하고, 전공분야에서 논문제출과 개별화된 임상실습 경험을 반드시 갖도록 한다. 특수교육 공통과정에는 특수교육학, 특수아동심리 등이 포함되어야 하고, 장애별 심화과정에는 교육 및 심리, 교수-학습, 교육실습 등이 포함되어야 한다.

4. 양성과정의 운영과 평가

1) 이상의 특수교육 교사양성 과정의 표준을 운영하는데 필요한 전임교수가 적정수준에서 확보되어 있어야 하고, 양성대학은 이상의 표준과정을 운영하는데 필요한 시설과 기자재 등을 그 기준에 맞게 구비하여야 한다.

2) 개발된 교사양성 과정은 일정한 주기(5년 정도)에 따라 소정의 평가절차를 거쳐 지속적으로 개선될 수 있어야 한다. 양성과정의 평가절차에는 최근 5년 이내 졸업생과 재학생 대표의 의견이 반드시 반영되도록 한다.

특수교육 교사양성 과정의 표준 : 4년제 대학과정

1. 특수교육 기초 공통과정

공통필수로 이수해야 할 코스로서, 최저 9학점 이상으로 최소한 다음의 과목들이 포함되어야 한다.

·특수교육의 기초(개론, 원리)

·특수아동의 심리와 측정

·특수교육 기초실습

2. 장애영역별 심화과정

장애영역별 선택 심화과정으로 최저 15학점 이상으로 기본적으로 다음의 과목들을 포함해야 한다.

(1) 시각장애 영역

·시각장애아의 교육 및 심리

·시각장애아 교육과정 및 지도법

·생활적응과 의사소통 기능

·시각장애아 교육실습

(2) 청각장애 영역

·청각장애아의 교육 및 심리

·청각장애아 교육과정 및 지도법

·언어 및 의사소통 기능

·청각장애아 교육실습

(3) 중도정신지체(TMR) 영역

·정신지체아의 교육 및 심리

·정신지체아의 교육과정 및 지도법

·행동수정

·정신지체아 교육실습

(4) 지체부자유 영역

·지체부자유아 교육 및 심리

·지체부자유아 교육과정 및 지도법

·재활지도

·지체부자유아 교육실습

(5) 경도장애 통합영역 : 교육가능 정신지체, 학습장애, 정서장애 등의 영역을 통합한 과정으로 최저 20학점 이상이어야 하고, 기본적으로 다음의 과목들이 포함되어야 한다.

·학습 및 행동장애아 교육

·교육가능 정신지체아 교육과정 및 지도법
·학습장애아 진단 및 교정지도
·행동장애아 진단 및 교정지도
·학습 및 행동장애아 교육실습

나. 향후 개발되어야 할 양성과정의 표준 모형

21세기에는 특수아동의 완전취학을 이룰 수 있는 여건이 조성되어야 하며, 이에 맞추어 교사양성도 포괄적이고 체계적인 것이어야 할 것이다. 현재의 추세로 보아 취학전 특수아동의 교육이 확대될 것이며, 장애영역의 자격 구분이 현재의 범주적, 영역별 자격기준에서 기능별, 비범주적으로 교사자격이 나누어질 것이다.

그리고 특수교사 양성기관의 역할이 특수교육 대학원(교육대학원 포함), 또는 일반 초 · 중등교사 자격증을 가진 교사들을 수용하여 일정한 연수과정을 거쳐 자격증을 부여하는 등 일반교사직과의 연계성이 이루어질 것이다.

특히 특정영역은 특수교사들이 한정된 범주의 영역에 묶여 소진(burnout)되거나 특수교육 영역을 이탈하는 것을 방지하기 위하여 특수교사들간의 교류 및 자격증 영역의 확장을 위해 대학원과 연계하여 심화과정을 제도화해야 한다.

또한 현재의 특수학급 제도도 교수·학습상에서 여러가지 문제점이 있으므로 중복장애를 포함한 다양한 특수학급 형태를 가져야 하며, 장애의 발생빈도에 비추어 일정한 규모의 학급을 가지고 있는 학교는 의무적으로 특수학급을 설치하도록 해야 할 것이다.

계속 진행중인 통합 노력은 일반학교와 특수학교, 그리고 특수교육의 영역간의 통합으로 이루어질 것이며, 따라서 교사자격증의 최대한 통합, 최소한 분리의 노력이 이루어질 것이다.

학교급별 구분은 발달장애아의 경우에는 하지 않는 방향으로 나갈 것이며, 경도장애아의 경우에도 정신지체 등 초·중등의 구분이 필요하지 않은 경우에는 학교급별 구분없이 자격증이 부여될 것이고, 다른 영역도 필요한 정도만 초중등의 구분이 유지될 것이다. 감각장애영역의 경우 초·중등의 구분은 현재와 같은 수준에서 유지될 것이다.

취학전의 경우 영역별, 범주별 구분은 하지 않으며 현재 선진국의 경우처럼 3세 이하까지 확대되어 예방적 차원의 조기교육이 실시될 것이다.

1. 특수교육 교사양성 교육과정 표준개발의 지침

(1) 개별 교사양성기관들은 졸업생들의 성공과 질을 정규적이고 체계적으로 평가해야 한다.

(2) 졸업자에 대한 추수연구는 개별 양성기관들이 전문교육 프로그램 목표의 적절성을 평가하고 프로그램을 적절하게 수정하며 개선하는데 사용되어야 한다.

(3) 교사양성기관은 전문교육 프로그램의 연장으로써 졸업생에 대한 전문능력 개발 서비스를 마련하기 위하여 지역에 있는 교육청과 사전 협약을 발전시켜야 한다.

2. 특수교사 양성과정 코스의 표준

위의 표준에 의하여 특수교육 기초 공통과정과 장애영역별 심화과정을 제시하면 다음과 같다.

1) 장애아동 조기교육 교사양성을 위한 과정 표준

(1) 공통필수과정 : 최저 12학점으로 다음의 과목을 포함하도록 한다.

·특수교육 개론

·발달 심리학(정상과 비정상적인 발달 포함)

·장애 유아의 발달적 평가

·특수교육 기초실습

(2) 심화과정 : 최저 20학점 이상으로 다음 과목들을 포함하도록 한다.
·유아 발달과 지체 : 감각, 인지, 사회
·언어발달과 장애
·복합장애유아의 지도
·장애유아의 교육과정 및 지도
·부모 교육과 상담
·임상실습

2) 감각장애아 교육 교사양성 과정의 표준
(1) 공통필수 과정 : 최저 12학점으로 다음의 과목들이 포함되어야 한다.
·특수교육 개론
·특수아동의 심리와 측정
·특수교육 기초실습

(2) 심화 과정 : 최저 20학점으로 다음의 과목들이 기본적으로 포함되어야 한다.
·감각장애아의 교육과 심리
·시각장애아의 의사소통기능
·청각장애아의 의사소통기능
·시각장애아 교육과정 및 지도방법
·청각장애아 교육과정 및 지도방법
·교육 실습

3) 발달장애아(중증)교육 교사양성 과정의 표준
(1) 공통 필수과정 : 최저 12학점 이상으로 다음의 과목들이 포함되

어야 한다.

·특수교육 개론

·특수아동의 심리와 측정

·특수교육 기초실습

(2) 심화 과정 : 최저 20학점 이상으로 다음과 같은 과정들이 포함되어야 한다.

·발달장애아 교육

·발달적 평가전략

·발달장애아 지도법

·복합장애아 교육과 지도

·발달장애아 교육실습

4) 경도장애(통합)

(1) 공통필수 과정 : 최저 12학점 이상으로 다음의 과목들이 포함되어야 한다.

·특수교육기초(개론, 원론)

·특수아동 심리와 측정

·특수교육 기초실습

·두뇌 및 감각·운동발달

(2) 심화과정 : 최저 20학점 이상으로 다음의 코스들이 포함되어야 한다.

·경도장애아의 교육

·경도장애아의 교육적 평가

·언어발달 및 장애

·학급관리 및 사회적 기능 훈련지도

·교수매체

·발달장애아 교육
·경도장애아의 교육과정 및 지도
·교육실습

이상에서 제시된 특수교육 교사양성과정의 표준은 현실에 기초한 표준안과 향후 개발되어야 표준안으로 나누어 다음과 같이 요약된다.

첫째, 현행 특수교육 현장 프로그램에 기초하여 장애영역별 양성과정을 (1) 시각장애, (2) 청각장애, (3) 정신지체(TMR), (4) 지체부자유 등으로 나누고, (5) 통합 영역과정으로 경도장애 영역은 비범주적(noncategorizing)으로 통합한다.

4년제 대학과정에서 특수교육 공통필수는 9학점 이상으로 하고 여기에는 특수교육 원리(개론), 특수아동의 심리 및 측정, 특수교육의 기초실습 등이 포함되어야 하며, 장애별 심화과정은 최저 15학점 이상이어야 하며, 여기에는 장애별 심리 및 교육, 교육과정 및 지도법, 교육실습 등이 포함되도록 해야한다. 경도장애영역은 통합에 따른 성격상 최저 20학점 이상을 취득하도록 해야한다.

둘째, 향후 개발되어야할 양성과정 표준안은 장애영역간의 통합과 조기교육을 강화하여 (1) 장애영역을 통합한 조기교육과정, (2) 감각장애영역, (3) 발달장애(중증)영역, (4) 경도장애 통합과정 등으로 대별한다. 이상의 과정에서 공통필수는 최저 12학점 이상으로 하고, 영역별 심화과정은 최저 20학점 이상을 취득케 한다. 대학원 과정에서는 공통필수 6학점 이상, 전공심화과정을 12~15학점까지 취득케 하며, 전공분야의 논문을 제출케 한다.

이상의 교사양성 과정 표준을 운영함에 있어 양성기관은 필요한 전임교수와 시설 및 기자재를 확보하여야 하며, 5년 주기로 기존의 양성과정을 전반적으로 평가하는 절차를 거쳐야 한다고 권고하고 있다.

우리나라 4년제 대학 특수교육과 교육과정의 모형(1995)

김승국(1995)은 특수교육진흥법령과 교육개혁위원회의 요구, 특수학교 교육과정의 요구, 대학 특수교육과 교수요구, 특수교육 교사와 전문가의 요구 등을 종합한 '보편적 요구'를 충족시켜 줄 수 있는 4년제 대학과정의 특수교육과 교육과정의 모형을 다음의 표 4-2와 같이 제안하고 있다.

〈표 4-2〉 특수교육과 교육과정의 모형

영 역	과 목	필수학점	선택학점	이수학점
특수교육 일반	특수교육 개론	2-3		필수39~46 선택16~22이상 (선택중 50%이상을 이수하는 경우)
	특수교육 철학 및 교육사		2	
	장애아 진단·평가	2-3		
	개별화 교육방법			
	특수교육공학 기술		2-3	
	특수교육행정 및 교육경영		2-3	
	장애아 진로교육	2-3		
	자원인사의 활용 (보호교육과 상담포함)	2-3		
	특수교육연구	2-3		
	교육심리통계	2-3		
	교육실습(일반학급)	2		
	교육실습(특수학교/특수학급)	2		
시각장애	시각장애아교육	3		
	점자지도		2-3	
	시각장애아 생활적응훈련		2-3	
청각장애	청각장애아교육	3		
	청각장애아음성언어지도		2-3	
	수화지도		2-3	
정신지체	정신지체아교육	3		
	정신지체아 교육과정		3	
	정신지체아 교육방법		3	
지체장애	지체장애아교육	3		
	물리치료		2-3	
	작업치료		2-3	

(전면에서 계속)

영 역	과 목	필수학점	선택학점	이수학점
정서장애	정서장애아교육 심리치료	3	 2-3	
언어장애	언어치료		2-3	
학습장애	학습장애아교육	3		
중복장애	중증·중복장애아교육		2-3	
우수/영재	우수아교육		2-3	
장애유아	장애유아교육	3		
교과·특별활동		24~	24~	24이상(교과를 복수전공하는 경우 48이상)
교양·기초	컴퓨터 심리학 생리학 레크레이션 사회복지론 철학 사회학 언어학 보건학	2-3 2-3 2-3 2-3 2-3 2-3 2-3 2-3 2-3		
자유선택				0~43이상 (교과를 복수전공하는 경우 0~19이상)

[자료] 김승국(1995). 특수교육교사 양성체제 및 교육과정 개선방안. 국립특수교육원, p.37.

이상에 의하면, 4년제 대학 특수교육과 교육과정은 특수교육과목, 교과 및 특별활동과목, 공통·기초과목, 자유선택 과목으로 편성되고 있다. 이중 특수교육 과목은 필수 39~46학점, 선택 16~22학점 이상 이수할 수 있도록 편성하며, 교과 및 특별활동은 24학점 이상으로하되 복수전공을 하는 경우 48학점 이상 이수할 수 있게 하고 있으며, 교양·기초과목은 18~27학점 이상을, 자유선택은 0~19학점 이상(복수전공 경우) 또는 0~43학점 이상을 이수할 수 있게 하고 있다. 또한 교육실습을 학점제도로 2년간 실시하되, 3학년 때는 일반학급에서 주 1회 실시하고, 4학년 때는 특수학교나 특수학급에서 주 1회 실시하도록 하며, 교사를 실습지도 강사로 위촉하고 이들에게 교육실습을 담당케 하는 것을 제안하고 있다.

사범대학 교사양성 교육과정 모형(1997)

그동안 사범대학의 교육과정에 대한 개선 논의가 꾸준히 제기되어 오던중 교육부는 박승재 등(1996) 40여명의 전문가에게 정책연구 과제로 "중등교원 양성 교육과정연구"를 수행하게 하였다. 이 연구에서 제안된 교사양성 교육과정 모형에 기초하여 강한국(1997)은 우리나라 사범대학 교사양성 교육과정 모형을 다음과 같이 제안하고 있다.

〈표 4-3〉 교사양성 교육과정 모형

<table>
<tr><th colspan="2">과 정</th><th>과 목</th><th>학점</th></tr>
<tr><td colspan="2">일반교양교육과정</td><td></td><td>30</td></tr>
<tr><td rowspan="4">전공교육과정</td><td>일반교육과정</td><td>철학과 교육, 학생과 교육, 사회문화와 교육, 학급운영 및 생활지도, 교사와 교육</td><td>10</td></tr>
<tr><td>교과내용과정</td><td>필수과목(21), 선택과목(21)</td><td>42</td></tr>
<tr><td>교과교육과정</td><td>○○과 교육론, ○○과의 교육과정 및 교재연구, ○○과수업의 설계 및 연습, ○○과수업의 과정 및 평가, ○○과교육의 연구 및 세미나</td><td>15</td></tr>
<tr><td>교육실습과정</td><td>○○과 교육실습(3)
학급운영 및 생활지도 실습(2)</td><td>5</td></tr>
<tr><td colspan="2">자유선택교육과정</td><td>복수전공, 부전공, 심화전공과정</td><td>48</td></tr>
<tr><td colspan="2">총 계</td><td></td><td>150</td></tr>
</table>

표 4-3의 사범대학 교육과정 모형은 일반대학의 졸업학점(140학점)보다 졸업학점을 상향조정(150학점)하였고, 일반교양과 교직과정을 하향 조정한 반면, 교과교육과 교육실습을 강화하고 있으며, 자유선택과정에서 복수전공이나 부전공을 할 수 있도록 열어 놓은 것이 주요 특징이라 할 수 있다.

4.3.3. 우리나라 특수교육 교사양성 교육과정의 표준적 모형

앞장에서 논의한 특수교육 교사양성 수준과 자격증제도의 개선안은 특수교육 교사양성 교육과정을 외재적으로 규제하며, 전술한 특수교육 교사양성을 위한 교육과정의 표준들은 우리나라의 양성과정 표준적 모형을 설정하는데 내재적 기준이 될 수 있다.

우리나라에서 특수교육 교사양성 교육과정의 표준적 모형을 설정함에 있어 다음의 측면들이 좀 더 구체적으로 고려되어야 할 것이다.

첫째, 양성수준을 4년제 대학과정으로 설정하느냐 대학원과정으로 설정하느냐에 따라 재조정되어야 한다.

둘째, 길러진 교사가 어떤 자격증을 취득할 수 있는가에 따라 양성과정의 표준화가 구안되어야 한다.

셋째, 대학교육에 의한 교사양성 교육과정의 일반적 개선 모형을 기본적 준거로 삼아야 한다.

넷째, 특수교육 현장의 교육과정 개정 방향에 민감히 반응하여 교사양성 교육과정의 개선 모형을 설정해야 한다.

다섯째, 국내외의 최근 특수교육 교사양성 교육과정 표준을 그 배경과 특징에 따라 종합적으로 고려하면서, 우리나라의 구체적 현실 상황에 맞도록 재구조화해야 한다.

여섯째, 제안되는 교사양성 교육과정의 표준적 모형은 "최소한의 제한적 기준"으로서 실제 운영에 있어 단위 양성기관의 자율성이 최대한 반영될 수 있도록 해야 한다.

이상의 여러측면에 대한 원칙들에 입각하여, 우리나라의 특수교육 교사양성 교육과정의 표준적 모형을 4년제 대학과정과 대학원 과정으로 대별하여 다음과 같이 제안한다.

가. 4년제 대학 특수교육 교사양성 교육과정의 표준적 모형

〈표 4-4〉 4년제 대학 양성과정의 표준적 기준

과 정 영 역			학점	과 목
일반교양과정			30	
전공과정	교직과정	일반교육	10	교육의 역사와 철학, 교육심리학, 교육과정 및 평가, 교육방법 및 공학, 학급운영 및 생활지도
		특수교육	16	특수교육기초, 시각장애아 교육, 청각장애아 교육, 정신지체아 교육, 지체부자유아 교육, 정서장애아 교육, 학습장애아 교육, 언어장애아 교육
	교과내용		33	필수, 선택
	교과교육		9	교과교육론, 교과교재 연구, 교수·학습방법
	교육실습		5	일반교육실습(2) 특수교육실습(3)
자 유 선 택			47	특수교육심화(12)/복수전공(35), 부전공(21), 특수교육선택(14~)
졸업학점(총계)			150	

이상에서 제시한 표준적 모형의 주요 특징을 요약하면 다음과 같다.

첫째, 교직과정은 일반교육과 특수교육으로 대별하여 구성하고, 특수교육 교직은 특수교육 전공중 기본이수영역 중심으로 편성하고 있다.

둘째, 자유선택의 폭을 넓혀 복수전공이나 부전공을 이수할 수 있는 융통성을 부여하고 있다. 복수전공을 이수하는 경우 이수해야 할 총학점이 최소한 164학점 이상이므로 사실상 8학기 이상을 이수하여야 한다.

셋째, 자유선택과정에서 특수교육 심화과정은 장애영역별, 장애정도별(경도장애 통합교육) 등에 따른 최소한의 표준적 기준을 제시한 것이다.

장애영역별 및 장애정도별 심화과정(12학점이상)에는 최소한 다음의 과목들이 포함되도록 해야한다.

시각장애아 교육 심화과정

- 시각장애아 교육 및 심리
- 시각장애아 교육과정 및 지도
- 보행훈련 및 생활지도
- 시각장애아 교육실습

청각장애아 교육 심화과정

- 청각장애아 교육 및 심리
- 청각장애아 교육과정 및 지도
- 언어지도(구화/수지어)
- 청각장애아 교육실습

정신지체아 교육 심화과정

- 정신지체아 교육 및 심리
- 정신지체아 교육과정 및 지도
- 행동수정
- 정신지체아 교육실습

지체부자유아 교육 심화과정

- 지체부자유아 교육 및 심리
- 지체부자유아 교육과정 및 지도
- 재활훈련지도
- 지체부자유아 교육실습

정서장애아 교육 심화과정

- 정서장애아 교육 및 심리
- 정서장애아 교육과정 및 지도
- 심리·행동치료
- 정서장애아 교육실습

경도장애아 교육(통합교육)심화과정

- 경도장애아 교육 및 심리
- 경도장애아 교육과정 및 지도
- 통합교육의 이론과 실제
- 통합교육실습

나. 대학원 수준 특수교육 교사양성 교육과정의 표준적 모형

특수교육 공통과정과 심화과정으로 대별하여 일반학교 교사자격증 소지자는 34학점 이상, 특수학교 교사자격증 소지자는 24학점 이상을 취득하게 한다. 공통과정에는 최저 9학점 이상으로 다음의 과목들이 포함되어야 하며, 심화과정에는 특수성에 따른 전공과정을 최저 15학점 이상 설정하여야 한다.

공통과정(최저 9학점이상)

- 특수교육역사 및 철학
- 특수아 심리 및 진단
- 특수교육 연구법

심화과정(최저 15학점이상)

- 장애영역별로 시각장애, 청각장애, 정신지체, 지체부자유, 정서장애 등에 따른 전문성과 특수성이 반영되도록 편성한다.
- 경도장애아동의 통합교육에 따른 전문성과 특수성이 반영되도록 편성한다.
- 취학전 장애 영유아의 조기 특수교육을 위한 전문성과 특수성이 반영되도록 편성한다.
- 장애아동의 치료교육 활동을 위한 전문성과 특수성이 반영되도록 편성한다.

현재 우리나라의 특수교육 교사양성 모형으로 학부수준에서는 비범주화(noncategorizing)로 묶어 양성하고, 대학원 수준에서 1급정교사 자격취득을 위해 장애별 영역을 표시하는 쪽으로 의견이 모아지고 있는 듯하다. 이렇게 할 경우 학부수준의 양성과정에서 '비범주화'의 개념에 맞는 양성과정으로 표준안이 설정되어야 하고, 대학원 과정에서는 장애영역별 심화과정 설정기준에 따른 표준안이 개발되어야 할 것이다.

| Chapter 5 |

능력본위 교사교육과 특수교육 교사의 수행능력

5.1. 능력본위(competency-based) 교사교육

5.1.1. 능력본위 교사교육의 특징

오늘날 교육은 학교 밖에서 일어나고 있는 급속한 변화에 효과적으로 대응해 나가고 있지 못하다는 비판을 여러 측면으로부터 받고 있다. 최근 기술의 혁신, 기업경영의 체제화 등은 기존의 학교교육에 대한 강력한 개혁요인이 되고 있는 가운데, 70년대에 접어 들면서 교육에 있어서도 투입에 대한 산출의 공적 보증을 강조하는 책무성(accountability)이 활발히 논의되어 왔다.

현대 사회에 있어 책무성이란 개인이나 기관이 자신의 과업수행 결과에 대해 책임을 지는 동시에 지각된 과오를 수정하고자 하는 능력을 말하는 것으로, 이는 개인의 단순한 책임의식과는 구별되는 듯하다. 오늘날 담세자의 입장에서 현대사회가 수행하는 공적 과업에 대해 효과적인 성취의 증거 혹은 어떤 결과에 대하여 수정을 요구하는 것은 당연한 권리로 인식되고 있다. 교육에 있어 이와 같은 책무성의 문제를 Hadeng와 King은 다음과 같이 지적하고 있다.

> 교육에 있어 책무성이 큰 논쟁을 불러일으키게 된 것은 1970년대 초기 이후부터였다. 요즈음에야 여기에 관심을 갖게 된 것은 너무도 늦은 감

이 있다. 오늘날 교육처럼 많은 돈이 들고, 중요하면서도 달성키 어려운 책임을 지고 있는 사람들은 변치 않는 책임의식을 가져야 하며, 교사로서 자기가 수행한 것이나 학생들의 성취에 대하여 정당하고 진지한 책임수행의 태도를 지녀야 한다. 말할 나위도 없이 교육이 없다고 한다면 인류문명의 발전은 불가능하며, 교육에 있어 책무성이 없다면 교육의 발전은 기대할 수 없게 된다. … (중략) 다행히도 최근 교육에 있어 여러 가지 발전상은 책무성의 개념과 밀접하게 관계되어 있고, 이의 실행을 촉진하고자 다방면으로 노력하고 있다(Hadeng, King, 1975, p.30).

특히 Hadeng와 King은 최근 교육에 있어 몇 가지 발전상은 이 책무성의 개념과 밀접하게 관계되어 있다고 하여, 그 구체적인 예로서 성취의 준거를 구체적으로 확인할 수 있게 하는 행동목표, 교육의 결과를 국가적 수준에서 종합적으로 평가하려는 전국종합평가(national assessment), 교사집단과 교육위원회 간의 단체적 협약을 통해 교육문제를 개선하려고 하는 단체협약(collective negotiations), 학교가 읽기나 셈하기 지도와 같은 특정의 수업과제를 수행할 목적으로 기업체와 계약을 맺는 수행계약(performance contracting), 학령기 아동을 가진 부모에게 정부가 보증서를 주고, 이를 사용토록 함으로써 초·중등교육의 재정을 관리하도록 하기 위한 보증서제도(voucher system), 계획과 수행을 일원화시키기 위한 기획예산제도(planning programing, budgeting system) 등을 지적하고 있다.

교육에 있어 책무성은 결국 “누가 누구에게 무엇에 대해 책임이 있느냐?” 하는 물음에 명백히 답할 수 있어야 한다는 입장에서 Alkin(1975)은 교육의 책무성은 목표책무성, 프로그램 책무성, 결과책무성 등으로 그 유형이 나눠진다고 하여, 이들 책무성의 여러유형에 있어 공통적으로 강조되어야 할 기본원리를 다음 세가지로 지적하고 있다.

첫째로 협약(negotiation)의 원리이다. 이때의 협약은 주어진 재정투입의 수준에서 목적을 잘 이해하고 수행할 수 있도록 하기 위한 학교, 교육행정기관 및 지역사회와의 상호관계로서, 이를테면 프로그램 책무성은 학교구와 교육위원회 간에 협약되기 위한 좋은 예이다.

둘째는 정확성과 명확성의 원리로서 책무성이 원활히 협약되기 위해서는 그 책무성이 정확히 진술되고 모든 단체에 의해서 명확히 이해되어야 한다는 것이다.

셋째는 제약에 대한 안정성의 원리로서 교육제도에 있어 제약성의 두 측면은 결국 관계법령과 재정문제에 의존하고 있다. 공교육의 보장을 위한 법제의 정비와 그에 따른 구체적인 재정적 뒷받침 없이는 교육에 있어 책무성은 충실히 수행될 수 없는 것이다.

이와 같은 책무성의 개념은 능력본위(competency-based) 교사교육의 기본정신과 밀접한 관계를 가지고 있다.

책무성은 결국 "누가 누구에게 무엇에 대해 책임을 지느냐?"하는 물음에 명백히 대답하기 위한 것이라면, 좁은 의미에 있어 교육의 책무성은 교사가 학생에게 가르친 결과에 대해 책임을 지는 것을 의미한다. 책무성에 대한 인식에 있어 교육행정가들은 학교교육의 생산성을 뒷받침하는 적극적 방안으로 받아들임에 비해, 교사들의 입장에서는 퍽 부담스러운 과업으로 인식되어 책무성을 부정적으로 받아들이는 경우가 많다. 이와 같은 책무성의 인식에 의하면, 상대적으로 학교교육에 있어 교사에 의해 이루어질 수 있는 교육기능의 한계를 명백히 하지 않을 수 없다. 즉, 교사는 학급에서 그가 가르친 결과에 대해서는 철저히 책임을 지는 대신에 학급 밖에서 일어나는 다른 영향권에 의한 학습자의 행동에 대해서까지는 책임질 수 없다는 것을 동시에 확실히 하지 않을 수 없다.

교육에 있어 책무성을 강조한 바 있는 Kelley(1974)는 책무성은 교사가 수행하여야 할 계약에 따라 피교육자에게 필요한 성취수준을 보증해 주는 것에 대한 책임이라고 했다. 이와 같이 결국 교사에 있어 책무성의 주체는 교육작용의 주체인 교사의 책무성으로 귀결되고 있으며, 교사의 책무성에 대한 자각으로부터 비롯된 교사교육 개혁의 한 방안으로 대두된 것이 능력본위 교사교육이라 할 수 있다.

능력본위(competency-based) 교사교육에 있어 수행능력(competency)은 하나의 과업을 성공적으로 수행하는데 요구되는 지식·기술·태도 혹은 행동을 의미하는 것으로, 여기에는 나타내 보여야 할 성취기능과 마찬가지로 학문적·이론적 기초도 포함된다. 원래 'competency'란 말은 "지식을 입증하는 능력"에 대한 전통적 강조점 보다 "실제로 행해야 할 능력"에 더 역점을 두는 것으로, 여기에서 교사에게 요구되는 수행능력이라 할 때의 '수행능력'은 교사로서 그의 과업을 성공적으로 수행하는데 요구되는 기능적 수행능력을 의미한다. 그러나 여기서 유의할 점은 능력본위 교사교육에 있어 능력은 단순히 기술자(technician)에게 요구되는 능력 이상의 전문직인으로서 요구되는 능력이라는 점이다.

일반적으로 한 분야의 전문가와 기술자간에는 명백한 차이를 인정할 수 있는 바, 기술자의 훈련에서는 성취기술이 무엇보다 강조되고 있으나, 전문가의 훈련에서는 이와 동시에 이론적 배경, 고도의 추상성 등이 포함되어야 한다. 따라서 전문직자로서의 교사훈련을 위한 능력본위 프로그램은 기술자 훈련을 위한 능력본위 프로그램과는 구별되어야 할 것이다. 이와 같은 관점에서 Peter(1975)는 교사교육에 있어 'competency'는 이론·방법·실천을 종합·조직화한 것으로, 이는 곧 책무성의 한 체제이자 인위적 송환체제를 확립하는 것이어야 한다고 강조하고 있다.

여기서 말하는 능력본위 교사교육이라는 말은 학자에 따라 PBTE (performance based teacher education) 혹은 CBTE(competency based teacher education)라는 용어로 양자간에 명백한 의미 차이 없이 흔히

혼용되고 있으나, 일부 학자들은 양자 간의 상대적 차이를 명백히 인정하고 있다. 그 차이점에 대한 바른 이해는 능력본위 교사교육의 특징을 이해하는데 크게 도움이 되고 있다.

Kelley(1974)는 PBTE 와CBTE의 차이점을 강조하여, PBTE에서는 교사교육 프로그램을 이수함으로서 얻어지는 구체화된 교수행동을 실제의 교수장면에서 입증해 주는 것을 강조하여 구체적 교수행동을 입증한 성취증거가 평가의 적합한 준거가 되고 있으나, CBTE에서는 아직 어떤 교사교육 프로그램도 그 실제적 효과를 인정할 수 없는 단계에 있다는 것이다. CBTE에서는 초·중등학급 장면에서 교사-학생의 상호작용에 의해 성취된 학생의 학습변화 결과가 평가의 준거가 되고 있기 때문에, 교사-학생의 상호작용 관계나 그 결과에 대한 경험적 결과를 얻기 이전까지는 CBTE의 효과를 확증할 만한 준거가 없기 때문이다.

이를테면 교사가 학생에게 적극적 강화를 마련함에 있어 전통적 교사교육 프로그램에서는 적극적 강화의 활용을 위한 논거나 목적을 논의하는 것이 상례이겠지만, CBTE에서는 구체적 장면에서 기술을 실천하여 나타내 보일 수 있을 뿐만 아니라, 그 기법의 활용결과에 따라 학생에게 바람직한 행동의 변화를 가져오게 하는 것까지를 보증해야 하는 것이다.

Houston(1972)은 PBTE에 있어 'performence'는 수행해야 할 목적에 더 강조를 둔다면, CBTE에 있어 'competency'는 수행결과에 더 관심을 가진다고 하여, CBTE는 PBTE 접근 하의 교사교육에서 보다 책무성의 개념이 더욱 철저히 요구되고 있다는 것이다. 이와 같은 관점에서 볼 때는 만약 교사의 행동과 학생의 성취결과 간에 확실한 상관성이 보장될 수 없다면, CBTE 접근 하에 교사자격을 인정할 만한 아무런 확실한 근거가 없다. 이와 같이 CETE에서는 가르쳐진 결과에 따라 일어난 학생의 행동변화 결과가 competency의 정당성을 결정짓는 가장 중요한 기준이 되고 있으나, 현실적으로 교사의 행동과 그것이 학생의 행동변화에 미친 결과 간에 확실한 상관이 있다는 것을 입증해 주는 객관적 자료가 부족하다는 것이 CBTE의 가장 큰 취약성이 되고 있다.

능력본위 교사교육의 성격이나 그 특징을 명백히 밝히기 위해서는 우선 전통적 교사교육과 능력본위 교육교육 간의 기본적 차이점을 검토해 볼 필요가 있다. 전통적 교사교육에서는 소정의 코스에서 일정 기간 동안 단위학점을 성공적으로 이수한 학생은 실천 교수장면에서 교수행동을 잘 수행할 수 있을 것으로 가정하고 있다. 그러나 능력본위 교사교육의 입장에 의하면 전통적 교사교육 프로그램에서 개설된 코스의 단위학점을 성공적으로 이수했다는 것이 실제 교수장면에서 훌륭한 교사가 된다는 것을 어떻게 보장할 수 있겠느냐는 데에 강한 의문을 제기하고 있다.

미국 교사교육 대학협회(American Association of College for Teacher Education : AACTE)의 능력본위 교사교육위원회에서는 일반적으로 교사교육 프로그램이 다음의 요건을 갖추고 있으면 능력본위 교사교육이 적용되고 있는 것으로 보고 있다.

첫째, 프로그램을 졸업함으로써 예증되어야 할 수행능력이 교사역할의 명백한 개념으로부터 추출되어 측정 가능한 개념으로 되는 한편, 공적으로 이미 승인되어 있고,

둘째, 수행능력의 측정을 위한 준거가 적합한 수준에서 마련되어 이미 공적으로 승인되어 있고,

셋째, 프로그램에 있어 학생의 진전상태는 설정된 코스의 완성보다 설정된 수행능력의 성취에 의해 결정되며,

넷째로, 교수 프로그램은 특정한 수행능력에 대한 학생성취를 촉진하는데 강조점을 두고 있는 경우이다.

이상은 능력본위 교사교육 프로그램이 갖추어야 할 일반적 요건이라 할 수 있다. 이와 같은 능력본위 교사교육은 전통적 교사교육에

비해 다음 몇 가지의 특징들이 특히 강조되고 있다.

첫째는 개인이 자신의 독특한 방법과 진도에 의해 프로그램을 습득하게 하는 교수의 개별화 원리이다. 능력본위 교사교육에서 특히 최근 테크놀로지의 다양한 활용을 중시한다든지, 프로그램을 완성하는데 소요되는 시간의 다양성을 존중한다든지, 교수단위를 모듈(module)화 한다든지 하는 것은 모두 교수의 개별화와 밀접한 관계가 있다. 그러나 교수의 개별화는 현실적으로 실현하기에 가장 힘든 과업중의 하나가 되고 있다. 일리노이 주립대학교에서 8년 동안 능력본위 교사교육 프로그램을 적용해 온 결과에 대한 반성에 의하면, "다수학생들의 다양한 교수-학습 요구를 획일화된 수행능력을 가지고 어떻게 충족시킬 것인가" (Lorber, 1979)하는 것이 가장 큰 문제였다고 한다.

둘째는 체제접근의 지향이다. 원래 "체제접근"은 기업경영 정신의 한 산물로서, 경영과정으로서의 교육문제를 해결하려는 조직적 시도이다. Kaufman(1972)은 교육에 있어 체제접근이란 교육자로 하여금 계획을 세우고, 적절하게 교육산출을 관리하도록 해주는 이론적 문제해결의 한 형태이자, 하나의 자기수정적 경영과정이라고 했다. 일반적으로 끊임없는 자기수정 과정으로서의 체제접근은 문제구명—해결대안선정—해결전략선택—전략의 수행—수행효과 결정—체제수행이라는 과정을 순환하게 된다. 이와 같은 체제접근의 원리에 입각한 능력본위교사교육 프로그램의 모형을 Blackhurst(1974)는 그림 5.1과 같이 제안하고 있다.

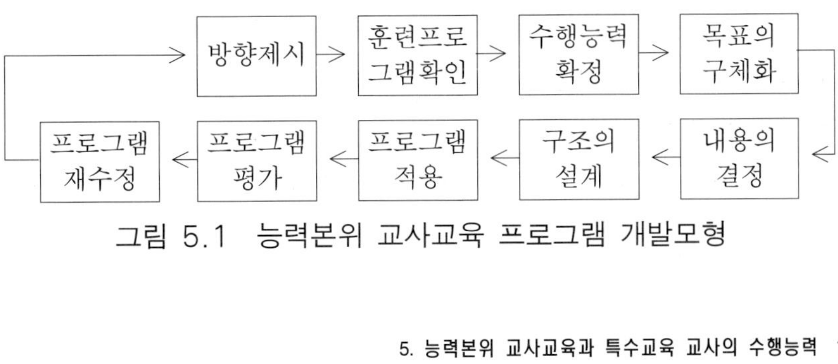

그림 5.1 능력본위 교사교육 프로그램 개발모형

Blackhurst는 이 체제적 모델을 적용함에 있어 먼저 무엇보다 중요한 것은 개발하고자 하는 프로그램의 개념적 바탕을 확실히 하여 개발의 초점을 제공되는 훈련 프로그램에 필요한 수행능력에 둬야 하며, 고정적 단일시스템이 아닌 대체가능한 융통성 있는 시스템을 마련해야 함을 강조하고 있다.

마지막으로 지적할 수 있는 능력본위교사교육 특징은 상호제휴에 의한 결정과정을 존중한다는 점이다. 여기서 '제휴' (consortia)란 교사훈련 프로그램의 설계와 적용에 있어 학생·교수·학교교사·전문단체들의 대표자 등 다양한 관계자의 참여에 의해 결정과정이 이루어지는 것을 의미한다.

이러한 능력본위 교사교육의 특징 가운데 특히 상호제휴와 체제접근의 원리는 교사에게 필요한 수행능력을 진술·제안하는 과정에서부터 충분히 반영되어야 한다.

5.1.2. 수행능력의 진술

능력본위 교사교육 프로그램을 개발함에 있어 가장 큰 관심의 하나는 그 분야의 교사에게 요구되는 수행능력이 어떤 방법과 절차에 의해서 진술·결정되느냐 하는 문제이다.

지금까지 특수교육에 있어 교사에게 요구되는 수행능력의 진술을 위해 적용해 온 방법은 전문가의 의견 진술의 제안에 의한 방법과 교사행동의 직접적 관찰에 의한 방법 등으로 대별되고 있다. 그러나 실제로 대부분의 선행연구들에서 교사에게 요구되는 수행능력의 진술을 위해 적용되어 온 방법은 주로 전문가의 판정에 의존하고 있다. 전문가의 판정에 의한 방법은 어떤 분야의 전문가(누구)를 대상으로, 어떤 절차에 의하여 수행능력을 진술하느냐에 따라 다음의 세가지 유형으로 대별할 수 있을 것 같다.

첫째는, 수행능력의 판정을 위한 전문가의 구성에 있어 교사교육에 직접 종사하는 대학의 교사교육자만으로 구성하느냐 또는 교사교육자 외에 현장교사, 행정직자 등까지도 포함하느냐 하는 문제이다. 일반적으로 교사에게 필요한 수행능력의 진술을 위해 교사교육자의 판정 결과가 가장 중요한 자원이 되는 것은 사실이다. 특수교육에 있어 교사교육자 중심으로 교사에게 요구되는 수행능력을 진술한 예로는 Spungin(1977)이 시각장애아 교사에게 요구되는 수행능력을 전국적 표집으로 개발한 것, 미시간 주립대학교에서 장애아동의 mainstreaming에 있어 교사에게 요구되는 수행능력을 개발한 것, 이외에도 교사교육의 개선을 위해 주어지는 특수교육학부 학부장지원 프로젝트(Dean's Grants Projects)에 의한 대학단위의 CBTE 프로그램의 대부분이 여기에 해당되고 있다.

특히 Spungin이 시각장애아 교사에게 요구되는 수행능력을 제안하기 위해 미국전역 26개 대학의 시각장애아 교사교육 프로그램에 종사하는 26명의 교사교육자로 수행능력 심의위원회를 구성하여 80여개의 수행능력목록을 개발한 것은 현재 미국에서 능력본위 프로그램에 입각한 시각장애아 교사양성과정의 중요한 기준이 되고 있다.

한편 전문가의 판정에 의해 교사에게 요구되는 수행능력을 진술함에 있어 교사교육자 외에 행정직자, 현장의 중견 교사, 연구자 등에 걸쳐 전문위원을 구성한 예로서는 1950년대에 Mackie 등에 의해 추진된 특수아동 교사에게 요구되는 수행능력의 분석에 관한 일련의 연구 이래, 미네소타대학(1976)에서 특수교육 행정훈련 프로그램 개발을 위해 적용한 것을 비롯해서 많은 예가 있다. 1950년대에 USOE의 지원하에 Mackie 등은 "특수아동 교사양성과 자질"에 관한 프로젝트에서 농아동 교사(1955), 약시아동교사(1956), 맹아동 교사(1959), 정신지체아동 교사(1957), 언어치료사(1957), 사회·정서적 이상아 교사(1957), 난청아 교사(1959) 등에게 요구되는 수행능력들을 분석하기 위해 특수교육 교사로서의 알아야 할 지식, 수행해야 할 능력, 습득해야 할 기능 등에 기초하여 전문위원들의 판정을 거쳐 장애영역별로 제시한 연구성과는 그 후에 특수교육에 있어 교사에게 요구되는 수행능력을 진술·제안하는데 많은 영향을 미쳐 왔다.

둘째로는 전문가에 의한 판정과정에 있어 전문가들이 직접 참여하는 페널회의에 의하느냐, 간접적인 의견조사에 의하느냐 하는 문제이다.

일반적으로 간접적인 의견조사에 의한 방법 보다 전문가들이 직접 참여하는 방법이 많은 장점을 가지고 있으나, 전문위원들이 능력본위 교사교육의 기본입장을 충분히 이해하고 있는 경우에 있어서는 의견을 조사하는 방법에 따라 간접적 방법에 위한 제한점이 상당히 줄어들 수도 있다. 이를테면, Piccolino는 농아동의 교사에게 요구되는 수행능력을 제안하기 위해 농교육 행정직자, 농교육 교사양성 프로그램의 주임교수, 농아동의 교사, 농아동의 부모 등을 대상으로 Delphi 기법을 적용한 바 있다.

그러나 특수교육에 있어 교사에게 요구되는 수행능력을 제안하기 위해 Delphi 기법 등에 의한 간접적 방법을 적용한 예는 드문 편이고, 대부분의 경우는 전문위원들이 직접 참여하는 가운데 수차례의 협의를 거치는 체계적 절차를 통해 교사에게 필요한 수행능력을 제안하는 방법을 취하고 있다.

셋째로, 전문가들의 판정에 의해 진술된 수행능력에 대해 그것의 타당성을 확인하기 위해 다시 현장교사들을 대상으로 현장조사(field testing)를 실시하느냐 않는냐 하는 문제이다.

수행능력의 진술을 위해 전문가의 판정에 이한 방법이 대단히 신뢰로운 것이라 할지라도 전문가의 의견만으로는 수행능력들이 중요한 교수기능이라는 것을 뒷받침 할 수 있는 타당성이 빈약한 것이다. 그래서 1950대에 Mackie 등에 의한 연구 이래, 특수교육에 있어 교사에게 요구되는 수행능력을 진술함에 있어 대부분의 연구들은 전문가의 판정을 거쳐 다시 이에 대한 현장교사들의 사정을 얻어내고 있다.

여기서 문제가 되는 것은 교사에게 요구되는 수행능력을 제안하기 위해 이상에서 논의한 어느 절차를 취하든 중요한 것은 제안된 수행능력의 습득에 의한 교사의 행동이 어느 정도로 학생들의 행동변화에 직접적인 영향을 미치는가에 대한 실증적 확인이 보장되어야 한다는 점이다. 즉, 전문가들의 판정에 의해 제안된 수행능력 목록들이 진술된 대로 교사의 행동과 기능을 약속해 주는 것인지, 그와 같은 기능이 유능한 교사와 그렇지 않은 교사를 식별케 하는 유효한 준거가 되고 있는지, 또 학교에서 아동의 학업에 직접적으로 유효한 영향을 미치는 것인지에 대한 확증이 있어야 하는 것이다.

Shores(1973, 1976) 등은 지금까지 개발된 능력본위 교사교육 프로그램에 있어 수행능력 목록들은 종종 행동적 용어로 진술되지도 않았고, 평가를 위한 구체적인 준거척도를 시사하지 않은 경우가 많았으며, 또 특정의 교사양성기관에서 개발한 수행능력 목록들을 다른 양성기관에까지 일반화하여 적용하기가 곤란한 경우가 많았다고 비판하고 있다. 또한 전문가의 판정에 의한 수행능력의 개발은 장기적 관점에서 볼 때 그 신빙성이 의심스럽다는 것이 지적되고 있다. Bullock와 Whelan(1971) 등은 1957에 Mackie 등이 개발한 정서장애아 교사에게 요구되는 수행능력과 1971년에 그들이 개발한 전문능력 간에는 많은 차이가 있음을 발견하게 되었다고 보고하고 있다.

이상에서 보는 바와 같이 전문가의 판정에 의한 방법이 교사에게 요구되는 수행능력을 진술하기 위한 신뢰로운 방법으로 널리 이용되고 있으나, 여기에는 몇 가지 측면의 제약성이 지적되고 있으며, 이를 보완하기 위한 유효한 방안으로 교사행동에 대한 직접적인 관찰법이 많이 논의되고 있다.

교사행동의 직접적 관찰에 의한 방법으로 Flanders(1970)가 교사-학생간 상호작용 분석법을 활용하여 교사의 언어행동과 학생의 언어행동, 교사-학생 상호작용의 유형과 학생의 학업성취도 간의 상호관계를 밝힌바 있으며, 그는 이와 같은 상호작용 분석과정은 교사양성의 개선을 위해서도 유효하게 활용될 수 있다는 것을 시사하고 있다.

이와 같은 교사-학생 간의 상호작용에 역동적 상관(원인-결과관계)이 있음이 Flanders 등 여러 학자들에 의해 밝혀진 바 있으나, 한편 교사-학생간의 상호작용에 대한 직접적 관찰은 교사-학생 간의 상호행동에 대한 진술을 너무 단순화하는 경향이 있음을 경고하는 입장도 있다. 이에 Blackhurst(1974)는 특수교육에 있어 교사에게 요구되는 수행능력의 판정을 위해 경험적 방법이 크게 요청되고 있으나, 불행히도 그러한 연구는 이론적으로 까다로운 반면, 실제적 활용가치가 낮은 경우가 많다고 지적하고 있다.

이와 같이 교사-학생 상호작용의 관찰체제에 의한 수행능력의 진술방법은 전문가의 판정에 의한 간접적 방법보다 퍽 실제적이고 합당한 방안인 것 같지만, 교사-학생 상호작용에 의한 상관성이 실제의 복합적이고도 역동적인 모든 교수활동 장면에 반드시 보장될 수 있을는지, 그리고 이같은 방법이 교사에게 요구되는 수행능력을 진술하는데 어느 정도의 실제적 활용가치가 있는지 등에 대한 의문은 여전히 남아 있다.

그래서 최근에는 전문가의 판정에 의한 방법과 교사-학생활동의 직접관찰에 의한 방법들이 가지는 제약성을 최대한으로 줄이기 위한 목적에서 전문가의 판정으로부터 얻은 자료와 유능한 교사들의 수업활동을 직접 관찰하여 얻은 자료를 종합적으로 검토하여 교사에게 요구되는 수행능력을 진술·제안하는 방법이 시도되고 있는바, 미네소타 대학교에서 특수교육 행정훈련 프로그램에 적용할 수행능력을 개발하기 위해 대학교수들의 판정 외에 특수교육 행정지도자의 업무수행을 직접 관찰하여 얻은 자료에 의거하여 수행능력을 진술한 것은 그 한 예이다.

한편 교사에게 요구되는 수행능력을 진술하기 위한 한 방법으로 일찍이 Flanagan이 개발한 극적 사태법(critical incident technique)을 활용하여 현장교사들로부터 수행능력을 수행하는데 요구되는 객관적 자료들을 직접 얻어내어, 이를 전문가의 판정에 의해 필요한 수행능력으로 확정하는 방안이 특수교육 분야에서도 가끔 적용되어 왔다. Ingram은 특수교육 교수에게 요구되는 수행능력을 분석하기 위해 본 방법을 적용하여 모두 3,882사태(incidents)로부터 120여개의 수행능력 목록을 확정한 바 있으며, Divney, Redden과 Blackhurst(1978) 등은 특수아동의 메인스트림교육에 있어 교사에게 요구되는 수행능력을 확정하기 위해 이 방법을 적용한 바 있다. 한편, 변홍규(1979)는 한국에 있어 학습 및 행동장애아 지도에 요구되는 교사의 수행능력을 분석하기 위해 극적 사태법을 적용하여, 전체 1,376사태 중 전문가의 판정을 거쳐 최종적으로 54개의 수행능력 목록을 제안한 바 있다.

이상에서 보는 바와 같이 교사에게 필요한 수행능력의 진술을 위한 1차적 자료로서 교사행동의 직접적 관찰법이 최근에 많이 논의되고 있으나, 이 경우에 있어서도 교사에게 필요한 수행능력의 최종적 결정은 역시 전문가의 판정에 의존하게 된다.

5.2. 특수교육 교사의 수행능력

5.2.1. 모든 특수교육 교사에게 요구되는 수행능력

일반적으로 특수교육 교사에게 요구되는 수행능력(competency)을 도식화하여 볼 때, 다음과 같은 피라미드형의 구조로 나타낼 수 있겠다.

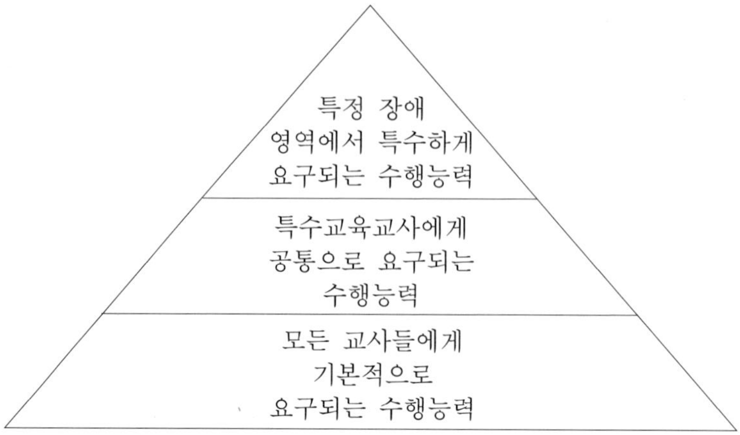

그림 5.2 특수교육 교사 수행능력의 구조

이상의 그림 5.2에서 볼 수 있는 바와 같이 특수교육교사는 모든 교사에게 필요한 일반적 능력을 갖춘 위에 특수아동의 장애영역에 관계없이 공통적으로 요구되는 능력과 장애영역에 따른 특수한 능력을 모두 구비하여야 하기 때문에 일반학교 교사에 비해 보다 높은 전문적 자질이 요구되는 것이다. 물론 특수교육 교사에게 요구되는 능력이 그림 5.2에서와 같이 그 내용이 명확히 구분지워질 수 있는 것은 아니지만, 대개 영역별로 볼 때 이와 같은 구조를 상정할 수 있는 것이다.

일찍이 Mackie와 Dunn 등은 특수교육교사로서 알아야 할 지식, 행해야할 능력, 습득해야 할 기능에 기초하여 다음의 10개 영역에 걸쳐 모든 특수교육교사에게 필요한 능력목록을 특수교육교사 및 행정시스템 그리고 특수교육 교사양성 프로그램을 운영하는 교수 등의 판정에 의하여 개발한 바 있다.

1. 특수아동의 심리적·의학적·사회적·교육적 특성에 관한 전문지식
2. 아동과 그의 편차에 대한 이해

3. 교육과정의 운영과 교수방법에 관한 능력
4. 특수기기 및 자료에 대한 사용능력과 지식
5. 아동 및 양친에 대한 상담·생활지도의 지식과 능력
6. 각종 검사와 기록의 실시와 해석능력
7. 관계전문가 및 단체와 협력해서 일하는 능력
8. 특수교육 프로그램을 마련하는 것에 관련된 행정적 의무
9. 중복장애아의 이해와 지도능력
10. 특수교육 교사의 인성적 특성과 태도

이외에도 Mackie 등은 장애영역별로 농, 약시, 정신지체, 사회·정서적 장애 등에 걸쳐 이들 아동의 교사양성을 위해 필요한 수행능력을 개발한 바 있다.

한편 Uiniversity of Kansas에서는 이 대학교 특수교육과 교수들에 의해 개발된 안으로서 경증장애아의 통합교육을 위해 모든 특수교육 교사에게 필요한 능력영역을 다음의 5개 영역으로 제시하고 있다.

1. 아동의 다양한 학습패턴에 대한 지식
2. 특수아동의 측정방안에 대한 지식과 그 적용
3. 특수아동에게 적합한 교육과정 선택에 관한 지식
4. 특수아동을 위한 교수의 계획·전달·운영에 필요한 전문지식
5. 특수아동의 문제에 관련된 사회적 영향과 그 이슈에 대한 지식

이상의 Uiniversity of Kansas 프로젝트의 목적은 최소한의 제한적 환경에서 장애아동을 교육하기 위한 교사양성을 위해 새로운 교육과정을 마련하기 위한 것으로 3개년의 연구 끝에 61개의 모듈(modules)로 된 양성프로그램을 개발하였다. 또 California주 「교사양성 및 자격위원회」(1979)에서는 특수교육 교사양성을 위한 일반·공통 프로그램

에서 마련해야할 수행능력 표준을 다음과 같이 제안하고 있다.

1.0. 특수아동의 측정 능력

1.1. 특수아동의 행동특성의 공통성에 대한 인식

1.2. 행동 및 학습특성의 측정에 있어 최근 원리·절차·기술·도구를 활용하는 능력

1.3. 프로그램의 특성과 발달요구에 따른 특수아동의 성격특성 및 행동의 측정

2.0. 특수아동의 교수능력

2.1. 개별화된 행동 및 교수목표와 적합한 교수과정 및 전략의 개발과 효과적 활용

3.0. 학생의 진전상태와 프로그램의 효율성에 대한 평가능력

3.1. 학생의 행동 및 학습평가를 위해 성취준거를 설정하는 능력

3.2. 진술된 목표에 다라 교수-학습계열의 결과를 평가, 기록하는 능력

3.3. 설정된 목표실현에 필요한 교수방법, 자료 및 매체의 평가

4.0. 인간관계(interpersonal relationaship) 유지능력

4.1. 행정가, 교사, 보조요원, 관계전문가 및 학생들과 함께 효율적으로 교육과정을 이해하기 위한 경영, 커뮤니케이션 및 관리기술의 활용

한편, 필자(1980)는 이상의 관계선행연구에서 개발한 수행능력을 종합적으로 분석하여, 1차 시안으로 10개 목표에 걸쳐 52개의 능력목록을 설정하여, 특수교육교사 양성대학의 교수들을 중심으로 구성된 수행능력 평가위원회의 일차심의 결과 이를 압축하여 8개 목표에 걸쳐 36개 능력목록으로 조정한 후, 마지막 최종안으로 6개영역에 결쳐 25개 능력목록을 모든 특수교육교사에게 필요한 일반적·공통 수행능력

(competency)으로 확정하였다.

특수교육 교사에게 공통으로 요구되는 능력(김병하, 1980)

1.0. 특수교육의 본질에 대한 이해와 전문직자로서 책임을 수행하는 능력

- 1.1. 특수교육의 철학적 기초에 대한 지식
- 1.2. 특수교육의 역사, 최근동향, 발전전망에 대한 지식
- 1.3. 특수교육 관련법의 주요내용과 그 영향에 대한 지식
- 1.4. 전문직자로서 특수교사의 윤리과 책무성
- 1.5. 국내외의 주요 특수교육 전문단체와 그 활동에 대한 지식

2.0. 특수아동의 발달특성과 진단에 대한 지식

- 2.1. 발달에 있어 개인차의 문제에 대한 지식
- 2.2. 특수아동의 발달특성의 심리·교육적 의미에 대한 지식
- 2.3. 장애의 병리적 원인에 대한 지식과 그것이 특수아동의 발달특성에 미치는 영향에 대한 지식
- 2.4. 특수아동의 발달수준을 측정하기 위한 제반 방안에 대한 지식
- 2.5. 특수아동 발달수준의 진단과 평가를 위한 측정도구의 선정·활용에 대한 지식

3.0. 특수아동의 학습요구에 적합한 교육과정(교수내용)을 선정하고, 교수-학습 전략을 설계하는 능력

- 3.1. 특수아동의 학습요구에 맞는 교수내용을 단계에 따라 행동목표로 진술하는 능력
- 3.2. 진술된 행동목표를 과제분석하여 교수전략을 설계하는 능력
- 3.3. 학습문제에 대처하기 위해 필요한 교수자료와 매체를 선정

·활용하는 능력

3.4. 아동의 행동문제에 대처하기 위한 행동수정의 주요기법에 대한 지식

3.5. 개별지도 프로그램을 운영하는 능력

4.0. 특수교육의 효율성 및 교수결과에 대한 평가능력

4.1. 특수교육 전달체제의 종합적 평가방안에 대한 지식

4.2. 특수아동을 위한 학급의 효율적 운영에 대한 지식

4.3. 특수아동에게 적용한 교수결과의 평가에 대한 지식

5.0. 특수아동의 교육에 관여하는 관계인사들과 협력하여 일하는 능력

5.1. 특수아동의 제반문제에 관해 양친과 협의·상담하는 능력

5.2. 통합교육의 실현을 위해 일반학교 교사들과 전문적 견해를 교환하고 조정하는 능력

5.3. 특수아동의 교육에 관여하는 관계 영역의 전문인사와 협력하여 업무를 수행하는 능력

6.0 연구의 추진과 그 결과의 활용능력

6.1. 연구에 관한 일반적 원리와 그 기법에 대한 지식

6.2. 필요한 자료에 대한 정보와 그것의 입수에 대한 지식

6.3. 연구팀의 공동멤버로서 연구를 수행하는 능력

6.4. 최근 연구보고서의 비판적 이해와 그 주요결과의 활용 능력

이상의 수행능력 목록에 대해 당시 553명의 특수교육교사들(특수학교 교사 55%, 특수학급교사 45%)에게 그 '중요도'를 5품등 평정척도에 의해 밝힌 결과는 표 5-1에서 보는 바와 같다.

〈표 5-1〉 수행능력 목록의 중요도에 대한 교사들의 평정

수 행 능 력 목 록	아 주 중요함 (%)	중요 함 (%)	보통 임 (%)	덜 중요함 (%)	중요치 않음 (%)	평균 점수 (M)	순 위 (R)
1.1 특수교육의 철학적 기초에 대한지식	29.94	46.47	23.51	2.53	.54	3.97	13
1.2 특수교육의 역사·최근동향·발전전망	17.36	49.55	30.56	2.53	.18	3.82	14
1.3 특수교육관계법의 주요내용과 그 영향	11.75	42.13	38.16	7.05	.90	3.50	24
1.4 전문직으로서의 윤리와 책무성 인식	50.81	40.14	30.56	2.53	—	4.40	3.5
1.5 국내외 특수교육 전문단체와 그 활동	9.58	48.10	36.53	4.163	1.63	3.51	23
2.1 발달에 있어 개인차의 문제	48.82	42.31	7.41	1.45	—	4.40	3.5
2.2 특수아 발달특성의 심리·교육적 의미	54.25	39.60	5.61	.54	—	4.50	1
2.3 장애의 원인에 따른 특수아동의 발달특성	39.96	43.03	15.37	1.276	36	4.21	7
2.4 특수아동의 발달수준의 측정방안	32.73	54.25	11.39	1.45	—	4.18	8.5
2.5 특수아동을 위한 측정도구의 선정 활용	40.87	47.56	9.53	1.27	.72	4.27	6
3.1 교수내용을 위계에 따라 행동목표로 진술하는 것	29.84	55.15	13.38	.720	.90	4.12	10
3.2 교수학습 전략을 설계하는 능력	35.80	48.1.	14.83	1.08	.18	4.18	7.5
3.3 필요한 교수자료와 매체를 선정·활용하는 것	42.31	45.39	11.57	.72	—	4.30	5
3.4 행동수정의 주요기법에 대한 지식	35.26	49.73	12.84	1.63	.54	4.18	8.5
3.5 개별지도 프로그램의 운영능력	55.70	34.72	8.68	.72	.90	4.45	2
4.1 특수교육 전달체제의 종합적 평가방안	11.93	50.45	33.27	2.17	.36	3.72	18
4.2 특수아동을 위한 학급의 효율적 운영	30.02	54.07	13.74	2.17	—	4.12	10
4.3 교수결과의 평가능력	17.90	57.32	23.15	1.63	—	3.89	15
5.1 양친과 협의·상담하는 것	31.10	48.28	18.99	1.63	—	4.10	12
5.2 통합교육을 위해 전문견해를 교환, 조정하는 것	16.60	52.80	26.04	3.85	.72	3.81	17
5.3 관계전문인사와 협력하여 일하는 능력	30.13	54.16	31.65	3.25	.36	3.61	21
6.1 연구의 일반적원리와 기법	11.21	48.64	34.72	4.70	.72	3.65	19
6.2 연구자료에 대한 정보와 그 입수	18.08	53.53	25.86	2.17	.36	3.87	16
6.3 공동연구멤버로서 연구를 수행하는 능력	9.95	47.74	37.43	4.34	.54	3.62	20
6.4 연구보고서의 이해와 활용능력	11.21	44.67	39.42	4.16	.54	3.53	22

[자료] 김 병 하 (1980, p.21)

이상에서 처럼 35개의 능력목록별로 볼 때는 「특수아동의 발달특성의 심리·교육적 의미에 대한 지식」 (4.50)이 "가장 중요함"으로 평가되었고, 이 외에도 전문가로서의 윤리와 책무성, 발달에 있어 개인차의 문제, 측정도구의 선정과 활용, 교수자료와 매체의 선정과 활용, 개인지도 프로그램의 운영 등에 관한 능력목록들은 "가장 중요함"에 최다빈도를 보이는 수행능력으로 나타나고 있다. 그에 비해, "중요함"의 수준으로 평정은 되었으나, 다른 능력목록에 비해 다소 낮게 평정된 수행능력으로는 특수교육 관련법에 대한 지식, 특수교육 전문단체와 그 활동에 대한 지식, 최근 연구보고서의 이해와 활용능력 등으로 나타나고 있다.

〈표 5.2〉

수행능력의 영역별 중요도 평정

수 행 능 력 목 록	아 주 중요함 (%)	중요 함 (%)	보통 임 (%)	덜 중요함 (%)	중요치 않 음 (%)	평균 점수 (M)	순위 (R)
1.0. 특수교육의 본질에 대한 이해	23.34	45.29	27.43	3.36	.65	3.84	4
2.0. 특수아동의 발달특성과 그 측정	43.33	45.35	9.87	1.20	.25	4.29	1
3.0. 교육과정, 교수-학습전략의 설계·활용	39.78	36.62	12.22	.97	.36	4.25	2
4.0. 특수교육 프로그램과 교수결과의 평가	19.95	53.95	23.29	1.99	.12	3.91	3
5.0. 관계인사와 협력하여 일하는 능력	25.96	51.90	25.56	2.91	.36	3.86	5
6.0. 연구수행과 그 결과의 활용	12.61	48.65	34.36	3.84	.54	3.68	6
전 체	27.50	46.96	22.14	2.38	.38	3.97	

[자료] 김 병 하 (1980, p.20)

표5-2에서 수행능력 영역별로 볼 때, 「특수아동의 발달특성과 그 측정에 대한 지식」(4.29) 영역과 「특수아동의 학습요구에 적합한 교육과정의 선정과 교수·학습전략을 설계하는 능력」(4.25)영역이 높게 나타난 반면, 「연구의 추진과 그 결과의 활용능력」(3.68) 영역은 상대적으로 다소 낮게 평가되고 있다.

이상에서 개발된 능력목록과 그의 중요도에 대한 평정결과에 기초한 특수교육 공통과정에 대한 강좌와 각 강좌의 이수를 위해 요구되는 능력과 이에 소요되는 단위학점을 다음과 같이 제안하고자 한다.

10. 특수교육기초 : 특수교육의 역사·철학적·법제적기초(3단위)
11. 특수교육의 철학적 기초에 대한 지식
12. 특수교육의 역사적 발달과정
13. 특수교육의 최근 변화동향과 미래의 발전전망
14. 특수교육의 법제와 정책에 대한 지식
15. 국내외의 특수교육 전문단체와 그 활동에 대한 지식
20. 특수아심리(2단위)
21. 발달에 있어 개인차의 문제에 대한 지식
22. 특수아동의 발달특성의 심리·교육적 의미에 대한 지식
23. 특수아동의 발달특성에 관한 지식
30. 특수아 지도법(4단위)
31. 특수아동의 학습요구에 맞는 교수내용을 단계에 따라 행동목표로 진술하는 능력
32. 진술된 행동목표를 과제분석하여 교수전략을 설계하는 능력
33. 특수아동을 위한 교수자료와 매체를 선정 활용하는 능력
34. 개별지도 프로그램을 운영하는 능력
35. 특수아동과 그 양친에 대한 상담능력
36. 특수아동을 위한 학급의 효율적 운영에 대한 지식
40. 측정과 평가(2단위)
41.특수아동의 발달수준을 측정하기 위한 제반방안에 대한 지식
42. 특수아동 발달수준의 진단과 측정을 위한 도구의 선정·활용에 대한 지식
43. 특수교육 전달체제의 종합적 평가방안에 대한 지식

44. 특수아동에게 적용된 교수결과를 평가하는 것에 대한 지식

50. 특수교육연구법(2단위)

51. 연구에 관한 일반적 원리와 그 기법에 대한 지식

52. 필요한 자료에 대한 정보와 그것의 입수에 대한 지식

53. 연구팀의 공동멤버로서 연구를 수행하는 능력

54. 연구보고서의 비판적 이해와 그 주요 활용능력

이상의 강좌들이 능력본위 교사훈련 프로그램으로서 효율적으로 운영되기 위해서는 상술한 능력목록에 기초하여 각 강좌에서 가르쳐야 할 내용을 세부적으로 구조화한 modules이 개발되어, 이에 필요한 교수자료가 개발되고, 이를 책임성 있게 가르칠 수 있는 교사교육자들의 책무성 등 관련요건들이 갖추어져야 할 것이다. 또한 이상에서 제안된 능력본위 교사교육 과정을 현장교사들에게 적용할 경우 비교적 높이 평가된 강좌인 특수아심리, 특수아지도법, 측정과 평가 등을 강조하여 운영하는 것이 바람직할 것이다.

5.2.2. 시각장애아 교사에게 요구되는 수행능력

Spungin(1977)은 시각장애아 교사에게 요구되는 수행능력을 12개 영역에 걸쳐 다음과 같이 개발하였다.

1.0 심리적 측면의 지식

1.1 시각장애가 정서, 운동, 인지발달에 미치는 영향에 대한 지식

1.2 중복장애가 발달에 미치는 영향에 대한 지식

1.3 시각장애의 병리적 및 행동적 영향에 대한 지식

1.4 부모 및 관계자들에게 시각장애학습자의 정상 및 이상발달에 대한 지식을 전달하는 능력

2.0 측정 및 평가

2.1 정서적, 감각적, 운동적 및 지각적 영역에 걸쳐 시각장애학습자에게 적합한 평가 절차에 대한 지식

2.2 시각장애학습자에게 적절한 평가절차와 도구를 선택하는 원리에 대한 지식

2.3 시각장애학습자에게 검사를 실시하는 절차와 방법에 대한 지식

2.4 비형식적(표준화되지 않음) 평가에서 얻은 결과를 해석하고, 분석하는 방법에 대한 지식

2.5 여러가지 비형식적 절차를 사용하여 시각장애학습자의 평가결과를 부모 및 관계자들에게 전달하는 능력

3.0 교육과정 및 교수

3.1 시각장애아 특수교육과정 내용에 대한 지식

3.2 시각장애아 개념발달에 대한 지식

3.3 시각장애아에게 필요한 의사소통기능(읽기, 쓰기, 듣기, 말하기)에 대한 지식

3.4 시각장애아에게 필요한 사회적, 독립적 생활기술에 대한 지식

3.5 시각장애아에게 필요한 기초 오리엔테이션(方向定位)과 모빌리티(可動性)개념에 대한 지식

3.6 시각장애아에게 필요한 전직업훈련(기초적인 직업훈련)에 대한 지식

3.7 학습에 있어서 시각 및 지각과정과 잔존시력에 대한 지식

3.8 학습에 있어서 청각적·언어학적과정에 대한 지식

3.9 촉각학습에 있어서 연속적인 발달에 대한 지식

3.10 대근육 및 소근육 운동발달의 순서에 대한 지식

3.11 시각장애아에게 효과적 현장견학의 필요성에 대한 지식

3.12 지적, 정서적, 사회적, 신체적 발달을 극대화하기 위해 시각장애아에게 필요한 놀이에 대한 지식

3.13 정안자에게 시각장애아 개개인이 미치는 영향에 대한 지식

4.0 매체와 특수기기

4.1 점자부호와 그 형태에 대한 지식

4.2 촉독할 때 검사지, 교과서, 지도, 도형 등을 읽는데 직면하는 문제에 대한 지식

4.3 약시아가 묵자 교과서, 지도, 도형 등을 읽는데 직면하는 문제에 대한 지식

4.4 시각장애아에게 적합한 여러가지 수학적 도구와 계산기에 대한 지식

4.5 여러가지 듣기 및 녹음기구의 조작능력에 대한 지식

4.6 필기도구와 기구에 대한 지식

4.7 자료를 만들기 위한 기계와 기구(써머포움, 옵타콘)에 대한 지식

4.8 특수한 매체(점자, 큰문자, 녹음도서 등)와 도구를 구입하는 방법에 대한 지식

4.9 시각장애아교육에 필요한 매체와 도구의 사용방법을 부모 및 관계자들에게 전달하는 능력

5.0 교수전략

5.1 정상아의 교육 기초원리가 시각장애아 교육원리와 관련있는 사실에 대한 지식

5.2 시각장애아의 요구에 특수한 교수법의 선택과 발달을 위한 기본 원리와 지침에 대한 지식

5.3 시각장애아의 교수법(학과내용에 대한)을 계획하는데 필요한 기본원리에 대한 지식

5.4 시각장애아에게 특별히 적용하는 비학업적 교육과정영역(듣기기능, 잔존시력 활용, 일상생활활동, 성교육, 타자 등)에서 교수법

의 선택이나 계획을 위한 원리에 대한 지식

5.5 부모 및 관계자들에게 시각장애아를 위한 교수법의 기본원리의 전달을 위한 절차에 대한 지식

6.0 매체와 특수기기 활용

6.1 시각장애아를 위한 교수매체(점자, 큰문자, 녹음도서 등)를 활용하는 기본원리에 대한 지식

6.2 다양한 기구(교육자료, 생활용구)에 관한 자료평가와 준비에 대한 지식

6.3 시각장애아 교육자료와 매체의 활용에 대한 지식

6.4 교사나 봉사원이 제작한 자료에 대한 기본원리나 개발에 대한 지식

6.5 시각장애아를 위한 자료를 관리, 사용, 보관하는데 대한 지식

6.6 시각장애아 학습자료의 사용원리를 일반학교 교사들에게 안내할 수 있는 능력

6.7 시각장애아 학습자료(녹음기, 점자판, 주판 등)를 수리하는 것에 대한 지식

6.8 시각장애 분야의 전문단체가 정한 자료생산의 표준규격에 대한 지식

7.0 상담과 생활지도

7.1 매학년 각 학기중에 시각장애아 개개인의 지도의 필요성에 대한 지식

7.2 시각장애아에게 필요한 관계전문가와 그 임무에 대한 지식

7.3 시각장애학생을 지도하고 상담할 때 당면하는 전문가의 윤리강령에 대한 지식

7.5 면접하는 방법에 대한 지식

7.6 시각장애아의 직업교육에 대한 지식
7.7 현존하는 시각장애아를 위한 생활지도에 대한 지식
7.8 시각장애아를 위한 적합한 상담 및 생활지도를 해줄 수 있는 능력에 대한 지식
7.9 시각장애아가 정상아 또는 또래 집단과 관계를 가질 필요성에 대한 지식
7.10 가족관계에 시각장애가 미치는 영향에 대한 지식
7.11 시각장애아의 부모에게 지도법(학습과 생활)을 가르쳐 주는 것에 대한 지식

8.0 학교와 지역사회의 관계
8.1 시각장애아에게 영향을 주는 지역사회(혹은 국가)기관과 공공정책에 대한 지식
8.2 시각장애아에게 봉사하는 지역사회자원과 자원 봉사원(volunteer)에 대한 지식

9.0 연구
9.1 연구의 문제와 그 방법에 관한 일반적인 이론에 대한 지식
9.2 연구결과를 시각장애아교육에 적용 실천하는 지식
9.3 연구와 관련된 윤리적 측면에 대한 지식
9.4 연구에 관한 정보와 교환체제에 대한 지식
9.5 교수와 교수공학(활동사진, 녹음기, 컴퓨터를 비롯한 교수와 관련된 과학기술)에 있어 연구의 필요성에 대한 지식
9.6 시각장애아를 대상으로 하는 연구에서 그 방법을 설명하는데 필요한 지식

10.0 사회적 측면

10.1 우리사회의 시각장애아 인식에 대한 지식

10.2 시각장애아교육의 철학에 대한 지식

10.3 자신이 속해 있는 전문직의 장점과 단점에 대한 지식

10.4 전문가단체에 대한 지식

10.5 시각장애아교육과 관계되는 문제점과 논쟁들 그리고 공공정책에 대한 지식

10.6 시각장애를 법적으로 옹호할 필요성에 대한 지식

10.7 학교직원들과 상호의존적으로 관계를 유지하는 능력

11.0 행정적 운영과 관리

11.1 시각장애아에게 활용될 수 있는 각종 매체에 대한 지식

11.2 예산의 준비와 관리를 포함한 시각장애교육 프로그램의 재정적 필요성에 대한 지식

11.3 교육자료를 보관하고 순환시키고 수리하는 관리계획에 대한 지식

11.4 보조요원, 관계전문가, 자원봉사원의 요구에 대한 지식

11.5 학교의 전체 프로그램에 대한 지식

11.6 여러 형태의 시각장애아 교육조직 유형(통합교육과 맹학교교육 등)에 대한 지식

11.7 통합교육이 시각장애아에게 미치는 영향에 대한 지식

11.8 통합교육이 일반학급교사에게 미치는 영향에 대한 지식

11.9 부모 및 관계자들이 통합교육과정에 참가하는 데 필요한 능력에 대한 지식

12.0 행정과 관리

12.1 프로그램 평가절차에 대한 지식

12.2 시각장애아를 위한 행동목표(수업목표)를 진술하는 가치, 목적

및 방법에 대한 지식

12.3 시각장애아 교육모형과 표준에 관한 지식

12.4 부모 및 관계자들에게 평가기준을 설명하는데 필요한 지식

이상의 수행능력 목록에 대해 이해균(1986)은 우리나라 시각장애학교 교사 107명을 대상으로 그 중요도와 자기성취 수준을 평정한 연구를 수행하였다. 전체 83개의 수행능력 목록 가운데 교사들의 평정결과 그 중요도가 가장 높게 나타난 목록을 그 순위에 따라 5순위까지 제시하면 다음과 같다.

1.1 시각장애가 정서·운동·인지발달에 미치는 영향에 대한 지식(4.55)

7.6 시각장애아의 직업교육에 대한 지식(4.48)

3.4 시각장애아에게 필요한 사회적·독립적 생활기술에 대한 지식(4.43)

4.1 점자부호와 그 형태에 대한 지식(4.43)

7.7 시각장애아를 위한 생활지도에 대한 지식(4.42)

한편, Spungin(1977) 자신의 연구에서 수행능력 목록의 중요도에 대한 평정 결과를 역시 중요도 순으로 5위까지 제시하면 다음과 같다.

7.4 시각장애아에게 긍정적인 자아개념을 발달시키는 것에 대한 지식(4.82)

10.3 자신이 속해있는 전문직의 장점과 단점에 대한 지식(4.77)

1.2 중복장애 발달에 미치는 영향에 대한 지식(4.75)

1.1 시각장애가 정서·운동·인지발달에 미치는 영향에 대한 지식(4.71)

11.8 통합교육이 일반학급 교사에게 미치는 영향에 대한 지식(4.71)

이상에서 보면, 우리나라 시각장애 교사가 평정한 결과와 미국의 시각장애 전문가와 교사들이 평정한 결과 간에는 그 중요도의 지각에 있어 상당한 차이가 있음을 알 수 있다.

5.2.3. 청각장애아 교사에게 요구되는 수행능력

필자는 박사학위 논문(1980)에서 청각장애아 교사에게 요구되는 수행능력을 제안하기 위하여 1974년 CED(미농교육협회)에서 제안한 청각장애아 교사자격표준과 1971년 Northcott박사가 개발한 3세 이하의 청각장애유아와 그 부모를 위한 교사에게 요구되는 수행능력, 그리고 당시에 연구자가 전국농학교 교사 중 50명으로부터 청각장애아 교사에게 요구되는 전문능력 목록을 자유진술케 한 조사로부터 얻은 결과 등 세가지를 일차적 자료로 하여, 청각장애아동교육 전공교수(교사 교육자) 4명, 행정직자 4명, 농학교교사 7명 등으로 수행능력위원회를 구성하여, 이들 위원들의 판정을 거쳐 최종적으로 다음의 8개영역에 걸쳐 65개의 수행능력 목록을 제안하였다.

청각장애아 교사에게 요구되는 수행능력(김병하, 1980)

1.0 교육기초

1.1 청력손실의 정도, 시기 및 그 원인의 교육적 의미에 대한 지식
1.2 청각장애아의 통합교육에 대한 지식
1.3 청각장애아를 위한 조기교육의 중요성과 그 효과에 대한 지식
1.4 국내외 청각장애아 교육의 역사·최근동향 및 발전전망에 대한 지식
1.5 청각장애아와 성인농자를 위한 취업 및 생애교육에 대한 지식
1.6 농중복장애아의 실태와 그들의 독특한 요구에 대한 지식
1.7 청각장애인과 그들 교사를 위한 국내외의 전문단체의 조직과 활동에 대한 지식
1.8 청각장애아 교육과 그 관련 영역의 전문자료·문헌 등을 입수하고, 활용하는 지식

2.0 심리적 측면

2.1 청각장애아의 진단과 측정의 최근 이론에 대한 지식
2.2 청각장애아의 신체적 운동기능의 발달에 대한 지식
2.3 청각장애아의 인지적 발달 특성에 대한 지식
2.4 청각장애아의 행동·정서적 문제와 그 적응에 대한 지식
2.5 청각장애아 발달 수준을 측정하기 위한 중요 측정도구에 대한 지식
2.6 청각장애아를 위한 개인용 동작성 지능검사를 실시·해설하는 능력
2.7 청각장애아의 발달상태를 측정하기 위한 보조수단으로 행동관찰을 활용하는 능력
2.8 청각장애아의 심리적 측면의 연구와 관계문헌에 대한 지식

3.0 언어·청각학적 측면

3.1 언어·청각기관의 병리 및 생리에 대한 지식
3.2 청각장애의 주요원인과 예방 및 치료가능성에 대한 지식
3.3 음의 물리적 특성에 대한 지식
3.4 어음과 음의 수용 및 언어표현에 있어 청각장애가 미치는 영향에 대한 지식
3.5 음향·음성학에 대한 기초지식을 청능훈련의 다양한 프로그램에 적용하는 능력
3.6 청력검사의 실시방법과 검사결과의 해석능력
3.7 의학적·청각학적 보고서로부터 교육적 단서를 찾아내는 능력
3.8 언어·청각학적 측면의 연구와 관계 문헌에 대한 지식

4.0 교육과정 및 교수-학습지도

4.1 일반교육과 청각장애아 교육에 공통적 교육과정과 지도방법에 대한 지식
4.2 청각장애의 제반유형에 따른 상이한 교육과정 지도에 대한 지식

4.3 청각장애아를 위한 개별지도 프로그램을 작성하는 것에 대한 지식
4.4 청각장애 학습자의 출발점 행동을 확인하는 능력
4.5 행동적 용어로 청각장애 학습자의 학습목표를 진술하는 능력
4.6 설정된 목표에 따라 학습과제를 위계적으로 분석·선정하는 능력
4.7 학습과제의 전개에 적합한 자료를 선정·설계·제작·활용하는 능력
4.8 학습목표에 따라 청각장애 학습자에게 적합한 교수방법을 적용하는 능력
4.9 청각장애 학습자의 학습결과를 이해하고, 그 결과에 따라 수업설계를 수정하는 능력
4.10 학습장면에서 교수목표의 달성을 위해 청각장애 학습자와 교사간에 효율적으로 상호작용하는 능력
4.11 음악, 미술, 체육 중 어느 한 영역에 대한 전문지식과 그 지도능력
4.12 농중복장애아에 대한 개별지도 능력

5.0 상담 및 생활지도

5.1 지시적·비지시적 상담기술에 대한 지식
5.2 잔존청력의 활용과 커뮤니케이션 개발에 관해 부모와 상담하는 능력
5.3 청각장애에 대한 부모의 바른 이해를 촉진하기 위해 필요한 정보를 제공해 주는 능력
5.4 청각장애아의 행동·정서적 문제에 대해 행동수정의 기법을 활용하는 능력
5.5 청각장애 학생의 진로지도에 대하여 상담하는 능력

6.0 언어·커뮤니케이션의 기술

6.1 한국어의 구조에 대한 지식
6.2 청각장애아 교육에 있어 언어학의 적용에 대한 지식

6.3 유아의 언어습득과 발달에 대한 지식

6.4 언어발달의 이상에 대한 지식

6.5 커뮤니케이션의 과정과 커뮤니케이션에 있어 청력손실의 영향에 대한 지식

6.6 청각장애아의 읽기지도에 사용되는 방법·절차·자료에 대한 지식과 그 활용능력

6.7 청각장애아의 쓰기지도에 사용되는 방법·절차·자료에 대한 지식과 그 활용능력

6.8 청각장애아의 독화지도에 사용되는 방법·절차·자료에 대한 지식과 그 활용능력

6.9 청각장애아의 청능훈련에 사용되는 방법·절차·자료에 대한 지식과 그 활용능력

6.10 청각장애아의 발화지도에 사용되는 방법·절차·자료에 대한 지식과 그 활용능력

6.11 청각장애아의 지화지도에 사용되는 방법·절차·자료에 대한 지식과 그 활용능력

6.12 청각장애아의 수화지도에 사용되는 방법·절차·자료에 대한 지식과 그 활용능력

6.13 개개아동의 독특한 요구에 따른 언어지도의 여러방법을 적절히 활용하는 능력

6.14 언어·커뮤니케이션 기술의 개발에 관한 연구와 관계문헌에 대한 지식

7.0 매체와 특수기기

7.1 최근 테크놀러지 발달이 청각장애아 교육에 미치는 영향에 대한 지식

7.2 보청기의 구조와 종류 및 그 특성에 대한 지식

7.3 집단 및 개인용 보청기를 조정하는 능력
7.4 적합한 보청기의 선택에 필요한 정보를 제공해 주는 능력
7.5 시청각기기를 조작·활용하는 능력
7.6 청각장애아를 위한 특수기기를 조작·활용하는 능력

8.0 행정적 책임
8.1 청각장애아의 교육개선을 위해 관계 전문인사들과 상호협력하여 효율적으로 업무를 수행하는 능력
8.2 지역사회인사, 일반학교의 교사, 교장, 학부모 등에게 청각장애아의 문제를 해설·자문해 주는 능력
8.3 청각장애아를 위한 효율적인 학급경영 및 운영 능력
8.4 전문가로서 청각장애아의 교육과 복지증진을 위한 윤리적 책임의 자각과 이를 실천하는 능력

이상의 수행능력 목록에 대해 당시 농학교 교사들(n=110명)에게 그 중요도를 평정케 한 결과, 중요도의 평정치가 가장 높게 평가된 순서대로 5개 목록을 제시하면 다음과 같다.

1.3 청각장애아를 위한 조기교육의 중요성과 그 효과에 대한 지식
6.3 유아의 언어습득과 발달에 대한 지식
6.9 청능훈련에 사용되는 방법·절차·자료에 대한 지식과 그 활용능력
6.10 발화지도에 사용되는 방법·절차·자료에 대한 지식과 그 활용능력
4.3 청각장애아를 위한 개별지도 프로그램을 작성하는 것에 대한 지식

5.2.4. 정신지체아 교사에게 요구되는 수행능력

우리나라에서 박경석(1987)은 그의 석사학위논문에서 정신지체아 교사에게 요구되는 수행능력을 다음과 같이 제안하고 있다.

1.0 정신지체아 교육기초

1.1 정신지체아 교육의 역사·최근동향·발전전망에 관한 지식

1.2 정신지체아에 대한 인간관·교육관에 대한 인식

1.3 정신지체아의 조기교육에 대한 지식

1.4 정신지체아의 메인스트림에 대한 인식

1.5 중복·중증정신지체아의 이해와 독특한 요구에 대한 지식

1.6 정신지체아의 작업교육의 지도원리와 방법에 대한 지식

1.7 정신지체아의 치료교육의 원리와 방법에 대한 지식

1.8 정신지체아의 복지·재활·평생교육에 대한 지식

2.0 발달특성 이해와 판별

2.1 진단과 측정의 최근 이론에 대한 지식

2.2 정신지체아의 발달특성 및 교육적 요구 이해

2.3 정신지체아의 개인차 문제에 대한 지식

2.4 심리측정 및 판별도구의 선정·활용에 대한 능력

2.5 판별의 방법 및 절차의 이해

2.6 판별결과의 이해와 교육적 조치에 관한 능력

3.0 교육과정 운영과 교육방법

3.1 학습자의 상이한 요구에 따른 교육과정 재구성 능력

3.2 개별지도 프로그램 작성에 대한 지식

3.3 학습자의 출발점 행동을 확인하는 능력

3.4 교수내용을 행동목표로 진술하는 능력

3.5 교수목표의 과제분석과 교수전략 계획능력

3.6 교수자료와 매체를 선정·제작·활용하는 능력

3.7 학습영역 특성에 맞는 교수방법을 적용·지도할 수 있는 능력

3.8 교육과정·교수학습·평가에 대한 평가능력

3.9 평가결과를 교육과정 운영에 재활용하는 능력
3.10 도구교과에 대한 전문지식과 지도능력
3.11 예·체능 중 어느 한 영역에 대한 전문지식과 지도능력
3.12 언어발달지체에 대한 전문지식과 지도능력
3.13 중복·중증장애아에 대한 개별지도 능력
3.14 의·식·주에서의 탈공해 및 경감에 대한 지도능력

4.0 특수기기와 매체활용
4.1 개인차에 따른 자료의 개발 및 제작능력
4.2 학습활동에 최적한 자료의 투입·활용능력
4.3 시청각시설·기재·자료의 활용능력
4.4 정신지체아 지도에 필요한 교육공학적 접근능력
4.5 지역사회자원을 학습자료로 활용하는 능력
4.6 정보교환을 통한 부족자료의 보충능력

5.0 생활지도와 상담
5.1 학생상담과 부모상담에 관한 지식과 기술
5.2 문제행동의 수정에 관한 기법 활용능력
5.3 자주·자립생활과 집단생활 적응 지도능력
5.4 단계적 역할분담 활동을 통한 체험활동의 지도능력
5.5 안전생활·여가생활의 지도능력
5.6 성교육·보건위생교육에 대한 지식과 활용능력
5.7 진로지도·취업지도·추수지도에 대한 능력

6.0 연구활동과 활용
6.1 연구에 관한 일반적 원리와 그 기법에 관한 지식
6.2 관련문헌·전문자료·최근 연구동향의 이해와 활용능력

6.3 관찰기록의 유지·활용과 사례연구 능력
6.4 국내외 유관기관·단체와 교류 및 정보교환 능력

7.0 행정관리
7.1 효율적인 학급운영에 관한 능력
7.2 특수교육에 관한 국내외 법규의 이해
7.3 부모교육·사회교육에 능동적으로 참여하는 능력
7.4 장애극복을 위한 환경구안 착상능력
7.5 시설비품의 관리·보존·활용 능력
7.6 산학협동체제 구축과 직업재활 추진능력
7.7 볼런티어를 활용·지도할 수 있는 능력
7.8 과업수행과 인간관계를 적절히 조화시킬 수 있는 능력

8.0 인성적 특성
8.1 특수교사로서 윤리성·책무성이 투철한 교사
8.2 장애자의 인권옹호·복지증진에 적극적인 교사
8.3 끈기·인내·유머감각이 풍부한 교사

이상의 57개 수행능력 목록을 지식·기능·태도 별로 나누어 그 구성비를 보면, 지식 위주의 수행능력이 11개로 19.30%, 기능 위주의 수행능력이 39개로 68.42%, 태도에 해당되는 수행능력은 7개로 12.38%로 분포되어 있다.

5.3. CEC의 국제적 표준

CEC(1995)에서는 특수교육 교사양성과 자격을 위한 국제적 표준을 개발하여 제시한 바 있다. 모든 특수아동을 효과적으로 지도하는데

특수교육 교사에게 요구되는 공통중핵적인 필수적 지식과 기능을 다음의 8개 영역으로 대별하여 제시하고 있다.

1.0 특수교육의 철학적, 역사적, 법적기초
2.0 학습자의 특성
3.0 측정, 진단, 평가
4.0 수업내용과 실제
5.0 교수-학습환경의 계획과 운영
6.0 학생행동과 사회적 상호기능의 관리
7.0 의사소통과 협동적 파트너쉽
8.0 전문성과 유리적 실천

이상의 각 영역에 따른 필수적 지식과 기능을 구체적으로 제시하넌 다음과 같다.

1.0 특수교육의 철학적, 역사적, 법적 기초

<지식>

1.1 특수교육 실천의 기초가 되는 모델, 이론, 철학
1.2 사회내에서 통문화(across cultures)적 신념, 전통, 가치의 다양성과 아동, 가정, 학교 간의 상호관계의 영향
1.3 문화적으로나 언어적으로 다양한 배경을 가진 특수아동에 대한 정의와 판별에 있어 쟁점
1.4 측정, 적격성, 교육배치 등에 관련된 합당한 절차와 권리
1.5 특수한 학습요구를 지닌 개개 아동에 대한 부모, 학생, 교사 및 여타 전문가들, 학교 등의 권리와 책임

<기능>

1.1 일반교육과 특수교육과의 상호관련성을 포함하여 특수교육에 대한 개인적 철학을 분명히 표현하기

1.2 법, 규정, 세칙, 지역의 교육정책과 절차 등의 요건에 부합되게 수업활동과 여타 전문활동을 수행하기

2.0 학습자의 특성

<지식>

2.1 특수한 학습요구를 지닌 아동 개인과 일반아동의 인지적, 신체적, 문화적, 사회적, 정서적 요구에 있어 유사성과 차이성

2.2 장애의 중증 및 중복 정도를 포함하여 특수한 학습요구를 지닌 개인의 차별적 특성

2.3 특수한 학습요구를 지닌 개인의 정상적, 이상적 의사소통 패턴의 특성

2.4 특수한 장애 조건이 개인의 생활에 미치는 영향

2.5 문화적 및 언어적 다양성, 사회경제적 수준, 아동학대 등을 포함한 아동과 가정의 문화적·환경적 특성과 영향

2.6 특수성을 지닌 개별아동의 교육적, 인지적, 신체적, 사회적, 정서적 행동에 대한 다양한 중재의 영향

2.7 다양한 특수성의 특성이 갖는 교육적 함의

<기능>

2.1 특수한 학습요구를 지닌 개인의 다양한 인지적, 의사소통적, 신체적, 문화적, 사회적 및 정서적 조건에 대한 정보를 수집하기

3.0 측정·진단·평가

<지식>

3.1 측정에 사용되는 기본적 용어

3.2 측정에 관련된 윤리적 문제

3.3 개인의 측정에 관한 법적 조항, 규칙 및 지침

3.4 선별, 진단, 분류 등을 위해 적용되는 전형적 절차
3.5 등급점수 대 표준점수, 백분위, 연령과 학년수준에 상응한 점수의 적절한 적용과 해석
3.6 여러 가지 측정도구의 적절한 사용과 제한성
3.7 특수한 학습요구를 지닌 개인의 측정, 적격성, 프로그램화 및 교육배치 등의 영향을 고려한 전략들의 조정
3.8 측정과 교육배치 결정간의 상호관계
3.9 특수한 학습 요구를 지닌 개인의 진보를 점검하는 방법

<기능>

3.1 특수한 학습 요구를 지닌 개인의 측정에 관련된 가족과 다른 전문가들과 함께 협력하기
3.2 기록을 작성하고 관리하기
3.3 학업, 의료, 그리고 가족사에 관한 배경 정보를 수합하기
3.4 다양한 측정 절차를 적절하게 활용하기
3.5 형식적 및 비형식적 측정도구와 절차로부터 정보를 해석하기
3.6 적절한 의사소통 기능을 활용하여 부모, 행정가, 여타 전문가들에게 특수한 학습 요구를 지닌 개인에 대한 측정 결과를 보고하기
3.7 학습환경에서 적절한 수정을 가하거나 제시하기 위해 교사, 관계전문가, 특수아동 자신, 부모 등으로부터 성취 수행 자료와 정보를 활용하기
3.8 개별화 수업을 위해 측정 전략들을 개발하기
3.9 문화적으로나 언어적으로 다양한 배경을 가진 아동들을 비롯해서, 특수한 학습 요구를 지닌 모든 개별 아동에게 적절한 교육배치와 중재가 이루어지도록 수업전략과 개별교육 프로그램을 계획하고 수행하는데 측정정보를 활용하기

3.10 수업결과를 평가하기

3.11 여러 가지 프로그램 배치를 통합하는데 필요한 지원들을 평가하기

4.0 수업내용과 실제

<지식>

4.1 특수한 학습 요구를 지닌 개인의 학습양식을 구별짓는 것과 이들 양식을 교수에 적용하는 방법

4.2 일반교육 교실에서 개별화 수업과 같은 다양한 학습환경의 필요성

4.3 특수한 학습 요구를 지닌 개별 아동의 운동, 인지, 학업, 사회, 언어, 정의 및 기능적 생활능력 개발을 위한 교육과정

4.4 수업과 치료교육 방법, 기법, 그리고 교육과정자료

4.5 수업방법과 매체를 수정하는 기법

4.6 독립생활, 지역생활, 개인생활, 그리고 고용에 적합한 생활기능 수업

4.7 특수한 학습 요구를 지닌 개별 아동에 대한 효과적 수업과 관련하여 가족, 학교, 지역사회 간의 상호관계에 영향을 미치는 문화적 관점

<기능>

4.1 수업계획을 위해 측정자료를 해석하고 활용하기

4.2 학습자의 문화, 언어, 성별에 상응하는 수업내용, 자료, 자원, 전략 등을 개발하고 선택하기

4.3 종합적·종단적 개별화 프로그램을 구안하기

4.4 수업목표를 달성하고, 그 목표를 수업과정에 적절히 통합하기 위해 적절한 공학기술을 선택하여 활용하기

4.5 적절한 학습과제(lesson)계획 세우기

4.6 수업목표 설정과 진보를 기록하는데 아동 개인과 가족을 참여시키기

4.7 과제분석을 수행하고 활용하기

4.8 학습자의 특성에 따라 수업전략과 자료들을 선정, 적용, 활용하기

4.9 개별목표를 계열화하여 적용하고 평가하기

4.10 교과활동 교육과정 속에 정의적, 사회적, 직업적 기능을 통합하기

4.11 여러가지 학습환경을 통하여 기능의 일반화와 유지를 촉진하기 위한 전략을 활용하기

4.12 적절히 수업시간을 조정하기

4.13 특수한 학습 요구를 지닌 개개아동에게 그들의 개별적 요구에 상응한 사고, 문제해결, 여타 인지전략들을 활용하도록 가르치기 위한 수업기법과 전략들을 활용하도록 가르치기

4.14 특수한 학습 요구를 지닌 개별 학생에게 성공적 전환(transitions)을 위한 수업기법과 전략을 선택하고 적용하기

4.15 학습자와 친밀감을 형성하고 유지하기

4.16 언어적 및 비언어적 의사소통 기법을 활용하기

4.17 수업에 대한 자기평가를 수행하기

5.0 교수 및 학습환경의 계획과 운영

<지식>

5.1 특수한 학습 요구를 지닌 개별아동에 대한 기본적 학급운영 이론, 방법 및 기법들

5.2 효과적 교수-학습 운영을 위한 연구에 토대한 최선의 실천탐색

5.3 교수 및 학습환경을 계획하고 운영하는데 도움을 주는 공학보조에 대한 방법들

<기능>

5.1 다양성이 인정되는 안정적, 적극적, 지원적 학습환경을 구성하기

5.2 다양한 장면에서 특수한 학습 요구를 지닌 개인의 기능적 통합을 촉진하기 위한 전략과 기법들을 활용하기

5.3 매일의 학습계획을 수행하기 위해 자료를 준비하고 조직하기

5.4 학습자의 요구에 맞게 학습환경을 조정하기 위해 평가, 계획, 운영 절차 등을 융합하기

5.5 개별 및 집단 학습활동에 학습자의 능동적 참여를 촉진하는 학습환경을 설계하기

5.6 학생들과 다른 직원들을 위해 전환시간을 포함해서 수업장면을 매일 효과적으로 설계, 구성, 운영하기

5.7 학급의 보조교사, 자원봉사자, 혹은 또래지도 활동을 지시하기

5.8 자기 권리옹호와 독립성을 촉진하는 환경을 구성하기

6.0 학생행동과 사회상호작용 기능의 관리

<지식>

6.1 특수한 학습 요구를 지닌 개별아동에 대한 행동관리의 계획과 수행에 관한 적용 가능한 법규, 규칙, 규정, 그리고 적법한 절차

6.2 교실내의 행동관리와 관련하여 야기된 윤리적 문제들

6.3 특수한 학습 요구를 지닌 개별아동의 행동에 긍정적으로나 부정적으로 영향을 미치게될 교사태도와 행동

6.4 교육적이고 기능적 생활환경에 필요한 사회기능과 사회기능 개발을 위한 효과적 수업

6.5 위기 방지 및 중재전략

6.6 복식학급, 다인종, 다중문화, 복합국가권 등에서 조화로우면서도 생산적으로 살아가도록 개인을 준비시키는 전략

<기능>

6.1 특수한 학습 요구를 지닌 개인 요구에 적절한 효과적 행동 관리기법의 다양성을 실천하기

6.2 특수성을 지닌 개인의 요구에 일치하는 최소한의 집중적 중재를 적용하기

6.3 부적절한 행동을 관리하기 위해 학습환경을 조정하기

6.4 다양한 장면에서 개인적 및 사회적 행동에 대한 실제적 기대치를 확인하기

6.5 교육과정 활동에 사회기술을 통합하기

6.6 사회기술 수업에서 효과적 교수절차를 활용하기

6.7 개개아동의 자아의식, 자아통제, 자기신뢰, 자기존중감을 증진시키는 방안을 실천하기

6.8 특수한 학습 요구를 지닌 개별 아동이 사회적 태도와 행동양식에 맞게 자기 향상 행동을 할 수 있도록 준비시키기

7.0 의사소통과 협동적 동반자 관계

<지식>

7.1 문화적으로 대응해야 할 프로그램에서 특수아동 개인, 부모, 학교 및 지역사회 인사들과 효과적인 의사소통과 협력을 증진하는 요인들

7.2 특수한 학습 요구를 지닌 아동의 부모가 갖는 전형적 관심사와 이들 관심사를 적절히 다룰 수 있도록 부모를 돕는 적합한 전략들

7.3 팀의 구성원들과 함께 협력하여 개별학생 프로그램을 개발하는 것

7.4 개별화 프로그램을 계획하는데 있어 특수아동 자신, 부모, 교사, 여타 학교 및 지역사회 인사들의 역할

7.5 특수한 학습 요구를 지닌 개별 아동에 대해 다른 사람들과 신뢰할 수 있는 의사소통을 하기 위한 윤리적 문제들

<기능>

7.1 다양한 학습환경에서 특수한 학습 요구를 지닌 아동, 부모, 학교 및 지역사회 인사들과 일하는데 협동적 전략을 활용하기

7.2 아동자신, 부모, 교사, 여타학교 및 지역사회 인사들과 의사소통하고 자문하기

7.3 가족과 전문가 사이에 우호적이고 유익한 유대관계를 촉진시키기

7.4 교육팀에 적극적인 참여자가 되도록 가족을 격려하고 돕기

7.5 가족이나 보호자와 함께 협력적으로 사례 협의회를 계획하고 수행하기

7.6 다양한 학습환경으로 특수한 학습요구를 지닌 개별아동을 통합시킴에 있어 일반학급 교사를 비롯해서 여타 학교 및 지역사회 인사들과 협력하기

7.7 특수한 학습요구를 지닌 개인의 요구와 특성에 대해 일반교사, 행정가, 그리고 여타 학교인사들과 의사소통하기

8.0 전문성과 윤리적 실천

<지식>

8.1 자신의 교수에 영향을 미치는 개인적 문화편견 및 차별성

8.2 특수한 학습 요구를 지닌 개별아동에 대한 하나의 모델로서 기여하는 교사역할의 중요성

<기능>

8.1 특수한 학습 요구를 지닌 개별아동에게 양질의 교육과 잠재적 삶의 질을 개발하기 위해 책임을 수행하기

8.2 개개학생의 문화, 종교, 성별 오리엔테이션에 관해 긍정적으로 대응하기

8.3 전문적 업무수행 과정에서 높은 수준의 능력과 통합성을 증진하고 유지하기
8.4 전문적 업무수행 과정에서 객관적인 전문적 판단을 실행하기
8.5 구어 및 문어 의사소통에 능숙성을 드러내기
8.6 특수한 학습 요구를 지닌 아동 개인의 요구, 그들의 가족과 동료들에게 도움을 줄 수 있는 전문적 활동에 열중하기
8.7 지역, 주, 연방수준의 점검과 평가 요청에 대응하기
8.8 문서화된 교육자료들을 윤리적 목적에 맞게 활용하기
8.9 CEC 윤리강령을 비롯해서 전문직의 표준과 정책에 따라 실천하기

이상의 특수교육 교사를 위한 공통중핵적 수행능력과 더불어 장애영역을 비롯한 특수성을 요하는 영역에 따라 농 및 난청, 조기교육, 정서 및 행동장애, 우수 및 재능, 학습장애, 정신지체 및 발달장애, 신체 및 건강장애, 시각장애 등으로 나누어 해당영역의 교사들에게 요구되는 지식과 기능을 구체화하고 있다.

한편 CEC에서는 이상의 수행능력 목록에 기초하여 개별 특수교육 교사양성대학 프로그램의 인정을 위한 가이드라인을 제시하고 있다. 즉 개별 특수교육 교사양성 프로그램으로 하여금 CEC에서 제시한 특수교육 교사양성 표준을 어느 정도 충족하고 있는가를 자체 평가할 수 있는 지침을 마련해 주고 있다. 평가지침은 ①양성기관이 갖춰야 할 요건, ②특수교육 프로그램이 갖춰야 할 요건, ③전문영역별 프로그램이 갖춰야 할 요건 등으로 구성되어 있다. CEC에서 제시한 양성표준은 미국내의 모든 특수교육 교사양성 대학들이 그들의 양성 프로그램을 구안할 때에 준수해야 할 최소한의 기준으로 개발된 것이다. 또한, 장애영역의 특수한 제한이 없는 "경도장애아 교사" 양성을 위해서는 공통중핵 과정 위에 학습장애와 행동장애영역에서 필요한 지식과 기능을 반드시 습득하도록 요구하고 있다. 개별양성프로그램이

CEC표준으로부터 인정을 받기 위해서는 전체적으로 CEC기준의 70% 이상을 충족시킬 수 있어야 한다.

한편, 이상의 CEC국제 자격 표준에서 제시하고 있는 교사수행능력을 필자가 1998년 10월 넷째 주간에 특수교육과 4학년 재학생을 대상으로 각각의 수행능력 목록에 대한 중요도(아주 중요함 5에서 중요하지 않음 1에 이르기까지)와 자신의 수행능력 정도(매우 잘 알거나 능숙함 5에서 전혀 모르거나 매우 부족함 1에 이르기까지)를 5품등 측도에 따라 평정하게 한 결과를 제시하면 다음 표 5-3에서 보는 바와 같다.

〈표 5-3〉 CEC국제 표준(1995)에 의한 특수교육교사 수행능력 평정 결과

1.0 특수교육의 철학적·역사적·법적 기초

중요도	지 식	수행능력
4.42	1. 특수교육 실천의 기초가 되는 모델, 이론, 철학을 알고 있는가?	3.37
4.50	2. 아동이 성장하는 사회·문화적 배경의 다양성과 아동, 가정, 학교 간의 상호관계가 미치는 영향을 알고 있는가?	3.68
3.66	3. 문화적으로나 언어적으로 다양한 배경을 가진 특수아동에 대한 정의와 판별에 있어 쟁점을 알고 있는가?	3.21
4.29	4. 측정, 적격성, 교육배치 등에 관련된 합당한 절차와 권리를 알고 있는가?	2.87
4.21	5. 특수아동에 대한 부모, 학생, 교사 및 여타 전문가들, 학교 등의 권리와 책임을 알고 있는가?	3.21
중요도	기 능	수행능력
4.16	1. 일반교육과 특수교육과의 상호관련성을 포함하여 특수교육에 대한 개인차 철학을 분명히 표현할 수 있는가?	3.71
3.68	2. 법, 규정, 세칙, 지역의 교육정책과 절차 등의 요건에 부합되게 수업활동과 여타 전문 활동을 수행할 수 있는가?	2.63
4.10	영역 전체 평균	3.14

2.0 학습자 특성

중요도	지 식	수행능력
4.47	1. 특수아동과 일반아동의 인지적, 신체적, 사회·문화적, 정서적 발달에 있어서 유사성과 차이성을 알고 있는가?	3.92
4.42	2. 장애의 정도, 원인, 시기, 예후에 따른 특수아동 개인의 독특한 특성을 알고 있는가?	3.56
4.32	3. 특수아동의 정상적, 이상적 의사소통 패턴의 특성을 알고 있는가?	3.11
4.11	4. 특수한 장애조건이 개인의 생활에 미치는 영향을 알고 있는가?	3.39
4.00	5. 특수아동의 문화·환경의 배경특성이 아동에게 미치는 영향을 알고 있는가?	3.39
4.24	6. 특수아동의 교육적·인지적·신체적·사회적·정서적 행동에 대한 다양한 중재의 영향을 알고 있는가?	2.89
4.21	7. 특수아동의 다양한 특성에 대한 교육적 함의를 알고 있는가?	3.21
중요도	기 능	수행능력
4.37	1. 특수아동의 다양한 인지적, 의사소통적, 신체적, 문화적, 사회적 및 정서적 조건의 정보를 수집할 수 있는가?	3.61
4.27	영역 전체 평균	3.38

3.0 측정, 진단, 평가

중요도	지 식	수행능력
3.71	1. 측정(assessment)에 사용되는 기본적인 용어를 알고 있는가?	2.89
3.97	2. 측정에 관련된 윤리적인 문제를 알고 있는가?	3.32
3.61	3. 개인의 측정에 관한 내용이 명시되어 있는 법적조항이나 규칙 및 지침을 알고 있는가?	2.21
3.79	4. 특수교육대상자 선정의 전형적 절차를 알고 있는가?	3.29
4.37	5. 평가결과를 해석하고 활용하는 방법을 알고 있는가?	2.97

4.16	6. 여러 가지 측정도구의 사용방법과 그 한계점을 알고 있는가?	2.58
4.42	7. 특수아동을 측정하고 특수교육대상의 적격성 여부, 프로그램화 및 교육배치 등에 걸쳐 필요한 전략들을 알고 있는가?	2.53
4.13	8. 측정과 교육배치 결정 간의 상호관계를 알고 있는가?	2.74
4.18	9. 특수아동의 진보를 점검하는 방법을 알고 있는가?	2.82

중요도	기 능	수행능력
4.45	1. 특수아동의 측정에 관련하여 가족과 다른 전문가들과 함께 협력할 수 있는가?	3.24
4.34	2. 아동에 관한 정보를 기록하고 관리할 수 있는가?	3.92
3.92	3. 특수아동의 학업과 의료, 가족사에 관한 배경정보를 수합할 수 있는가?	3.63
4.18	4. 다양한 유형의 측정절차를 적절하게 활용할 수 있는가?	2.71
4.03	5. 형식적 측정도구와 비형식적 측정도구로부터 얻어진 정보를 해석할 수 있는가?	2.87
3.87	6. 적절한 의사소통기능을 활용하여 부모, 행정가, 여타 전문가들에게 특수아동의 측정결과를 보고 할 수 있는가?	3.13
4.42	7. 교사, 관계전문가, 특수아동자신, 부모 등으로부터 얻은 성취수행 자료와 정보를 활용하여 학습환경을 적절하게 수정할 수 있는가?	3.37
4.32	8. 개별화 수업을 위해 자작검사 등의 측정전략들을 개발할 수 있는가?	2.84
4.32	9. 다양한 배경을 가진 아이들을 비롯해서, 특수아동에게 적절한 교육배치와 중재가 이루어지도록 수업전략과 개별교육프로그램을 계획하고 수행하는 데 측정정보를 활용할 수 있는가?	2.95
4.34	10. 수업결과를 평가할 수 있는가?	3.47
4.08	11. 아동에게 적합한 교육배치를 위해 필요한 지원을 평가할 수 있는가?	2.92
4.13	영역 전체 평균	3.02

4.0 수업내용과 실제

중요도	지　식	수행능력
4.74	1. 특수아동의 학습특성과 그 특성을 교수에 적용하는 방법을 알고 있는가?	3.42
4.76	2. 일반교육 교실에서 개별화 수업과 같은 다양한 학습환경의 필요성을 알고 있는가?	3.82
4.39	3. 특수아동의 운동, 인지, 학업, 사회, 언어, 정의 및 기능적 생활능력 신장을 위한 교육과정을 알고 있는가?	3.26
4.18	4. 수업과 치료교육방볍, 기법 그리고 교육과정 자료를 알고 있는가?	2.82
4.24	5. 수업방법과 매체를 개선하는 기법을 알고 있는가?	3.05
4.39	6. 독립생활, 지역생활, 개인생활 그리고 직업생활에 필요한 생활기능 수업을 알고 있는가?	3.32
4.05	7. 특수아동의 효과적 수업을 위하여 가족, 학교, 지역사회가 상호 작용하는 데 영향을 미치는 사회·문화적 조건을 알고 있는가?	2.87
중요도	**기　능**	**수행능력**
4.16	1. 측정자료를 해석하여 수업계획을 세우는 데 활용할 수 있는가?	3.39
4.39	2. 학습자의 특성(문화·언어·성별)에 상응하는 수업내용, 자료, 자원, 전략 등을 개발할 수 있는가?	3.21
4.42	3. 종합적·종단적 개별화 프로그램을 구안할 수 있는가?	2.95
4.16	4. 수업목표를 달성하고, 그 목표를 수업과정에 적절히 통합하기 위해 공학기술을 선택하여 활용할 수 있는가?	3.18
3.95	5. 주별(월별) 교수학습계획을 적절하게 세울 수 있는가?	3.45
3.97	6. 수업목표를 설정하고 아동의 진보를 기록할 때 아동 개인과 가족을 참여시킬 수 있는가?	3.08
4.55	7. 과제분석을 수행하여 아동의 수준에 맞게 가르칠 수 있는가?	3.34
4.71	8. 학습자의 특성에 맞는 수업전략과 자료들을 선정하여 활용할 수 있는가?	3.55

4.63	9. 아동의 수준에 맞는 목표를 설정하여 평가할 수 있는가?	3.21
4.47	10. 교과활동 속에서 정의적·사회적·직업적 기능을 통합하여 가르칠 수 있는가?	3.18
4.15	11. 기능의 일반화와 유지를 촉진하기 위하여 여러 가지 학습환경을 구성하고 활용할 수 있는가?	2.55
3.50	12. 융통성 있게 수업시간을 조절할 수 있는가?	3.42
4.21	13. 특수아동이 그들의 개별적 요구에 맞는 문제해결 및 여타 인지전략들을 활용할 수 있도록 가르칠 수 있는가?	3.08
4.29	14. 개개 장애학생에게 전환(transitions)교육을 수행하기 위한 기법과 전략을 선택하여 적용할 수 있는가?	2.32
4.79	15. 학습자와 친밀감을 형성하고 유지할 수 있는가?	3.42
4.32	16. 언어적 및 비언어적 의사소통 기법을 활용할 수 있는가?	2.97
4.65	17. 수업에 대한 자기평가를 수행할 수 있는가?	3.18
4.33	영역 전체 평균	3.17

5.0 교수 및 학습환경의 계획과 운영

중요도	지 식	수행능력
3.84	1. 특수아동을 위한 기본적 학급운영 이론, 방법 및 기법들에 대해 알고 있는가?	3.18
4.03	2. 효과적 교수-학습운영을 위한 연구결과에 기초하여 최선의 실천방안을 모색할 수 있는가?	3.55
4.08	3. 교수 및 학습환경을 계획하고 운영하는데 도움을 주는 공학보조에 대한 방법을 알고 있는가?	3.24

중요도	기 능	수행능력
4.10	1. 다양한 학습환경을 안정적, 적극적, 지원적으로 구성할 수 있는가?	2.84
4.53	2. 특수아동이 다양한 장면에서 물리적 통합 뿐만 아니라 기능적으로 통합될 수 있도록 전략과 기법을 활용할 수 있는가?	2.63
4.39	3. 매일의 학습계획을 수행하기 위해 자료를 준비하고 조직할 수 있는가?	3.08

3.97	4. 학습자의 요구에 맞는 학습환경을 조정하기 위해 평가, 계획, 운영의 전반적인 절차를 수행할 수 있는가?	3.10
4.32	5. 학습자가 개별 및 집단 학습활동에 능동적으로 참여할 수 있도록 학습환경을 설계할 수 있는가?	3.16
3.78	6. 학생들과 여타 교사들을 위해 전환시간과 수업장면을 매일 효과적으로 설계, 구성, 운영할 수 있는가?	2.84
4.00	7. 학급의 보조교사, 자원봉사자, 혹은 또래지도 활동을 지도할 수 있는가?	3.21
4.74	8. 교수학습과정에서 특수아동이 자신의 권리를 옹호하고 독립성을 촉진하는 환경을 구성할 수 있는가?	2.87
4.16	영역 전체 평균	3.06

6.0 학생행동과 사회상호작용 기능의 관리

중요도	지 식	수행능력
3.86	1. 특수아동 행동관리의 계획과 수행에 필요한 적합한 절차를 알고 있는가?	2.84
4.02	2. 교실 내에서 특수아동의 행동관리와 관련하여 야기될 수 있는 윤리적 문제를 알고 있는가?	3.28
4.34	3. 특수아동의 행동에 긍정적으로나 부정적으로 영향을 미치는 교사의 태도와 행동에 대해 알고 있는가?	3.95
4.08	4. 학교생활과 지역사회 생활에 필요한 사회기능과 그 개발을 위한 효과적 수업방법을 알고 있는가?	2.89
4.32	5. 특수아동의 위기 방지 및 중재전략을 알고 있는가?	2.82
4.47	6. 다양한 사회에서 조화로우면서도 생산적으로 살아갈 수 있도록 특수아동을 준비시킬 수 있는 전략을 알고 있는가?	2.66
중요도	기 능	수행능력
4.32	1. 특수아동에게 적절하고 효과적인 행동관리기법을 다양하게 실천할 수 있는가?	2.76
4.00	2. 특수아동의 개인적 요구에 맞게 최소한의 중재(강도가 약하게)를 적용할 수 있는가?	2.89
3.89	3. 부적절한 행동을 관리하기 위해 학습환경(좌석배치와 강화지역설치 등)을 조정할 수 있는가?	3.50

4.02	4. 다양한 장면에서 개인적 및 사회적 행동에 대한 실현 가능한 기대수준을 설정할 수 있는가?	2.95
4.21	5. 교육과정 활동에 사회기술을 통합할 수 있는가?	2.84
3.92	6. 사회기술을 가르칠 때 효과적 교수절차를 활용할 수 있는가?	2.84
4.61	7. 개개아동의 자아의식, 자아통제, 자기신뢰, 자기 존중감을 증진시키는 방안을 실천할 수 있는가?	3.03
4.29	8. 특수한 학습 요구를 지닌 개별 아동이 사회적 태도와 행동양식에 맞게 자기 향상 행동을 할 수 있도록 준비시킬 수 있는가?	2.76
4.14	영역 전체 평균	3.00

7.0 의사소통과 협동적 동반자 관계

중요도	지 식	수행능력
3.76	1. 문화적으로 다른 환경에 있는 특수아동 개인, 부모, 학교 및 지역사회 인사들과 효과적인 의사소통과 협력을 증진하는 요인들을 알고 있는가?	2.52
3.97	2. 특수아동의 부모가 갖는 전형적인 관심사와 이들 관심사를 적절히 다룰 수 있도록 돕는 전략들을 알고 있는가?	2.92
4.42	3. 팀의 구성원들과 함께 협력하여 개별화프로그램을 개발하는 방법에 대해 알고 있는가?	2.82
3.71	4. 개별화 프로그램을 계획하는 데 있어 특수아동 자신, 부모, 교사, 여타 학교 및 지역사회 인사들의 역할을 알고 있는가?	3.10
3.74	5. 특수아동에 대해 다른 사람들과 의사소통 할 때 유의해야 할 윤리적 문제들을 알고 있는가?	3.08
중요도	**기 능**	**수행능력**
4.13	1. 다양한 학습환경에서 특수아동, 부모, 학교 및 지역사회 인사들과 함께 일할 때 필요한 협동적 전략을 활용할 수 있는가?	2.60

3.92	2. 아동자신, 부모, 교사, 여타학교 및 지역사회 인사들과 의사소통하고 자문할 수 있는가?	2.89
3.89	3. 가족과 전문가 사이에 우호적이고 유익한 유대관계를 촉진시킬 수 있는가?	3.53
4.13	4. 교육팀에 적극적인 참여자가 되도록 가족을 격려하고 도울 수 있는가?	3.74
4.08	5. 가족이나 보호자나 함께 협력하여 사례(IEP)협의회를 계획하고 수행할 수 있는가?	2.92
4.15	6. 특수아동을 다양한 학습환경으로 통합시킬 때, 일반학급 교사를 비롯해서 여타 학교 및 지역사회 인사들과 협력할 수 있는가?	3.21
4.05	7. 특수아동의 요구와 특성에 대해 일반교사, 행정가 그리고 여타 학교인사들과 효과적으로 의사소통 할 수 있는가?	3.03
3.40	영역 전체 평균	3.03

8.0 전문성과 윤리적 실천

중요도	지 식	수행능력
3.84	1. 자신의 교수에 영향을 미치는 교사 개인의 문화적 편견을 알고 있는가?	3.29
4.55	2. 특수아동에게 하나의 모델로서 기여하는 교사역할의 중요성을 알고 있는가?	4.13
중요도	기 능	수행능력
4.63	1. 특수아동이 잠재적 삶의 질을 개발할 수 있도록 양질의 교육을 제공할 수 있는가?	3.68
4.45	2. 개개아동의 문화, 종교, 성별에 관계 없이 아동에게 긍정적으로 대할 수 있는가?	3.95
4.63	3. 교직생활에서 매너리즘에 빠지지 않고 프로그램 개발과 수업계획 등의 전문적 업무수행을 증진하고 유지할 수 있는가?	3.53

4.50	4. 전문적 업무수행과정에서 교사의 편의 등에 따른 주관에 치우치지 않고 객관적으로 전문적인 판단을 실행할 수 있는가?	3.45
4.05	5. 상황에 맞는 의사소통(구어 및 문어)을 능숙하게 할 수 있는가?	3.18
4.29	6. 특수아동·가족의 요구에 도움을 줄 수 있는 전문적 활동(1.0~7.0)에 열중할 수 있는가?	3.42
3.50	7. 국가 및 지역교육청의 평가요청에 적절히 대응할 수 있는가?	2.97
3.74	8. 문서화된 교육자료들을 윤리적 목적에 맞게 활용할 수 있는가?	3.45
4.11	9. 특수교육교사 윤리강령을 비롯해서 전문직의 표준과 정책에 따라 교직을 수행할 수 있는가?	3.42
3.83	영역 전체 평균	3.50

표 5-3에서 전체 8개 영역의 수행능력 가운데 그 중요도가 가장 높게 평정된 영역이 4.0수업내용과 실제(4.33)이고, 그 다음이 2.0학습자 특성(4.27)으로 나타났다. 한편, 수행능력에 있어 가장 낮게 평정된 영역은 6.0학생행동과 사회상호작용 기능의 관리(3.00)와 7.0의사소통과 협동적 동반자 관계(3.03)로 나타났다. 표에서 볼 수 있듯이, 전반적으로 중요도에 대한 평정은 비교적 높게(아주 중요함에서 중요함) 나타난 반면에 수행능력에 대해서는 보통수준(3.0~3.50)의 분포를 보이고 있다. 중요도와 수행능력을 함께 합친 평정결과를 볼 때, 2.0학습자 특성이 가장 높게(7.65) 나타난 반면에 7.0의사소통과 협동적 동반자 관계가 가장 낮게(6.34) 나타났다. 이러한 결과는 아직도 우리 나라에서는 특수교육교사의 수행능력 가운데 통합교육을 위해 가장 중요한 "의사소통과 협동적 동반자 관계"가 비교적 소원한 수행능력으로 인식되고 있음을 의미한다.

한편, 개별 수행능력 항목 가운데 가장 높은 평정 점수를 나타낸

항목은 4.15학습자와 친말감을 형성하고 유지하는 기능(4.79)이었으나 수행능력에서 가장 낮은 평정을 내린 것은 3.3 특수아동 개인의 측정에 관한 내용이 명시되어 있는 법조항이나 규칙 및 지침에 대한 지식(2.21)과 4.14개개 장애학생에게 전환(transitions)교육을 수행하기 위한 기법과 전략을 선택하여 적용하는 기능(2.32)으로 나타났다. 수행능력 가운데 낮은 평정치를 보인 것 가운데 "특수아동의 측정에 대한 법조항이나 규정에 대한 지식"은 우리 나라에서 특수교육 진흥법이나 그 시행세칙에서 이에 대한 구체적 명시가 미진하기 때문이기도 하지만, 특수교육의 법적 기초에 대한 지식이 전반적으로 약하거나 무관심하기 때문일 수도 있다. 특히, "장애 학생에 대한 전환교육의 수행능력"은 아직 우리 나라의 예비 특수교육 교사들에게 생소한 것으로 인식되고 있음을 알 수 있다.

이상의 평정결과에 비추어, 우리는 개별 교사교육 프로그램에서 무엇을 어떻게 개선할 것인가에 대한 주요한 시사점을 얻어낼 수 있고, 보다 중요한 것은 이것을 구체적으로 어떻게 반영하여 교사교육의 개혁을 추진하느냐에 있다.

5.4. 교사 수행능력과 개별화 교육계획

개별화 교육계획의 효율적 작성과 운영을 위해 특수아동을 직접 지도하는 교사의 수행능력은 핵심적 과제가 된다. 따라서 교사 양성과정과 현직 연수과정에서 교사들이 개별화 교육계획의 작성과 그 운영과정에서 그들에게 주어진 책무성을 어떻게 실천하느냐가 그 성패를 가름하는 중요한 척도가 된다.

미국은 PL 94-142에서 장애아동을 위한 교육의 운영도구로서 IEP (Individualized Education Program)의 개발과 운영을 법제화하면서, 특수교육 교사의 직전교육과 현직교육에서 IEP의 개발과 운영을 위한 교사 수행능력을 어떻게 훈련할 것인가를 심도있게 고려하기 시작했다. 이를테면, PL 94-142가 발효되는 첫 해에 B. J. Lates(1978)는 IEP의 개발과 운영에 필요한 교사 수행능력 중심 서비스모델을 제안하면서 특정 학습자에 대한 현재 성취수준의 진단, 연간목표와 단기목표의 진술, 교수-학습절차의 적용, 수행결과의 평가 등 네 단계에 걸쳐 현직 교사들에게 필요한 지식, 기능, 태도를 어떻게 훈련할 것인가를 논의하고 있다.

개별화 교육계획의 효율적인 작성과 운영을 위해 교사들에게 요구되는 수행능력(competencies)은 어떻게 설정될 수 있으며, 그 수행능력이 교사들에게 어느정도 잘 갖추어져 있는가를 밝히는 것이 퍽 중요하다. A. P. Turnbell, B. B. Strickland, J. B. Brantley 등(1982)은 개별화 교육프로그램(IEP)의 효과적인 작성과 운영을 위해 교사들에게 요구되는 수행능력과 그 수행능력을 점검(monitoring)하는 방안을 제안한 바 있다.

Turnbell 등에 의한 IEP의 개발과 운영과정에서 교사에게 요구되는 수행능력 분석 가이드는 모두 25개의 수행능력 목록으로 구체화 된다. 이들 수행능력을 상위 수행능력 중심으로 요약하면 다음과 같다(Turnbell, Strickland, B. Brantley, 1982,).

(1) IEP에 관련된 연방 및 주 법률을 확인하는 능력
(2) 장애학생을 위해 IEP를 개발하는 능력 : 진단, 장기목적, 단기목표 등에 관해 9개의 수행능력으로 구체화 됨
(3) 학급에서 장애학생들에게 적절한 수업전략을 설계하고 수행하는 능력 : 5개의 수행능력 목록
(4) 각종(상업적 및 교사자작)의 수업자료들을 효과적으로 활용하는 능력 : 5개의 수행능력 목록
(5) 동료개별교수, 지역사회 자원봉사자, 자기교수자료 등과 같은 다양한 자원의 활용을 통해 장애학생을 위한 개별화 교육프로그

랩을 구성하여 실행하는 능력

(6) 장애학생의 학업성취와 학급에서 행동을 개선하기 위해 행동관리 기능을 적용하는 능력

이상의 교사 수행능력 분석 목록들 (전체 25개 수행능력 목록으로 구체화 됨)은 교사자신과 장학사나 학교장에 의해 그 수행능력의 획득정도가 평정/점검되도록 하고 있다. 그 평정결과에 따라 교사교육의 과정에서 IEP의 구성과 운영을 위해 교사에게 절실하게 요구되는 수행능력들이 어떤 것인가를 확인하게 되고, 그 결과에 따라 교사훈련의 지침을 마련할 수 있게 될 것이다.

최근 특수교육의 책무성이 강조되면서 장애학생들에게도 학교교육을 받은 것에 대한 최저학력평가제(minimum competency testing)의 적용이 일반화되어가는 한편, 특수교육을 담당할 교사들에 대한 교사 수행능력 평가제(teacher competency testing)를 적용하는 제도가 급격히 확산되어 가고 있다. 미국의 전체 50개 주 가운데 48개 주에서 교사 수행능력 평가제 프로그램을 계획하고 있거나 실제로 적용하고 있으며, 특수교육 교사 수행능력 평가제는 20개 주에서 시행하고 있는 것으로 밝혀지고 있다(R. S. Ramsey, B. Algozzine, 1991). Ramsey와 Algozzine(1991)은 특수교육 교사 수행능력 평가제를 실제로 시행하고 있는 20개 주 가운데 15개 주에 대해서,

① 특수교육의 역사와 철학에 대한 기본 지식(5개 수행능력목록)

② 특수교육 대상아동의 확인과 특성(10개)

③ 감각-지각기능의 처리(8개)

④ 특수아동의 진단·평가(21개)

⑤ 학습이론(19개)

⑥ 교수전략(15개)

⑦ 수업내용(14개)

⑧ 수업자료(6개)

⑨ 행정적 대안조처(7개)

⑩ 보조적 서비스(7개) 등에 걸쳐 모두 91개의 수행능력 목록이 개발되어 있는 것으로 보고하고 있다. 이 평가제에서 교사 수행능력에 대한 목표진술 가운데, IEP개발과 운영에 관련된 수행능력들은 조사된 15개 주 모두에서 포함되고 있음을 볼 수 있다.

이처럼 IEP개발과 운영을 위한 교사 수행능력이 특수교육교사에게 요구되는 필수적 수행능력들로 평가되고 있으나, IEP에 대한 특수교육 교사들의 인식은 여전히 소극적이거나 회의적인 면이 있다. 교사들은 수업계획에서 IEP를 적절히 활용하지 않고, 심지어 어떤 교사들은 IEP를 마련하기 위해 많은 시간을 할애하는 것이 과연 가치있는 노력인가를 의심하기 조차한다(Joseph 등, 1983). 그러나 대부분의 교사들은 여전히 IEP가 개개 아동의 이해를 위해 중요한 기여를 할 뿐더러, 활용할 가치가 충분히 있음을 지적하고 있다(S. W. Smith, 1990). 특히, 최근에 와서 특수교육에서 '특수성'이 강조될 수 있는 중요한 기준은 교육과정 운영의 도구로서 개별화 교육계획(IEP)을 개발하여 운영하는 것에서 찾을 수 있다고 주장하기도 한다(Espin, Deno, Kaymak, 1998).

5.4.1. 개별화 교육계획의 작성과 시행을 위한 교사 수행능력의 중요도 평가

필자는 CEC에서 개발한 IEP개발과 운영을 위한 교사수행능력 평가가이드(1990)을 번역하여, 1992~1993년에 걸쳐 '개별화 교육'에 대한 교육부지정 일반연수에 참여한 특수학교와 특수학급 담당교사를 대상으로 개별화 교육계획의 작성과 운영을 위해 요구되는 교사 수행능력에 대해 각 수행능력 목록별로 그 중요도를 평정케하였다. 여기서 얻어진 결과를 제시하면 다음 표 5-4와 같다(김병하, 1995).

〈표 5-4〉 IEP를 위한 교사 수행능력의 중요도 평정(%)

(N= 450)

수 행 능 력 목 록	덜중요함	중요함	아주중요함
1. 개별화 교육의 이론적 기초에 대한 이해능력	1.12	47.99	50.89
2. 특수교육 대상아동의 장애특성, 현재의 기능수준 등을 밝히기 위해 형식적/비형식적 진단검사를 실시하는 능력	0.45	34.68	64.78
3. 장애아동의 다양한 특성에 따라 진단·평가 기법을 적절히 수정하여 활용하는 능력	1.56	45.88	52.56
4. 학생의 현재 수준에 나타난 능력과 기능의 범위에 의거하여 특정학생에 대한 장기목표를 설정하는 능력	2.00	49.67	48.33
5. 수집된 진단·평가 정보와 장기 목표에 기초하여 개개 학습자에 대한 단기 수행목표를 구체적으로(행동적 용어로) 진술하는 능력	4.19	45.25	50.56
6. 주어진 과제를 학습하는데 요구되는 기능에 따라 과제를 위계적으로 분석하는 능력	3.36	43.62	53.02
7. 학생의 독특한 요구에 따라 적절한 관련서비스(필요한 요육활동)를 확인하는 능력	4.21	55.88	39.91
8. 필요한 정보를 획득하여 학부모, 학생, 관련 전문가들에게 그 정보를 제공해 주는 능력	8.83	58.05	33.11
9. 학생의 지적, 사회적 발달을 위해 계획된 프로그램을 적용하는 과정에서 부모에게 상담을 해 주는 능력	7.57	60.36	32.07
10. 개개 학생의 특수한 학습요구를 충족시켜 주기 위해 필요한 개별화 수업기법을 확인하는 능력	4.67	51.33	44.00
11. 일반적으로 적용되는 전략으로는 학습이 불가능한 장애학생을 위해 다양한 대안적 수업전략을 설계하는 능력	3.53	42.16	54.31

12. 다양한 능력을 가진 학생들이 그들 자신의 수준, 속도, 습관에 따라 참여할 수 있도록 하기 위해 폭 넓은 범위의 곤란도에 의해 학생들의 학습활동을 조정하는 능력	5.32	55.43	39.25
13. 구성요소의 단계들에 따라 학습과제를 분석하고, 분석된 과제의 계열에 따라 지도하는 능력	3.33	44.22	52.45
14. 장애학생들에게 사회적 기능과 직업적 기능을 지도하는 방법들을 확인하는 능력	6.90	50.33	42.77
15. 구체적인 학습상황에 적합한 교수자료들을 선택하는 데 필요한 자료의 특성을 확인하는 능력	6.30	57.61	36.09
16. 설정된 목표 달성을 위해 효과적인 교수 자료가 될만한 것을 평가하는 능력	5.79	57.68	36.53
17. 수업자료와 여타 자료들을 입수하는데 필요한 정보의 출처를 확인하는 능력	13.53	61.2	25.27
18. 학생의 요구에 맞는 매체 및 자료들을 선정하고 적용하는데 필요한 정보를 활용하는 능력	4.22	50.22	45.56
19. 개개아동의 장애특성에 따라 수업자료를 적용하는 능력	2.22	38.22	59.56
20. 장애학생의 교실내 행동과 학업성취를 개선하는데 필요한 행동관리 기술(행동수정 기법)을 적용하는 능력	2.98	47.02	50.00
21. 장애학생의 평가에 관해 준거지향 검사의 교육적 유용성을 확인하는 능력	6.19	58.41	35.40
22. 단기 수업목표가 도달된 정도를 확인하는데 필요한 여러가지 평가기법을 적용하는 능력	3.80	50.56	45.64

이상에서 보면, 전체적으로 중요도가 가장 높이 평가된 것은 "특수교육 대상아동의 장애특성과 현재수준 등을 밝히기 위해 형식적·비형식적 진단 검사를 실시하는 능력"(64.78%)으로 나타났고, 반면에 중요도가 가장 낮게 평가된 항목은 "수업자료와 여타 자료들을 입수하는

데 필요한 정보의 출처를 확인하는 능력”(25.27%)으로 지적되었다.

중요도가 가장 높이 평가된 상위 5개 수행능력 목록을 그 순위에 따라 제시하면 아래와 같다.

1. 특수교육 대상아동의 장애특성, 현재기능 수준 등을 밝히기 위해 형식적·비형식적 진단검사를 실시하는 능력(64.78%)
2. 개개 장애아동의 장애특성에 따라 수업자료를 적용하는 능력(59.56%)
3. 일반적으로 적용되는 전략으로는 학습이 불가능한 장애학생을 위해 다양한 대안적 수업전략을 설계하는 능력(54.31%)
4. 주어진 과제를 학습하는데 요구되는 기능에 따라 과제를 위계적으로 분석하는 능력(53.02%)
5. 장애아동의 다양한 특성에 따라 진단·평가 기법을 적절히 수정하여 활용하는 능력(52.56%)

이상에서 보면, 장애아동에게 개별화 교육계획을 작성하여 운영하는데 필요한 교사 수행능력으로 그 중요도가 높이 평가된 항목은 아동의 현재수준을 밝히는 진단검사의 실시능력, 장애특성에 따른 수업자료 적용과 다양한 수업전략의 설계능력, 학습과제의 위계적 분석능력 등으로 나타나고 있다. 우리나라의 경우 특수아동 진단전문가가 따로 없기 때문에 모든 특수교육 교사는 수업설계와 수업자료 활용능력도 중요하지만, 이에 못지 않게 장애특성과 현재기능 수준에 대한 진단능력도 매우 중요한 수행능력으로 평가되고 있다.

반면에, 상대적으로 그 중요성이 낮게 평가된 항목으로 수업자료 등을 입수하는데 필요한 정보출처를 확인하는 능력(25.27%), 학부모, 학생, 관계 전문가들에게 필요한 정보를 제공해 주는 능력(33.11%) 등으로 나타나고 있다. 우리나라의 특수교육 상황에서 교사들이 수업자료를 입수하는데 필요한 정보출처에 관심이 없다는 것은 그 정보출처 자체에 관심이 없기 때문이기도 하겠으나 실제로 입수할 정보출처가 거의 없다는 현실적 제한 때문일 수도 있다. 또한 우리나라의 특수교육 교사들은 장애학생의 부모에게 정보를 제공해 주는 일, 관계 전문가들과 협동적으로 일을 수행하는 것에 아직은 관심이 적음을 알 수 있다.

특수아동에게 개별화 교육계획을 작성하여 시행하는데 필요한 교사 수행능력의 중요성에 대한 평가에서 장학사, 특수학교 교사, 특수학급 담당교사 모두 "특수아동의 장애특성과 현재기능 수준을 밝히기 위해 형식적 및 비형식적 진단검사를 실시하는 능력(장학사: 65.71%, 특수학교 교사: 62.77%, 특수학급 교사: 65.82%)"을 가장 중시하고 있으나, 두번째 중요도 순위에서 특수학교 교사와 특수학급 담당교사는 함께 "개개 아동의 장애특성에 따라 수업자료를 적용하는 능력(장학사 : 51.43%, 특수학교 교사: 60.15%, 특수학급 교사: 60.51%)"을 중시하고 있으나, 장학사들은 "구성요소 단계에 따라 학습과제를 분석하고 분석된 과제의 계열에 따라 지도하는 능력(장학사: 57.14%, 특수학교 교사: 52.18%, 특수학급 교사: 51.98%)"을 더 중요한 것으로 평가하고 있다. 여기서 "학습과제의 위계적 분석 능력"이 중요하긴 하지만, 실제로 이것을 누가 해야할 것인가 하는 문제는 간단치 않다. 미국은 IEP운영에 따른 자체 평가에서 지방단위 교육위원회에서 행동목표로 진술된 통일된 교육과정을 개발하여 이것을 특수교육 현장교사들에게 활용하도록 했을 때, 교사 자신들에게 그 개발을 위임했을 때 보다 IEP의 운영 효율성이 더 높이 나타났다는 것(강영우, 1989)은 우리들에게 중요한 시사를 준다.

5.4.2. 개별화 교육계획의 작성과 시행을 위한 교사 수행능력의 만족도 평가

개별화 교육계획의 작성과 시행을 위해 요구되는 교사 수행능력에 대해 특수교육 교사 자신에게 그들의 수행능력에 대한 만족도를 평정케 한 결과는 다음 표 5-5와 같다(김병하, 1995).

〈표 5-5〉 교사수행능력의 만족도에 대한 평정 (%)

(N=450)

수 행 능 력 목 록	부족함	만족함	탁월함
1. 개별화 교육의 이론적 기초에 대한 이해능력	40.00	56.44	3.56
2. 특수교육 대상아동의 장애특성, 현재의 기능수준 등을 밝히기 위해 형식적/비형식적 진단검사를 실시하는 능력	57.11	39.78	3.11
3. 장애아동의 다양한 특성에 따라 진단·평가 기법을 적절히 수정하여 활용하는 능력	59.91	38.31	1.78
4. 학생의 현재 수준에 나타난 능력과 기능의 범위에 의거하여 특정학생에 대한 장기목표를 설정하는 능력	40.81	53.81	5.38
5. 수집된 진단·평가 정보와 장기 목표에 기초하여 개개 학습자에 대한 단기 수행목표를 구체적으로(행동적 용어로) 진술하는 능력	36.00	55.78	8.22
6. 주어진 과제를 학습하는데 요구되는 기능에 따라 과제를 위계적으로 분석하는 능력	47.45	46.12	6.43
7. 학생의 독특한 요구에 따라 적절한 관련서비스(필요한 요육활동)를 확인하는 능력	51.22	43.65	5.13
8. 필요한 정보를 획득하여 학부모, 학생, 관련 전문가들에게 그 정보를 제공해 주는 능력	47.36	48.02	4.62

9. 학생의 지적, 사회적 발달을 위해 계획된 프로그램을 적용하는 과정에서 부모에게 상담을 해 주는 능력	38.94	52.65	8.41
10. 개개 학생의 특수한 학습요구를 충족시켜 주기 위해 필요한 개별화 수업기법을 확인하는 능력	48.23	46.9	4.89
11. 일반적으로 적용되는 전략으로는 학습이 불가능한 장애학생을 위해 다양한 대안적 수업전략을 설계하는 능력	59.35	36.68	3.97
12. 다양한 능력을 가진 학생들이 그들 자신의 수준, 속도, 습관에 따라 참여할 수 있도록 하기 위해 폭 넓은 범위의 곤란도에 의해 학생들의 학습활동을 조정하는 능력	53.90	43.65	2.45
13. 구성요소의 단계들에 따라 학습과제를 분석하고, 분석된 과제의 계열에 따라 지도하는 능력	40.58	51.79	7.63
14. 장애학생들에게 사회적 기능과 직업적 기능을 지도하는 방법들을 확인하는 능력	55.53	41.01	3.46
15. 구체적인 학습상황에 적합한 교수자료들을 선택하는데 필요한 자료의 특성을 확인하는 능력	37.33	57.33	5.34
16. 설정된 목표 달성을 위해 효과적인 교수 자료가 될 만한 것을 평가하는 능력	39.29	54.97	5.74
17. 수업자료와 여타 자료들을 입수하는데 필요한 정보의 출처를 확인하는 능력	47.89	48.78	3.33
18. 학생의 요구에 맞는 매체 및 자료들을 선정하고 적용하는 데 필요한 정보를 활용하는 능력	41.33	52.00	6.67
19. 개개아동의 장애특성에 따라 수업자료를 적용하는 능력	33.78	57.11	9.11
20. 장애학생의 교실내 행동과 학업성취를 개선하는 데 필요한 행동관리 기술(행동수정 기법)을 적용하는 능력	50.67	43.97	5.36
21. 장애학생의 평가에 관한 준거지향 검사의 교육적 유용성을 확인하는 능력	48.55	48.11	3.34
22. 단기 수업목표가 도달된 정도를 확인하는데 필요한 여러가지 평가기법을 적용하는 능력	40.80	54.10	5.10

개별화 교육계획의 작성과 운영을 위해 교사에게 요구되는 수행능력에 대한 교사 자신들의 평정에 의하면, 그들의 수행능력에서 가장 부족하다고 지적된 것은 "장애아동의 다양한 특성에 따라 진단·평가 기법을 적절히 수정하여 활용하는 능력"(59.91%)으로 나타났으며, 전반적으로 수행능력이 '탁월함'으로 지각하는 평정은 1.78%에서 9.11% 범위에 머물고 있어 대단히 낮게 나타나고 있다. 이에 비해 교사의 수행능력에 대해 스스로 '부족함'으로 평정한 것은 59.91%에서 37.33%의 범위에 머물고 있어, 우리나라의 특수교육 교사들은 전반적으로 개별화 교육계획의 작성과 운영을 위한 수행능력이 스스로 부족한 편으로 지각하고 있음을 알 수 있다.

따라서 우리나라의 특수교육 교사양성과정과 현직연수과정에서 개별화 교육계획의 작성과 운영에 대한 훈련을 좀더 체계적으로 강화해 줄 필요가 있다.

전반적으로 교사의 수행능력이 크게 부족하다고 평정한 것을 그 순위에 따라 항목별로 진술하면 아래와 같다.

1. 장애아동의 다양한 특성에 따라 진단·평가 기법을 적절히 수정하여 활용하는 능력(59.91%)
2. 일반적으로 적용되는 전략으로는 학습이 불가능한 장애학생을 위해 다양한 대안적 수업전략을 설계하는 능력(59.35%)
3. 특수교육 대상아동의 장애특성과 현재 기능수준을 밝히기 위해 형식적/비형식적 진단검사를 실시하는 능력(57.11%)

이상에서 나타난 결과에서 보면, 교사들은 개별화 교육계획의 작성과 운영을 위해 교사 수행능력으로 퍽 중요하다고 평정한 것일수록 그 수행의 만족도에 대해서 더욱 부족한 것으로 평가하고 있다. 즉, 개별화 교육을 위해 교사 수행능력으로서 그 중요성이 높이 지각되는 것일수록 교사들이 그것을 실제로 수행할 수 있는 능력은 아직 크게 부족함을 스스로 인정하고 있다.

그 대표적인 수행능력 항목으로 “특수아동의 장애특성과 현재 기능 수준을 밝히기 위해 형식적/비형식적 진단검사를 실시하는 능력”에 대해 수행능력의 중요도가 ‘아주 중요함’으로 평정한 것이 64.78%(전체 중요도 순위 1위)인 반면에, 그 수행을 위한 만족도에 대해서 교사들은 스스로 수행능력이 ‘부족함’으로 평정한 것이 57.11%나 되고 있다. 또한, “일반적으로 적용되는 전략으로는 학습이 어려운 장애학생을 위해 다양한 대안적 수업전략을 설계하는 능력”에 대해서도 그 중요성은 54.31%로 아주 높게 평가한 반면, 교사 자신에 의한 수행능력은 59.35%가 부족한 것으로 평가하고 있다.

한편, 수행능력의 만족도에 대한 평정을 특수학교 교사와 특수학급 담당교사 간에 비교해 보면, 두 집단 모두 “장애학생의 특수성에 따른 다양한 대안적 수업전략을 설계하는 능력(특수학교 교사: 59.71%, 특수학급 교사: 61.65%)”과 “장애특성에 따라 진단·평가 기법을 적절히 수정하여 활용하는 능력(특수학교 교사: 56.12%, 특수학급 교사: 61.09%)”이 크게 부족한 것으로 나타나고 있다. 그러나 “특수아동에게 적절한 관련서비스(요육활동)를 확인하는 능력(특수학교 교사 : 38.85%, 특수학급 교사 : 56.73%)”, “장애학생의 사회적 기능과 직업적 기능을 지도하는 능력(특수학교 교사 : 46.38%, 특수학급 교사 : 61.29%)”과 “장애학생에게 행동수정기법을 적용하는 능력(특수학교 교사 : 36.50%, 특수학급 교사 : 56.52%)”에서는 특수학교 교사와 특수학급 담당교사 간에 그 수행의 만족도 평정에서 많은 차이를 나타내고 있으며, 이들 수행능력에 대해 특수학교 교사보다 특수학급 담당교사들이 그 수행능력의 정도가 크게 부족한 것으로 나타나고 있다.

5.4.3. 개별화 교육계획의 작성과 운영에 따른 문제점

특수교육 교사들이 우리나라에서 개별화 교육계획을 작성하여 운영하는데 따른 현실적 문제점으로 가장 공통적으로 지적하고 있는 것은 특수학교나 특수학급 모두 현재의 학급당 아동수가 너무 많다는 것, 교사들의 수행능력과 열의가 부족하다는 것이다.

특수학교 교사들이 우리나라에서 개별화 교육계획을 구성하여 운영하는데 따른 문제점으로 지적한 내용들을 분석한 결과는 다음과 같다(김병하, 1995).

(1) 학급당 아동수의 과다로 인해 개별화 교육의 시행에 어려움이 있다.
(2) 개별회 교육계획은 구안하여 운영하는데 필요한 다양한 교육자료의 개발이 미흡하다.
(3) 개별화 교육계획을 구안하여 운영하는데 필요한 교사들의 수행능력과 열성이 부족하다.
(4) 개별화 교육계획의 작성과 운영에 필요한 정보와 자료가 부족하다.
(5) 학교장의 의지와 이해가 부족하다.
(6) 개별화 교육계획의 작성과 운영을 위한 교사의 연수기회가 부족하다.
(7) 특수아동의 다양한 장애특성을 정확히 진단하여 처방하는 것이 어렵다.
(8) 장애학생의 학습수준에 맞는 교과내용이 먼저 개발되어있어야 한다.
(9) 과목별로 학습과제에 대한 과제분석이 체계적으로 되어있어야 한다.
(10) 장애영역에 따라 활용 가능한 교과영역별 검목표 작성이 되어있어야 한다.
(11) 개별화 교육계획을 입안할 위원회 구성이 어렵다.
(12) 개별화 교육계획을 구성·운영하는데 필요한 행·재정적 지원이 부족하다.

(13) 장애학생의 교육가능성을 부인하는 태도와 사고가 문제다.
(14) 보조교사가 따로 있어야 한다.
(15) 개별화 교육계획을 작성할 시간이 부족하다.

이상에서 (1)에서 (3)까지는 지적된 빈도가 높은 순서로 제시되어 있어, 특수학교 교사들은 개별화 교육계획의 작성과 운영에서 학급당 학생수의 과다, 필요한 교육자료의 미흡, 교사의 능력과 열성부족 등을 가장 중대한 문제점으로 인식하고 있다고 볼 수 있다. 이외에 장애학생의 수준에 맞는 학습과제분석, 검목표 작성 등과 같은 개별화 교육계획의 구안에 필요한 교육내용적 측면에 대한 문제점도 지적하고 있다.

한편, 특수학급 담당교사들이 진술한 개별화 교육계획의 작성과 운영을 위한 현실적 문제점들을 분석한 결과는 다음과 같다(김병하, 1995).

(1) 개별화 교육의 실천을 위해 학급당 학생수가 과다하다.
(2) 개별화 교육계획의 작성과 운영을 위한 검목표가 영역별로 작성되어야 한다.
(3) 우리나라 실정에 맞는 IEP모형이 다양하게 개발되어야 한다.
(4) 학생의 현재수준의 측정을 위해 정확한 진단·평가가 어렵다.
(5) 교사의 열성과 능력이 부족하다.
(6) 개별화 교육계획의 작성과 운영에 필요한 재정적 지원이 미흡하다.
(7) 장애특성(영역)에 따라 표준화된 개별화 교육계획 모형이 개발되어야 한다.
(8) 장애아동에게 적합한 진단검사 자료가 미흡하다.
(9) 학습상황에 투입할 적절한 교수자료를 선정하기가 어렵다.

(10) 개별화 교육계획을 작성·운영하는데 필요한 수행능력을 길러 줄 교사교육이 부족하다.

(11) 교사에게 과중한 업무부담을 줄여주어야 한다.

(12) 특수학급에 적합한 교육과정자료의 개발이 부족하다.

(13) 개별화 교육계획 작성을 위해 교사가 모든 일을 떠맡아야 한다.

(14) 개별화 교육계획 입안을 위한 위원회구성이 어렵다.

(15) 학습과제에 대한 위계적 분석자료가 제공되어야 한다.

(16) 특수학급 교육에 대한 학교장의 관심과 이해가 부족하다.

(17) 일반학급 교사와 협동적 의사소통이 잘 되지 않는다.

(18) 부모의 참여가 부족하고 비협조적이다.

(19) 각 시·도 교육청별로 개별화 교육계획의 입안을 위한 위원회가 별도로 구성되어 있어야 한다.

(20) 관련 연구기관에서 교과목마다 단계별 성취수준을 구체적으로 개발해야 한다.

이상에서 (1)에서 (7)까지는 빈도 순서에 따라 제시된 것이어서, 특수학급 담당교사들도 개별화 교육을 위해 학급당 학생수가 과다하다는 것을 가장 큰 문제점으로 인식하고 있음을 알 수 있다. 특수학급 담당교사들은 우리나라에서 개별화 교육계획의 작성과 운영을 위해 교과별 검목표를 작성하는 것, 우리나라의 실정에 맞는 개별화 교육계획 모형의 다양한 개발, 학생의 현재수준의 진단과 평가, 교사의 능력과 열성, 재정지원 등이 중요한 현안문제가 되고 있는 것으로 지적하고 있다. 이외에도 우리나라의 교육현실과 관련하여 교사의 과중한 업무부담, 교사가 모든 일을 떠 맡아야하는 것, 학교장의 관심과 이해 부족 등과 같은 현실적 문제가 개별화 교육계획의 작성과 운영을 위해 저해요인이 되는 것으로 밝히고 있다.

특수학교 교사들이 인식하고 있는 문제점과 비교해 볼 때, 특수학급 담당교사들은 개별화 교육계획의 작성과 운영을 위한 직접적 내용 문제들에 대해 좀더 광범위한 문제인식을 하고 있음을 볼 수 있다.

한편, 우리나라의 한 정신지체학교에서 개별화 교육계획의 시행과정에서 제기되는 문제점에 대한 조사를 실시한 결과에 의하면, 교사들은 학급당 학생수의 과다, 교사 업무량의 과다, 교수-학습자료 준비의 부족, 형식적 문서로서의 개별화 교육, 진단·평가의 부적절성, 현실성을 무시한 무리한 추진, IEP에 대한 이해부족, 보조교사·관련 전문가·부모의 협력부족 등을 주요 문제들로 지적하였다(박희찬, 1995).

우리나라는 개별화 교육계획을 구안하여 시행해야할 초입단계에 있는 반면, 미국은 약 20여년간 IEP를 특수교육 운영도구로 적용한 경험을 축적해 오는 동안 역시 많은 문제점들에 봉착하고 있다. Nadler와 Shore(1980)는 IEP개발에 참여한 175명을 직접 인터뷰해 본 결과 교사훈련의 부족, 부모와 학생 참여의 부족, 행정지원의 부족 등이 광범위하게 지적되었다고 하면서, 특히 행정적 지원의 경우 열성적으로 혹은 소란스럽게 IEP를 강조한 것에 비해 실질적 지원이 부족했음을 지적하고 있다. Gerardi(1984) 등도 IEP가 특수아동을 위해 가장 중요하고도 유일한 프로그램으로 적절성을 갖는 것도 아니면서, 그 수행과정에서 공립학교에 새로운 관료주의를 파생시키고 있다고 비판하고 있다. 특히, IEP의 운영과정에서 실제로 학생들 수업에 적절히 활용하지 않으면서 교사들은 IEP의 작성과 운영과정에서 많은 시간을 빼앗기고 있음을 지적하고 있다.

Smith(1990)는 IEP운영에 대한 종합적 분석 결과, 보다 많은 현직연수교육, 보다 풍부한 교육적 정보를 주는 IEP형식의 개발, 교사들의 직전교육 강화, IEP위원들 간의 상호 협동적 노력의 증진 등을 개선과제로 지적하고 있다. 또한, IEP는 기대한 것만큼 책무성을 위한 도구로서 그 효용성이 의심스럽고, 공학보조에 의해 IEP개발에 많은 시간절약이 되고 있지만 IEP의 운영 효능성과 관련해서 공학보조

IEP(technology- assisted IEPs)에 대해 또한 의문이 제기되고 있다(Smith, 1990). Turnbull(1986)이 지적한 대로, 결국 IEP가 특수교육에서 개발한 최선의 대안이 되자면 이 최선의 사고와 그것의 실천적 결과 간의 괴리를 여하히 메우느냐가 궁극적 과제가 된다. 교사는 교육개혁의 객체가 아니라 주체자이다. 따라서 개별화 교육의 성공적 실천을 위해 교사의 전문적 수행능력과 책임성이 무엇보다 중요하다.

| Chapter 6 |

통합교육과 교사교육

6.1. 2원구조 체제로서의 특수교육 비판

역사적으로 장애아 교육 대책은 거부시대에서 격리 수용의 시대로, 격리 수용의 시대에서 분리교육의 시대로, 분리교육에서 통합교육의 시대로 변천해 왔다고 볼 수 있다. 이런 측면에서 Winzer(1993)는 특수교육의 역사를 "격리에서 통합으로"(from isolation to integration) 일축하고 있다. 분리교육으로서의 특수교육은 특수교육의 전문적 조직을 따로 구축하는데 지대한 영향을 미쳤고, 이에 따라 특수교육을 위한 관료적 조직체제도 공고하게 했다. 그러나 분리교육으로서의 특수교육은 오늘날 거대한 공교육 체제로부터 특수교육을 '외딴 섬'으로 떼어놓는 결과를 초래했고, 이것은 한 사회의 1차적 교육체제에서 특수교육을 그에 부수하는 2차적 종속체제로 묶어두는 결과를 초래했다. 분리된 특수교육이 아직도 우리나라 특수교육의 실제를 지배하는 권위로운 체제이긴 하지만, 특수교육이 분리교육을 고수해야 하는지 아니면 통합교육을 지향해야 하는가는 다음 두 측면에서 그 정당성을 논증해 보아야 한다.

첫째는 규범적 이념으로서의 정당화이다. 분리체제로서의 특수교육은 장애의 특수성을 보상하기 위한 차별화된 대안으로 당연시될 수도 있지만, 장애를 병리적 조건으로 규정하는 전통적 특수교육 패러다임의 소산이다. 본질적으로 인권은 공존적 참여와 연대 속에서 실현된다. 교육에 있어 인권과 인간의 존엄성은 진정한 의미에서 교육 기회 균등의 보장을 통해 구현된다. 참으로 좋은 교육은 그 교육을 받는 사람 모두에게 가장 좋은 교육이어야 한다. 이런 측면에서, Gartner와 Lipsky(1987)는 장애와 장애인에 대한 태도와 관점에 있어 일반교육과 특수교육 양쪽 모두에서 변화가 있어야 하며, 그 변화는 하나의 통합된 장면에서 모든 학생을 위한 교육 모델로서 일원적 체제(unitary system)를 구축하는 것이라고 제안하였다. 통합교육을 향한 그들의 체계적 노력은 "National Center on Educational Restructuring and Inclusion"의 설립을 통해 지속적으로 추진되어 왔다. NCERI의 통합교육에 대한 연구(1995)에서 "통합은 중증 장애아를 포함해서 모든 아동에게 사회의 성원으로서 성공적 참여와 성취를 얻도록 하기 위해 필요한 지원 서비스와 보조적 도움을 주는 가운데, 장애아동들이 그가 사는 지역에서 동연령의 아이들과 함께 일반교육을 받게하는 것"이라고 정의하면서, 통합(inclusion)을 '균등과 권리'의 문제로서 정당화 했다.

둘째로 교육의 실천적 측면에서 수긍될 만한 긍정적 증거를 확보해야 한다. Lipsky와 Gartner는 통합교육 프로그램에 대한 전국적 리뷰(1995)를 통해 다음과 같은 몇 가지 주요한 결과를 얻었다.

- 통합 프로그램에 참여한 학생들의 학업성취는 일반교육과 특수교육 모두에서 긍정적으로 나타났다.
- 통합교육 프로그램에 참여하는 교사들은 그들 스스로 긍정적인 전문적 성취를 가져왔음을 인정했다.
- 다양한 장애의 범위(장애 정도와 영역)에 걸쳐 통합교육 프로그램은 확산되어 가고 있다.
- 학교 재구조화의 노력은 통합교육 프로그램에 영향을 미치며, 통합 프로그램은 역으로 학교 재구조화에 영향을 미친다.

특히, 통합교육 프로그램이 1994년에는 47개주에서 267학구에 걸쳐 실천되었으나, 1995년에는 50개주에서 891학구로 급속히 증가 되어가고 있음을 밝히고 있다. 따라서, 이제 통합교육 활동은 전국적으로 모든 지역에서 모든 장애영역(IDEA에서 설정한 13개 장애영역)에 걸쳐, 장애 정도의 모든 수준에서, 취학전 단계에서 중등단계에 이르기까지 전반적으로 확산되어가고 있다는 것이다.

통합교육 프로그램의 평가에 대한 연구는 최근 여러 측면에서 수행되어 왔던 바, 이에 대한 몇 가지 주요 연구 결과를 요약하면 다음과 같다(Lipsky, and Gartner, 1996, p.785에서 재인용).

- 장애학생의 교육을 위해 가장 효과적인 교육 배치 장면에 대한 메타 분석의 결과 특수한 요구를 지닌 학생들의 학업적 및 사회적 적응 결과가 분리된 장면에서 교육을 받는 비교집단에 비해서 통합교육을 받는 장면에서, 보다 긍정적인 효과(small-to-moderate beneficial effect)를 나타낸 것으로 보고하고 있다(Baker, Wang, Walkery, 1994).
- 인구 통계적 특성이 비슷한 두 학교에서 교육을 받고 있는 학습장애 학생들을 대상으로 표준 학력 검사 성적을 비교해 본 결과, 일반 학급에서 완전 통합교육을 받은 학생들이 특별지도실에서 별도의 지도를 받은 학생들보다 전반적으로 유의하게 높은 득점을 받은 것으로 나타났다(Jenkins, Jewell, O'conner, 1994).
- 이외에도 IEP 목표달성 수준(Ferguson, 1992), 학생의 자아존중감(Burello and Wright,1993), 학급 동료에 의한 수용과 사회적 기능(Christmas, 1992) 등에 있어 완전통합교육을 받은 학생들이 그렇지 않은 비교 집단의 학생들에 비해 더 높거나 성공적임이 밝혀졌다

물론, 이상에서 밝혀진 연구 결과들은 1990년대에 미국의 특수교육 상황에서 얻어진 것이기에, 우리나라의 상황에서도 같은 효과가 인정될 것이라는 보장은 없다. 그러나, 특수교육 실천과정에서 분리교육, 교류교육, 통합교육이 공존하는 상황에서 통합교육의 급속한 확산과 그 결과에 대한 긍정적 평가는 2원체제로서의 특수교육 모형을 근본적으로 재검토할 수밖에 없는 달라진 현실이다.

이제 일반교육에 대한 2차적 하위구조로서의 특수교육은 일반 공교육 체제속에서 1원화된 통합 구조로서의 교육공동체를 건설하는 체제로 전환되어야 하고, 또 이미 그렇게 되어가고 있다. 따라서 2원적 구조로서 존립해 오던 특수교육 모형에서 모든 아동을 위한 1원적 통합 구조로서 특수교육 모형의 전환에 따른 특수교육의 성격과 위상도 재점검되어야 한다.

통합교육은 특수교육을 지배해온 지금까지의 분리교육체제의 철학과 실천이 동시에 패러다임적 전환을 하는 것을 의미한다. 특수교육이 분리교육체제로서 2원구조화된 일차적 이유는 일반학교 교실교육의 실패를 막아보기 위한 것에서 비롯되었다. 즉, 특수아동에 대한 차별(분리)화 정책을 통해 일반교육의 수월성과 질관리를 도모하고자 했던 것이다. 특히, 일반교육에서 그들의 교실교육 조건과 기준을 유지하기 위해서는 특수아동을 일반학급으로부터 분리하는 것이 가장 손쉬운 최선의 대안일 수 있었다.

그러나 통합교육을 위해서는 모든 학생을 위한 학교체제가 재구조화되어야 하고, 일원화된 교육 공동체의 구축을 위해 두 체제가 함께 개혁되어야 한다. 두 체제는 서로가 원인과 결과를 주고 받는 가운데 학교교육 개혁을 이루고자하며, 이를 통해 통합교육은 모든 학생들을 위한 학교 재구조화를 실현코자 한다. (Lipsky and Gartner, 1997)

통합교육의 성공적 실천을 위해서는 그 교육을 담당하는 교사들이 통합교육에 필요한 전문적 수행 능력을 갖추는 것이 무엇보다 중요한다. Bauwend와 Hourcade(1995)는 통합교육은 모든 학생들을 위한 학교교육을 재구조화하기 위해 일반교육 교사와 특수교육 교사들 간의 협력교수(cooperative teaching)가 무엇보다 중요하지만, 실제로 대부분의 교사들은 통합교육을 효과적으로 운영하기 위해 협력교수를 어떻게 수행할 것인지에 대한 전문적 지식과 기능이 거의 갖쳐줘 있지 않음을 지적한 바 있다.

지금까지 특수교육이 일반교육과 분리된 2원체제 중심으로 유지되어 왔듯이, 교사교육도 일반교육과 특수교육 간에 2원적 구분이 전통적으로 엄격히 유지되어 왔다. 그러나 이제 일반교육을 담당하는 교사들이 학급내의 평균에서 크게 이탈하는 아동들에 대한 이해와 지도 문제에 관심을 쏟아야 하듯, 특수교육 교사는 일반학급 내에 있는 특수한 교육 요구를 지닌 아동들(children with special needs)을 개별적으로 잘 지도하는데 일반교육 교사에게 어떤 자문을 주고, 또 서로 어떻게 협력해서 교수할 것인가 하는 문제들에 대한 전문적 수행능력을 나타내 보여야 한다. 이렇게 함으로서 교사교육체제와 양성과정에서부터 과거의 2원적 분리체제의 벽을 헐어가면서 상호협력과 연관성을 늘려가는 노력이 증가되어야 한다.

우리나라는 이제 막 일반학교 교실교육에서의 통합교육을 학습도움실(학급) 운영 형태로 실천하려는 출발단계에 접어들고 있다. 따라서 이 단계에서의 통합교육 개념은 국제적 비교에서 볼 때, 70년대에 특별지도실(resource room) 형태를 중심으로 한 mainstreaming으로서의 통합교육을 강조하는 단계의 통합교육 수준에 머물고 있다. 그러나 북미지역과 서구지역의 일부 나라들은 통합교육 1세대에서 2세대로의 이행 단계에 접어들면서 90년대 이후 “full inclusion”으로서의 보다 철저한 통합교육을 강조하고 있다. 따라서 오늘날 통합교육은 모든 학생을 위한 교육적 경험의 구성은 일반교육의 교실교육에서 실천되어야 하며, 통합(inclusion)은 학습 및 사회적 지원 없이 단지 특수아동을 일반학급 속에 배치하는 것을 의미하는 것이 아님을 명백히 하고 있다(Bassett 등, 1997).

현 단계에서 우리나라는 분리교육 체제로서 특수교육의 확대를 당분간 지속하는 한편, 일반교육의 교실 속에서 특수교육적 지원을 요하는 아동들을 위한 통합교육도 적극 추진해가야 한다. 최근 국립특수교육원 연구팀에서는 교육부 정책과제로 "통합교육의 효율적인 운영방안 연구"를 수행하면서, 전문가 토론회(1997)를 통해서 교사훈련 부분에서 일반교사를 위한 연수 프로그램, 특수교사를 위한 연수 프로그램, 교육행정가를 위한 연수 프로그램 등을 요목별로 제시하고 있다. 여기에서 통합교육을 위한 교사훈련을 연수 프로그램 수준에서만 제안하고 있는데, 그것은 너무 현실적 긴급 처방에 불과하다는 감이 든다. 통합교육을 담당할 교사교육은 특수교육에서 교사교육의 새로운 모형으로 정립되어야 한다.

6.2. 통합교육을 위한 교사양성 체제

통합교육을 위해 특수교육 교사는 '협력적 자문'의 수행능력과 팀의 성원으로서 '동반자적 관계'의 수행능력을 갖추는 것이 핵심적으로 중요하다. 이런 수행능력을 구비한 교사양성은 어떤 수준에서, 어떤 모형으로 구현되어야 하는가? 특수교육 교사 양성과 관련하여 가장 중요한 쟁점이 되고 있는 것은 양성 수준을 4년제 대학과정에서 할 것인가 혹은 대학원 수준에서 할 것인가 하는 것과 양성모형을 장애영역 중심으로 할 것인가 아니면 비범주화(noncategorizing)모형으로 할 것인가 하는 문제이다. 그러나 실제로는 특수교육 교사교육에서 이런 모형들이 함께 혼재하고 있으며, 그것은 현실적으로 불가피한 현상일 수 있다.

이들 문제와 관련하여 현실과 이상 간에 여전히 상당한 괴리가 있음을 부정할 수 없다. 미국의 경우 특수교육교사 양성프로그램의 약 3분의 1정도는 학사과정 수준에서 이루어지고 있으며(Geiger, 1991), 최근의 델파이 조사연구(Putnam, Spiegel, Bruiniks, 1995)에 의하면 "특수교육에서 처음 임용된 교사자격증은 석사수준이나 5년제 과정 프로그램을 요한다"는 것에 대해 전체 델파이 페널리스트 가운데 49%만이 바람직한 것으로 동의하고 있으며, 1996년에서 2000년까지 이것이 실현될 가능성은 36.7%로 비교적 낮게 평가되고 있다. 양성수준의 구체적 실천 양상은 주에 따라 다양한 차이를 나타내고 있으나, 그 추세는 학부 수준 보다 대학원 수준 프로그램 쪽으로 더욱 기울고 있다. 현실적으로 특수교육 교사양성 수준은 그 사회의 특수교육 실천수준 상황과 밀접히 연관되어 있다. 특수교육 교사의 수요가 공급을 능가할 경우 학부수준의 양성체제가 계속 유지될 가능성이 크고, 공급이 수요를 능가할 경우 대학원 수준의 양성체제가 더 많은 유인가를 가질 수 있다.

특수교육교사 양성모형에 있어 장애영역을 탈피한 비범주적 양성모형이 차지하는 비율은 점차 늘어 날 것이다. Putnam 등의 델파이 조사(1995)에 의하면, "장애영역 중심의 범주적 교사양성 프로그램이 전체의 10% 수준까지 줄어들것"이라는 전망에 대해 그것이 바람직하기는 하겠지만(63%), 2000년까지 그것이 10%수준으로 줄어들 가능성은 그리 높지 않은것(40.3%)으로 나타나고 있다. 한편, 김효선(Christina kimm, 1995)은 미국의 특수교육 교사양성체제에 대해 최근 특수교육 변화동향에 미루어 볼 때, 향후 특수교육 교사양성제도는 조기교육 전문교사, 통합교육 전문교사, 전환교육 전문교사 등이 그 중심이 될 것으로 전망하고 있다.

우리나라의 경우도 향후 특수교육 교사양성은 대학원 수준의 양성을 보다 권장하는 정책을 강구하고 있으나, 실제로 특수교육 교사양성은 4년제 대학수준이 그 주축을 이루고 있다. 특히 교육부가 발표한 특수교육 발전 방안 중에는 통합교육 자문·지도교사 배치를 크게 늘려갈 계획이다. 교육부는 일반유치·초·중등학교 마다 통합교육 자문·지도교사를 1명씩 배치할 계획으로 있어, 2001년도까지 약 5,500(5,458)명 정도의 통합교육 자문·지도교사가 배치되어야 한다(김원경, 1997).

교육부의 이 같은 통합교육 자문·지도교사 배치계획에 대해 박승희(1996)는 ①이들의 배치계획은 기존의 특수학급 담당교사의 역할과 어떤 관계 정립을 할 것인가, ②이 같은 대량의 통합교육 자문·지도교사 배치 계획은 기존의 교사수급 불균형을 완화하기 위해 악용될 소지는 없는지, ③이들 통합교육 자문·지도교사의 자격기준을 어떻게 설정할 것인지, ④각 학교에 1인의 특수교육 교사를 배치함으로써 통합교육을 위한 다양한 역할을 충분히 수행해 낼 수 있을 것인지를 문제점으로 지적하고 있다.

우리나라 통합교육을 위한 교사양성은 교육부에서 제시한 "통합교육 자문·지도교사"로 그 역할이 개념화될 수 있다면, 이들의 양성체제는 대학원 수준에서 비범주적 양성모델로 접근해야 할 것이다. 통합교육을 위해 "자문하고 지도하는 것"이 특수교육 교사의 중요한 역할이라면, 그 교사는 적어도 대학원 수준에서 양성되는 것이 바람직하다.

이런 측면에서 "통합교육 자문·지도교사" 양성체제와 자격증의 취득요건을 다음과 같이 제안한다.

(1) 대학원 수준에서 통합교육 자문·지도교사에게 요구되는 특수교육 전공과정을 이수한 자로서, 이 과정에 입학할 수 있는 사람은 다음의 각항에 해당되는 요건을 갖춘자이어야 한다.

① 4년제 대학 혹은 교육대학원에서 특수학교 교사자격증을 취득한자

② 일반유치·초·중등학교 교사자격증을 소지한 자로서 3년 이상의 교직경력을 가진 자

(2) 통합교육 자문·지도교사는 대학원 수준에서 비범주적 양성모형

에 의해 특수교육 전공과정을 24학점 이상 취득한 자이어야 한다.

미국의 경우 1990년 현재 우리나라의 통합교육 자문·지도교사에 해당되는 자문(consulting)교사와 학습도움실 및 자문(resoure and /or consulting) 교사양성과 비범주적 경도장애 특수교육 교사양성이 전체 프로그램 중 과반수에 훨씬 못 미치고 있으나(Geiger, 1991), 최근에는 이들 자문교사와 경도장애 교사의 비중이 크게 늘어나 전체적으로 비범주적 특수교육 교사양성 프로그램이 과반수 이상을 차지하고 있다. 특히 현장 특수교육 전달체제도 최근에 크게 변화하여 전체 특수교육 대상 중 학습도움실 등을 통한 부분 통합배치까지 합쳐 약90% 학생들이 통합교육 장면에 배치되어 있으며, 분리된 특수교육 체제에 배치된 장애학생은 전체 특수교육 대상 인구 중 10%에 불과한 것으로 보고되고 있다(CEC,1997). 또한 통합교육을 위한 교사양성 수준은 대학원 수준 혹은 6년제 프로그램에서 실시하는 것으로 일반화 되어가고 있다.

6.3. 통합교육을 위한 교사양성 교육과정

한국 교육학회는 '97 연차 학술대회 주제를 "교사양성 교육과정의 전문성 확보"로 설정하여 그 기조 발표에서 한명희(1997)는 지금까지 교사 전문성에 대한 인식은 지식·기술 중심의 개념에 의해 지배되어 왔지만 교육의 가치·태도·동기·상상력·안목 등을 포괄하는 방향으로 전환되어야 한다고 했다. 즉, 교사의 전문성과 내용과의 관계는 그 내용이 얼마나 실제에 활용할 수 있는가 하는 행동주의적 시각에서만 볼것이 아니라, 내용과 과정에 얼마나 교사의 사고양식·교육적 관심·상상력 및 교육적 동기와 사기 등을 형성하고 변화시킬 수 있는가 하는 관점에서 동시에 고려할 필요가 있다는 것이다. 이런 관점에서 한명희(1997)는 교사교육 과정의 적절성에 대해 다음과 같이 제안하고 있다.

교사양성 교육과정은 내용과 과정의 양측면으로 생각해야 하며, 내용 못지 않게 과정이 중요하다는 것을 인식해야 한다. 특히 이제까지 한국 교사교육에서는 경험의 질성(質性)을 결정하는 과정(過程)의 문제는 등한 했다고 볼 수 있다. 경험의 질성이 중요한 이유는 지식이 명제적 지식으로 끝나지 않고 묵시적 지식(tacit knowing)과 지각의 세계를 포함되기 때문이며, 이것이야말로 교사의 모든 비기술적 속성의 원천이 되기 때문이다. 따라서 교사교육 과정의 적절성은 내용적 측면뿐만 아니라 경험의 질성적 속성을 좌우하는 과정적(procedure) 측면을 동시에 고려하지 않으면 안된다는 것을 알 수 있다(한명희, 1997, p8).

교사양성 교육과정의 적절성에 관한 이상의 제안은 우리나라 특수교육 교사양성 교육과정의 구안과 운영에서도 중요한 원칙으로 존중되어야 한다. 특히 지금까지 우리나라의 특수교육 교사양성 교육과정은 지나치게 행동주의적 관점에서 내용과 과정을 중시해 온 나머지 교사의 전문성이 기술 공학적인 표준에서 평가되는 경향이 강했다고 하겠다.

통합교육의 실천을 위한 교사양성을 위해 기존의 장애영역별 중심의 특수학교 체제 양성과정 모형 이외에 통합교육 자문·지도교사의 배치를 위한 비범주적 교사양성 과정 모형이 구안되어야 한다. 이를 위해 통합교육을 위한 특수교육 교사의 주요 역할이 무엇이며, 그와 같은 역할에 상응한 교사의 수행능력은 구체적으로 어떤 것이 필요한가를 밝혀야 한다.

통합교육 자문·지도교사는 기본적으로 일반교사에 대한 협력적 자문(collaborative consulting)과 단위 교육팀 속에서 협력적 동반자관계를 유지하는 것이 핵심적으로 중요하다. Putnam(1996)의 연구에서도 통합교육에 대비한 교사의 자질로서 전문팀 구성원으로서 팀워크를 이루어 일하는 것을 강조하면서, 교사양성 프로그램에서 의사소통 기술과 팀워크에 대한 지도와 실제가 중요하다고 지적하고 있다. 박승희(1996)는 통합교육의 적절한 실행을 위한 특수교육 교사의 역할을 한국의 현상황에 비추어 다음의 일곱 측면으로 제시하고 있다.

(1) 통합교육 개시의 기초를 정립하는 역할
(2) 적합한 개별화 교육 프로그램을 개발하는 역할
(3) 학교 전체 환경속에서 장애학생의 활발한 참여를 촉진시키는 역할
(4) 각 원적학급내에서 장애학생의 구성원 자격을 확보시키는 역할
(5) 각 원적학급에서 장애학생의 적극적 수업참여를 촉진시키는 역할
(6) 비장애학생과 장애학생에게 구체적 상호작용 방법을 교수하는 역할
(7) 원적학급 교사와 지속적인 협력체제를 구축하는 역할 등이다.

이상에서 제시된 특수교육 교사의 역할은 우리나라의 특수학급교육 상황에서 원적학급과 특수학급간의 교류(통합)교육을 강조하는 입장에서 특수교육 교사의 역할을 정립한 것으로 볼 수 있다.

김정권(1997)은 완전통합교육을 위한 특수교육 교사양성과정의 목표를 지식영역 중심으로 9개 영역으로 대별하여 제시하고 있다.

(1) 정상적 언어발달과 특수아동의 언어획득에 대한 지식
(2) 인간 성장발달의 측면에서 경도장애아동의 이해능력
(3) 경도장애 학생을 위한 생애교육, 직업교육의 원리와 철학 이해능력
(4) 최근 특수교육 연구동향과 법개정 과제에 대한 지식
(5) 경도장애아동의 정의, 특성, 원인 및 예방 등에 대한 지식
(6) 경도장애아동의 교육진단 이론과 기술에 대한 지식
(7) 경도장애아동의 가정, 학교, 지역사회의 참여 장벽에 대한 지식
(8) 학교, 지역사회, 유관기관들의 조직변화에 대한 지식
(9) 다양한 문화에서 경도장애 학생의 교육방법과 그 개선과제에 대한 지식

이상의 교육목표는 주로 경도장애 학생을 지도할 교사양성을 위한 목표설정으로서, 이들 교사양성을 위한 교육과정 개발의 주요지침이 될 수 있다.

또한 Reynolds(1990)는 완전통합교육에서 특수교육 교사의 훈련 내용영역을 ①직접교수, ②효율적 교수전략, ③행동수정, ④학습관리, ⑤기초읽기·쓰기수업, ⑥행동관리 수업, ⑦인지적 상호작용 수업, ⑧긍정적 상호의존 관계 확립, ⑨사회적응, ⑩부모와 함께 일하기, ⑪의사소통 능력과 기능, ⑫진단과 평가, ⑬교수공학 등으로 제안하고 있다.

이상을 종합해 볼 때, 통합교육을 위한 특수교육 교사의 훈련과정에서 경도장애아동을 위한 교육진단과 교수처방, 일반교사와 학부모를 비롯해서 팀의 성원으로서 동반자적 관계를 형성하는것, 이를 위해 효과적으로 의사소통할 수 있는 능력과 기능을 갖는것 등이 공통적으로 강조되고 있음을 알 수 있다.

최근에 University of Alabama 교육대학에서는 다양한 능력으로 구성된 학급집단을 위한 교사양성 모형을 제시하고 있는데, 이 다중능력 프로그램(multiple ability program)은 아동의 장애 명칭에 관계 없이 학습자의 다양한 교육적 요구를 충족시키는데 필요한 지식과 기능을 갖춘 교사를 양성하기 위해 특별히 구안된 프로그램이다(Schlichter 등, 1995). 이런 양성 프로그램은 통합교육의 실천을 위해 새로이 구안된 프로그램 모형의 한 좋은 예가 된다.

최근 미국특수아동협의회(Council for Exceptional Children, 1995)에서는 특수교육 교사양성과 자격 국제표준을 개발하여 제시한 바 있는데, 이 표준에서 모든 특수교육 교사는 최소한 4년제 학부 수준 이상에서 양성되고, 1년간의 교사수련(mentorship)을 거쳐 정기적으로 자격증 갱신을 위한 계속교육을 받아야 함을 자격기준으로 제시하고 있다. 이를 위한 특수교육 교사훈련 표준은 모든 특수교육 교사에게 요구되는 공통 중핵과 장애영역에 따른 전문성으로 대별되고 있다.

CEC의 특수교육 교사양성을 위한 표준에서 모든 특수교육 교사를 위한 필수적 지식과 기능의 공통 중핵 영역으로 다음의 8개 영역을 제시하고 있다(CEC, 1995).

(1) 특수교육의 철학적, 역사적, 법률적 기초
(2) 학습자의 특성
(3) 측정, 진단, 평가
(4) 수업내용과 실제
(5) 교수 및 학습환경의 계획과 운영
(6) 학생행동 및 사회상호작용기능 관리
(7) 의사소통 및 협력적 동반자관계
(8) 전문성과 윤리적 실천

이상의 8개 영역들에서 필요한 지식과 기능은 모든 특수교육 교사들에게 공통적으로 요구되는 것이면서 동시에 장애영역의 특수성에 따라 그 지식과 기능이 심화·응용되도록 구안하였다. 이상의 영역가운데 통합교육을 위한 특수교육 교사에게 특별히 강조되는 "의사소통과 협력적 동반자관계" 영역을 중심으로 필요한 지식과 기능의 구체적 내용을 소개하면 다음과 같다.

의사소통과 협력적 동반자관계

<지식>

① 문화적으로 민감한 프로그램에서 학생개인, 부모, 그리고 학교와 지역사회 인사들과 효과적인 의사소통 및 협동을 증진하는 요인들
② 특수한 학습요구를 지닌 아동의 부모에 대한 전형적 관심사와 이런 관심들을 통해 부모를 도울 수 있는 적절한 전략들
③ 팀성원으로 협동하여 일하는 가운데 개인학생의 프로그램을 개발하는 것

④ 개별화 프로그램을 계획함에 있어 특수아동 자신, 부모, 교사, 여타 학교 및 지역사회 인사들의 역할
⑤ 특수한 학습요구를 지닌 개인에 대해 다른 사람들과 신뢰로운 의사소통을 하기 위한 윤리적 실제

<기능>
① 다양한 학습환경에서 특수한 학습요구를 지닌 개인, 부모, 학교 및 지역사회 인사들과 함께 일하는데 행동적 전략을 사용하는 것
② 아동개인, 부모, 교사들, 그리고 다른 학교 및 지역사회 인사들과 의사소통하고 협의하는 것
③ 가족과 전문가들 간의 유익한 상호관계를 촉진하는 것
④ 교육팀에서 능동적 참여자가 되도록 가족을 격려하고 돕는 것
⑤ 가족들이나 관계 보호자들과 협동적으로 협의회를 계획하고 수행하는 것
⑥ 다양한 학습환경으로 특수아동 개인을 통합함에 있어 일반학급 교사들을 비롯해서 여타 학교 및 지역사회 인사들과 협렵하는 것
⑦ 특수한 학습요구를 지닌 개인의 특성과 요구들에 대해 일반교사, 행정가들, 여타 학교인사들과 의사소통하는 것

이상의 CEC 특수교육 교사양성 표준은 전술한 8개 영역별로 필요한 지식과 기능을 수행능력(competency) 중심으로 진술하고 있는 것이 그 특징이다. 전체 8개 영역에 걸쳐 지식중심 수행능력이 44개 목록이며, 기능중심 수행능력은 모두 63개 목록으로 구체화되고 있다.

West Virginia University(1996)에서는 통합교육을 위한 교사교육프로그램을 새로이 개발하면서 통합교육을 위해 일반교사들이 갖춰야할 특수교육 수행능력과 지식을 다음과 같이 제안하고 있다.

1. 특수교육 요구를 지닌 학생들의 교육기초에 대한 지식의 획득
2. 다양한 인지, 운동, 사회행동 요구를 지닌 학생들이 어떻게 학습하는가에 대한 지식을 예증하는 것(demonstrate).
3. 특수교육 요구를 지닌 학생들에게 수업을 계획하고 적용하기 위해 적절히 측정자료를 활용하는 능력을 예증하는 것
4. 특수교육 요구를 지닌 학생들에게 적절한 학습환경을 계획하는 능력을 예증하는 것
5. 수업효과의 원리에 대한 지식과 다양한 교수모델을 적용하는 능력을 예증하는 것
6. 개인 및 집단별로 행동관리 절차를 적용하는 능력을 예증하는 것
7. 동료 및 부모들과 협력적 상호관계를 개발하는데 관련된 원칙들에 대한 지식의 획득
8. 수업프로그램에서 보조교사와 자원봉사자들의 역할과 활용을 위해 필요한 일반적 운영 지식의 획득
9. 개별화 교육프로그램(IEP)계획, 학교단위의 보조계획, 개별화 전환계획(ITP)을 협동해서 개발, 적용, 평가하는 것
10. 일반학교에서 특수아동을 위한 학교의 통합교육 계획을 개발, 점검하는 데 참여하는 것

West Virginia University에서는 이상의 수행능력과 지식이 그들의 양성프로그램에서 선정한 개별코스에서 어떻게 반영되도록 할 것인가를 2원화 매트릭스(matrix)로 제시함으로써, 개설되는 강좌의 코스를 통하여 수행능력을 어떻게 이수하도록 할 것인가를 구체화하고 있다.

한편, 우리나라에서 중앙교육 심의회 정책연구 과제로 특수교육 교사양성과정 표준으로 특수교육 공통과정과 장애영역별 심화과정에 걸쳐 장애아동 조기교육 교사양성 과정 표준, 감각장애아교육 교사양성 과정의 표준, 발달장애아(중증)교육 교사양성 과정의 표준, 경도장애아(통합)교육 교사양성 과정의 표준이 각각 개발된 바 있다(김재규, 송

준만, 김병하, 1991). 이상의 표준과정 가운데 경도장애아를 위한 통합교육 교사양성 과정의 표준안을 보면 다음과 같다.

경도장애아를 위한 통합교육 교사양성과정 표준

(1) 공통필수과정: 최저 12학점 이상으로 다음의 코스들이 포함되어야 한다.

- 특수교육 기초
- 특수아동 심리와 측정
- 특수교육 기초실습
- 두뇌·감각·운동발달

(2) 심화과정: 최저 20학점 이상으로 다음의 코스들이 포함되도록 한다.

- 경도장애아 교육
- 경도장애아의 교육적 평가
- 언어발달과 장애
- 학급관리 및 사회적 기능훈련지도
- 교수배치
- 경도장애아의 교육과정지도
- 교육실습

이상의 표준과정은 학부 수준의 양성과정을 기준으로 한 것이며, 대학원과정에서도 공통필수 6학점, 전공심화과정 12~15학점까지 취득케 하고 전공분야의 논문을 제출케 하도록 제안하고 있다. 또한 이러한 교사양성과정 표준을 운영함에 있어 양성기관은 유능한 전임교수와 필요한 교육시설 및 기자재를 확보하여야 하며, 최소한 5년 주기로 기존의 양성과정을 전반적으로 평가하는 절차를 가져야 한다고 권고하고 있다. 또한, 향후 우리나라의 특수교육 교사양성은 학부중심에서 대학원 중심으로, 장애영역별 분화에서 장애영역별 간의 기능적 통합을 강조하는 방향으로 개편되어야 함을 제안하고 있다(김재규, 송준만, 김병하, 1991).

이상에서 논의한 여러 선행연구들의 주요내용을 종합한 것에 기초하여, 향후 우리나라에서 대학원 수준의 통합교육 교사 양성을 위한 교육과정 표준안을 다음과 같이 제안한다.

통합교육 교사양성과정 표준안

(1) 공통기초과정: 다음의 과정 중에서 최저 9학점 이상 취득케 한다.
- 특수교육의 역사 및 철학
- 특수아 심리 및 측정
- 통합교육의 이론과 실제

(2) 전공과정: 다음의 과정 중에서 15학점 이상 취득케 한다.
- 경도장애아의 교육적 진단과 평가
- 교정 및 협력교수·학습
- 특수교육 매체와 공학
- 의사소통과 파트너쉽/협력과 자문
- 교육실습(Ⅰ,Ⅱ)

이상의 표준안으로 제안된 과정안은 우리나라의 통합교육 실천의 상황적 특성, 일반교육의 개혁동향, 특수교육 교사교육의 개선 동향 등에 비추어 적절히 조정 운영되어야 한다.

6.4. 한국적 과제와 제언

특수교육의 역사는 거부와 방임에서 격리와 수용으로, 격리와 분리에서 제한적 통합(교류)으로, 제한적 통합에서 완전통합으로 발전해가고 있다. 이것은 정치·경제적, 사회·문화적 시대정신의 반영이기도 하고, 학문세계의 거대이론으로서 패러다임 변동의 영향이기도 하다.

2000년대를 향한 한국 특수교육의 상황은 특수교육 발전의 급속한 변화의 와중에 다중적·복합적 패러다임이 동시 다발적 현상으로 나타나고 있다. 따라서 우리의 특수교육 정책은 특수한 교육적 요구를 지닌 모든 아동의 교육권 보장을 위해 분리교육 체제로서 특수학교와 특수학급을 지속적으로 늘려가면서, 동시에 일반학교의 정규교실에서 일반아동과 특수한 교육적 요구를 지닌 아동이 함께 어울려 교육받는 통합교육의 실천 또한 구체적으로 펼쳐가지 않을 수 없게끔 되어 있다.

교육부의 특수교육 발전 방안에 의하면, 2001년까지 중도(重度)장애아의 교육대책을 위해 특수학교를 20개교 신설하여 지역간 장애 유형별에 따른 균형 배치를 함으로써 이들을 위한 교육기회를 보장하고자 한다. 교육부는 특수교육 수혜를 요하는 중도장애아를 약 2만 여명으로 추정하여, 그 중 약 1만명은 특수학교의 신·증설을 통해 취학기회를 보장하고, 나머지 1만명 정도는 통학이 곤란하여 가정, 복지시설, 병원 등에 머물러 있는 장애아동들로서 이들을 위한 재택교실을 2001년까지 1000실 설치하여(약 1000명의 순회교사 배치를 통해)교육권을 보장하고자 한다(교육부, 1997).

이처럼 우리나라는 중도장애아를 위한 분리된 특수교육 대책을 계속 강구하면서, 한편으로 경도장애 아동을 위한 통합교육 대책을 적극 실천해가야 한다. 교육부는 위의 특수교육 발전계획에서 일반학교 내에서 학습도움실 운영을 통해 통합교육을 받아야할 경도장애아(학습장애아, 경도정신지체, 경도정서장애 등)수를 약 15만 7천여명으로 추정하고 있다. 이들을 위한 특수교육 운영 모형은 종래의 일반학교 내 특수학급과 같이 고정식 학급형태가 아닌 유동식 교실을 운영함으로써, 학습도움실에 통합교육을 위한 특수교육 교사(resource room teacher)를 배치할 계획이며, 이를 위해 교육부는 2001년까지 약 5500여명의 학습도움실 담당 특수교육 교사를 배치할 계획이다(교육부, 1997).

혹자는 아직 분리교육으로서 특수교육 체제도 정착되지 않은 상황에서 통합교육의 실천을 논의한다는 것은 우리나라의 현실에 맞지 않는 이상론에 불과하다고 비판하는가 하면, 다른 한편에서는 앞서가는 나라들의 특수교육 발전과정상의 단계를 우리들은 비약적으로 뛰어 넘음으로써 역사적 오류를 줄일 수 있다는 대안론을 제시하기도 한다.

역사적·사회문화적 현상으로서 특수교육은 단일의 체제 모형으로 결코 정립될 수 없다. 다만 발전의 변화 축이 어느쪽으로 기우는가를 깊이 통찰하면서, 동시 다발적으로 다중적 패러다임(Kromrey, 1997)의 일환으로 특수교육의 현상을 총체적으로 이해하고 해석할 수 있어야 한다.

이런 관점에서 우리나라의 특수교육 상황에서 실현되어야 할 "통합교육을 위한 교사교육"개선 과제에 대해 다음 몇 가지를 제안하고자 한다.

첫째, 특수교육 교사양성 체제가 다원화되어야 한다. 기존의 4년제 대학 특수교육 교사양성도 장애별·교과별에 따른 복수전공제를 적극 도입하는 한편, 대학원 수준 양성체제에서 통합교육 담당 특수교육 교사를 양성하도록 제도화 한다. 통합교육을 위한 교사훈련은 특수학교 교사자격증 소지자와 일반학교 교사로서 일정 기간의 교직경력을 가진자를 대상으로 한다.

둘째, 통합교육의 효율적 운영을 위한 조처의 일환으로 일반학교 교사를 대상으로 하는 모든 현직연수과정(자격연수, 일반연수등)에서 반드시 특수한 교육적 요구를 지닌 아동들에 대한 교육의 이해를 돕기 위한 특수교육 및 통합교육 관련 강좌를 개설하도록 한다. 실제로 학급에 통합교육 대상으로 진단된 특수아동이 한사람 이상 입급되어 있는 담임교사들을 대상으로 통합교육의 실천을 위한 모형을 개발하여 단기강습 혹은 집중적 워크숍을 통해 우선적으로 연수기회를 갖도록 한다.

셋째, 통합교육을 위한 교사양성 교육과정 표준안을 공적으로 개발하여 개별 양성기관에서 하나의 준거로 적용하도록 한다. 이 표준안의 교육과정은 통합교육을 위한 교사의 역할과 기능, 요구되는 수행능력 등에 비추어 "협력과 자문, 팀구성원과 의사소통 및 동반자적 관계" 형성 등을 중핵으로 하는 양성과정 모형으로 개발되어야 한다.

넷째, 통합교육 담당 교사 훈련을 위한 프로그램의 질관리를 위해 ①프로그램 목표와 구성, ②유능한 전임교수의 확보, ③교육실습의 적합성, ④필요한 교수매체·공학·기자재·시설의 확보 등을 중심으로 한 종합적 평가체제를 마련하고, 일정한 주기에 따라 지속적으로 그 개선 정도를 평가하도록 한다.

다섯째, 통합교육의 실천을 통한 성공적 사례를 중심으로 통합교육의 실험적 실천에 대한 그 검증자료를 확보하여, 단위학교 중심으로 통합교육의 성공적 실천사례가 확산되어 가도록 한다. 이런 통합교육의 실천사례를 통해 교육공동체 건설을 위한 학교의 재구조화가 어떻게 가능한가를 드러내 보여야 한다.

우리나라에서 특수아동을 위한 통합교육의 실천은 이제 겨우 실험단계에 접어 들고 있다. 따라서 특수아동의 통합교육을 담당할 교사교육 문제에 대해서는 아직도 무관심한 편이며, 다만 단편적으로 일반학교 교사양성 교육과정에 특수아동 교육 강좌가 개설되어야 한다는 정도이다. 또 앞으로 학습도움실(학급) 운영을 통해 특수교육 교사를 배치 한다고 하더라도 이미 일반학교에 근무하는 교사중에서 특수교육 교사자격증을 취득하고 있는 교사를 우선적으로 활용하는 것을 그 대안으로 설정하고 있는 듯 하다.

교육부는 특수교육 교사양성 체제를 대학원 중심의 교원양성 체제로 전환하는 것을 강조하면서도 학습도움실 배치 교사를 위한 교사양성은 "별도 자격으로 구분하지 않고 특수교육 교사양성 과정에 특별지도 과목을 포함하고, 현직 교사에 대한 재교육 프로그램으로 운영하겠다"는 것을 기본 방침으로 설정하고 있다.

이와같은 교육부의 통합교육을 위한 학습도움실 담당교사 양성 대책에 대해 세 측면의 문제점을 지적하면서, 그 개선 대안을 다음과 같이 제안하고자 한다.

첫째, 통합교육을 위한 특수교육 교사양성을 기존의 학부 중심체제 속에 포함하여 양성할 것인지 아니면 대학원 수준의 양성과정 신설을 통해 양성할 것인지에 대한 명백한 대책이 설정되어 있지 않다. 통합교육을 지도·자문할 특수교육 교사양성은 기존의 4년제 대학 특수교육 교사양성 체제에서 양성하는 것 보다 대학원 수준에서 양성하는 것이 적절하다. 통합교육 담당 특수교육 교사는 학습도움실(학급)에 배치되어 통합된 특수아동에 대한 개별적 특별지도를 실시하는 한편, 일반학급의 교사들에게 통합된 특수아동의 특수한 교육적 요구를 자문하고 지도해줄 책임이 있다. 따라서 일반학교 초·중등 교사에 대한 자문·지도의 수행자로서 통합교육 담당 특수교육 교사는 대학원 수준에서 ①일반 초·중등학교 교사자격증을 취득하고 일정기간(3년이상) 교직 경력을 쌓은 사람이나, ②특수학교 교사 자격증을 취득한 사람을 대상으로 양성하는 것이 그 교사가 수행해야할 전문성에 비추어 적절하다.

둘째, 학습도움실 배치를 위한 특수교육 교사는 "별도 자격으로 구분하지 않고 특수교육 교사양성 교육과정에 특별지도 과목을 포함하여" 양성하겠다는 것은 기존의 자격증 제도의 틀속에서 통합교육을 위한 특별지도 과목을 이수하도록 하여 양성함을 의미한다. 그렇다면 현행 교원자격 검정령 시행규칙 [별표1]에서 특수학교 교사자격증에 대해 규정하고 있는 대로 시각장애, 청각장애, 정신지체, 지체부자유 등에 따른 심신장애의 구분을 자격증에 표시하고, 다만 이와 같은 자격증을 받을 수 있는 양성과정 속에 통합교육에 필요한 특별지도 과목을 포함하여 이수하도록 함으로써, 통합교육 자문·지도를 위한 특수교육 교사를 양성하겠다는 것이다.

이것은 통합교육을 담당할 특수교육 교사에게 요구되는 '전문성'에 비추어 너무 현실적 편의에 따른 대안이며, 통합교육을 지도·자문할 수 있는 통합교육 담당 특수교육 교사는 대학원 수준에서 통합교육을 위해 특별히 구안된 교사양성 교육과정을 별도로 이수한 자를 대상으로 배치하는 것을 원칙으로 해야 한다.

셋째, 통합교육을 위한 학습도움실 담당 교사는 "현직 교사에 대한 재교육 프로그램으로 운영하여" 양성한다는 것 또한 우선은 퍽 현실적인 대안일 수 있지만, 이 경우에도 현직교사를 대상으로 한 재교육 프로그램을 어떤 수준에서, 어떤 형태로 운영하느냐가 중요하다. 초기 단계에서 통합교육 담당교사를 한꺼번에 다수를 배치해야 할 경우(교육부는 학습도움실 교사 배치 수를 연차적으로 '97년 132명, '98년 800명, '99년 1200명, 2000년 1600명, 2001년 1726명으로 배치할 계획임), 특별히 양성된 교사가 전무한 현실에서 일종의 임시 특례 조치로 단기간의 집중적인 현직 재교육을 통해 배치할 수도 있으나, 특수교육 발전방안 속에 통합교육을 담당할 특수교육 교사양성 문제에 대한 구체적 대안이 명백히 제시되어야 한다.

통합교육은 학교교육의 재구조화(reconstructuring)를 통한 교육의 전반적 질적 개혁에 의해서 만이 그 본래의 교육적 의의가 드러난다. 교육의 질은 궁극적으로 그 교육을 담당하는 교사의 질을 능가할 수 없는 것이라면, 통합교육을 담당할 양질의 특수교육 교사를 양성하기 위한 프로그램 모델이 명백히 구안되고, 이 프로그램 운영의 효율화를 위한 개선책이 별도로 강구되지 않으면 안된다. 따라서 앞으로 특수아동의 통합교육을 위해 우리나라에서 특수교육 교사양성 자격증제도 뿐만아니라 교사교육 프로그램에 있어 중요한 변화가 일어나야 하고, 그 변화는 동시에 일반학교 교사양성에까지 깊이 연관되어야 한다.

| Chapter 7 |

조기특수교육과 교사교육

7.1. 조기특수교육 담당 교사양성제도

우리나라는 아직까지 조기 특수교육을 담당할 교사 양성제도가 별도로 법제화되어 있지 않기 때문에 당장 어떻게 바꾸어 나갈 것이냐가 문제되는 것이 아니라, 어떻게 만들어 낼 것이냐가 문제이다. 이런 관점에서 외국의 선행실천을 검토하면서, 우리의 실정에 적합한 양성 체제의 대안을 탐색해 보고자 한다.

7.1.1. 양성의 유형과 수준

조기 특수교육을 담당할 교사 양성제도를 논의할 때, 그 논의의 주요 자원이 되는 것은 취학전 단계(유아교육)와 특수교육 교사양성제도이다. 우리나라의 유치원 교사양성은 2년제와 4년제의 유아교육과에서 양성하고 있다. 특수교육 교사는 4년제 대학의 특수교육과에서 양성하는 것을 골격으로 하면서, 일반학교 교사 자격증 소지자를 대상으로 교육대학원의 특수교육 전공과정과 별도로 특수교육대학원에서 양성할 수 있게 하고 있다. 이처럼 유아교육과 특수교육의 양성제도 현실에 의거해서 볼 때, 조기 특수교육 담당교사는 2년제 대학, 4년제 대학, 대학원 수준 등에서 양성할 수 있는 가능성을 검토해 볼 수 있다. 그러나 기본적으로 특수교육 교사는 일반교육 교사양성 수준 위에 양성되는 것이 바람직하므로 2년제 대학에서의 양성은 고려 대상에서 제외되어야 한다.

그렇다면 4년제 대학과정과 대학원과정에서 조기 특수교육 교사 양성체제를 설정할 수 있는데, 우리나라의 경우 조기 특수교육 교사양성 제도는 기본적으로 특수교육 교사양성 속에 포함시켜 설정하는 것이 자연스럽다. 미국의 경우 조기 특수교육 교사양성은 대학과정과 대학원과정에서 다양하게 행해지고 있다. 1991년 당시 모든 종류(장애별)와 수준별 특수교육 양성프로그램을 합한 수는 모두 2,681개 프로그램인데, 이 가운데 조기 특수교육 교사양성 프로그램은 모두 225개로써 전체 특수교육 교사양성 프로그램 중에 8.39%를 차지하고 있다. 한편, 전체 특수교육 교사양성 프로그램의 수준별 분포를 보면 학사수준이 910개 프로램으로서 전체의 34.62%가 되고, 석사과정 수준의 양성이 약 52%이며, 박사과정 수준의 양성이 전체 프로그램중 13.47%나 된다(Geiger, 1991). 이상에서 볼 때, 미국의 전체 특수교육 교사양성 프로그램 가운데 대학원 수준에서 양성이 모두 65.37%로 전체의 약 3분의 2를 점하고 있으며, 나머지 3분의 1정도가 학부수준의 프로그램에서 양성되고 있다.

조기 특수교육 교사양성 프로그램의 수준별 실태를 보면, 전체 225개 프로그램 가운데 학부수준이 63개 프로그램으로 28%이고, 석사수준 프로그램이 95개로서 전체의 42.22%를 차지하며, 박사과정 수준의 프로그램이 21개로서 9.33%, 나머지는 보조교사 양성 프로그램으로서 20.44%이다(Geiger, 1991). 이상에서 볼 때, 조기 특수교육 프로그램에서 보조교사 양성 과정을 제외한 정규교사 양성과정만 보면, 학부수준이 35.19%, 대학원 수준이 64.81%(석사과정이 53.07%, 박사과정이 11.73%)로서 조기 특수교육 교사양성에서도 4년제 학부수준이 약 3분의 1이고, 나머지 3분의 2는 대학원 수준에서 양성되고 있음을 알 수 있다. 그러나 각 주에서 요구하는 자격증 취득 기준에 의하면 48개 주 가운데 대학원 수준이 25%(12개주), 학부수준 75%(36개주)로서 아직도 학부 수준이 지배적이다(Bruder, Klosowski, & Daguio, 1991). 이것은 결국 주의 자격취득 기준에 비해 실제로 양성 프로그램이 운영되는 수준을 높게 마련함으로써 조기 특수교육 교사양성의 질적 수준을 높이고자 하는 현실적 필요 때문이라고 보여진다.

미국의 경우 조기 특수교육 교사를 양성하는 것은 특수교육 교사양성 프로그램 이외에도 작업치료, 물리치료, 언어병리(치료), 청능학, 사회사업, 간호학, 영양학, 심리학 등 여러 분야에서 양성해 내고 있다. 위에서 전체 특수교육 프로그램 중에서 조기 특수교육 교사양성 프로그램이 단지 225개로 전체 특수교육 교사양성 프로그램 가운데 약 8%를 차지하고 있다는 것은 '특수교육' 프로그램 안에서 양성하는 것만을 대상으로 하였기 때문이다. 따라서 위의 여러 관련 학문분야에서 양성되는 프로그램 수를 모두 합하면 그 수는 훨씬 늘어날 수 있다. 그러나 전체 조기 특수교사의 70% 정도는 특수교육 프로그램에서 양성되고 있다(Bricker & Slentz, 1989).

이상의 조기 특수교육 교사양성과정 분야들 가운데 작업치료, 물리치료, 언어병리 및 치료, 청능학, 사회사업 등의 분야는 학부와 대학원 수준 모두에서 양성하고 있으나, 영양학 분야는 학부수준에만, 심리학 분야는 대학원 과정에서만 조기 특수교육 교사를 양성해 내고 있다(Bailey 등, 1990). 그러나 실제로 언어병리학, 청능학, 사회사업 등은 거의가 대학원 수준에서 양성되고 있으며, 물리치료와 작업치료는 대부분 학부수준에서 양성되고 있다.

우리나라에서 조기 특수교육 담당교사의 양성은 기본적으로 4년제 대학의 특수교육 교사양성 프로그램에서 별도의 양성영역으로 설정하여 양성하면서, 특수교육대학원의 유아특수교육 전공이나 교육대학원의 특수교육 전공과정에서 선택적으로 유아특수교육 심화과정 이수를 통해 양성할 수 있다.

7.1.2. 자격증 제도

조기 특수교육 담당교사에 대한 자격증 제도 역시 아직 구체적으로 정착되어 있지 않은 것이 우리의 특수교육 현실이다. 미국의 경우에도 1977년까지만 해도 불과 12개 주에서 조기 특수교육 담당교사의 자격을 인정했고, 5개 주는 자격표준을 개발하는 과정에 있었던 것으로 보고되고 있으며(Hirshoren & Umansky, 1977), 1983년에는 18개 주에서 조기 특수교육 교사자격을 요구하고 있는 가운데, 12개 주에서 자격표준을 겨우 개발하고 있으나 나머지 21개주에서는 여전히 아무런 자격기준을 제시하지 않은 것으로 나타나고 있다(O'Connell, 1983). 이듬해(1984)에 다시 20개 주에서 조기 특수교육 담당교사의 자격을 별도로 요구하고 있는 것을 보면, 80년대 이후에 조기 특수교육 담당교사의 자격증 제도가 전국적으로 확산되어 가고 있음을 알 수 있다(Stile, 1984).

그러나 이 무렵에 이미 44개 주에서는 조기 특수교육 담당교사 양성 프로그램을 운영하고 있었던 것을 보면(Carran, 1984), 미국의 경우도 조기 특수교육 교사 자격증제도가 주별로 정착되기에 앞서, 급속히 증가하고 있는 조기교육 확산 현실에 대한 일종의 응급조치로서 조기 특수교육 담당교사들을 양성하였음을 알 수 있다.

특히 공법(PL) 99-457의 통과 이후, 장애 영유아 교육을 담당할 유자격 교원은 심각할 정도로 부족한 상황이다. Meiselse등(1989)의 조사에 의하면, 88%의 주에서 0-3세 영유아에게 서비스를 제공할 조기 특수교육 교원이 부족하고, 81%의 주에서 3-5세 아동에게 서비스를 제공할 교원이 부족하다고 한다. 현제 추산으로 95% 이상의 주에서 조기 특수교육 담당교원의 부족현상을 호소하고 있는데, 이런 부족현상은 80%의 주에서 금세기가 끝날 때까지 지속되리라고 전망하고 있다(Klein & Campbell, 1990).

이런 교사 공급의 부족현상과 연관하여 조기 특수교육 담당교원의 양성과 그 자격증 제도 운영에서 돌출되고 있는 두가지의 중요한 쟁점이 있다. 그 하나는 조기교육 대상의 표적연령을 만 3세에서 5세까지의 취학전 유아교육 대상과 0세에서 만 2세 이하까지의 영아교육 대상에 따라 구별함에 따라 조기 특수교육 담당교사 자격기준도 구분할 것이냐 함께 통합할 것이냐에 대한 문제이다. 여기서 0-2세와 3-5세 연령집단을 분리할 경우 생활연령을 기준으로 할 것이냐 발달연령을 기준으로 할 것이냐는 문제가 제기된다. 이 문제에 대해 Bricken와 Slentz(1989)는 5세 이하의 아동들에게는 발달연령 기준을 적용할 것을 권고하고 있다. 가령 4세의 중증정신지체유아의 발달이 9개월 수준에서 기능하고 있다면 0-2세 집단에 넣어야 하지만, 6세의 중복장애아가 9개월 수준의 발달기능을 보일지도라도 0-2세 집단에 넣어서는 안된다고 제안하고 있다. 아직은 미국에서도 조기 특수교육 담당교사 양성 프로그램에서 두 개의 표적 인구집단을 묶어서 양성하는 경우가 많지만(1989년 현재 전체 유아 특수교육 프로그램 중 77%가 0-5세까지를 포함하고 있다고 함: Bricken와 Slentz), PL99-457의 적용 이후 만 3세 이하의 영유아 담당을 위한 조기 특수교육 교사 양성을 별도로 부과해야 한다는 요청이 강하게 제기되고 있다.

다른 하나의 쟁점은 조기 특수교육 담당교사 자격증에서 학령기 장애아동에 준하여 장애별로 분화된 자격증을 발급할 것이냐 장애영역을 묶어서 장애영역의 분화를 탈피(noncategorizing /cross-categorizing)할 것이냐는 문제이다. 최근에 와서 조기교육 담당교사 양성에서는 전통적인 장애영역의 구분을 탈피하고자 하는 경향이 두드러지게 나타나고 있으며, 다만 언어치료, 작업치료, 물리치료, 사회사업, 간호학, 심리학 등 관련분야의 전문가들과의 종합적 팀(multidisciplinary team)접근에 의한 양성체제를 지향하고 있다.

우리나라에서 조기 특수교육 담당교사 자격증 제도의 근거는 현행

교육법 교사 자격기준 별표 1에 명시된 특수학교 교사 자격기준에 의하면,

(1) 유치원·초등학교 또는 중학교 정교사(2급) 자격증을 가지고 보수교육을 받은자.

(2) 유치원·초등학교 또는 중학교 정교사(2급) 자격증을 가지고 교육대학원 또는 교육부장관이 지정하는 대학원에서 특수교육을 전공하고 석사학위를 받은 자에게는 특수학교 2급 자격증을 발급할 수 있다고 규정하고 있다.

따라서 일반 유치원 교사 자격증을 소지한 자가 교육대학원에서 특수교육을 전공하게 되면 특수학교 정교사 자격취득이 가능하게 되며, 이 외에도 보수교육에서 최대 336시간에서 최소 120시간의 특수교육 분야 보수교육을 받음으로써 자격증을 취득할 수 있다. 보수교육 쪽의 규정은 현재 특수아동 조기교육 기관에서 근무하고 있거나 근무한 경력이 있는 교사 가운데 유치원 교사 자격증 소지자를 대상으로 한정적으로 실시할 수 있을 것이나, 가능하면 4년제 과정의 정규 유아특수교육 교사양성 과정을 이수하였거나 유치원 정교사 자격증 소지자를 대상으로 교육대학원의 특수교육 전공과정이나 특수교육대학원의 유아특수교육전공을 이수케 하여 자격증을 발급해 줄 수 있게 해야 한다.

조기 특수교육 담당교사의 자격기준은 다음과 같이 설정할 수 있다.

(1) 4년제 대학의 특수교육 교사양성과정의 유아특수교육 전공에서 소정의 과정을 이수한 자.

(2) 특수학교 교사 혹은 일반유치원 교사 자격증을 취득한 자로서 대학원 과정에서 소정의 조기(유아)특수교육 전공과정을 이수한 자.

7.2. 조기 특수교육 담당 교사양성과정

특수교육에서 조기개입이 중시됨에 따라 외국의 경우 조기 특수교육 교사양성 프로그램이 급속히 늘어났으나, 이들 프로그램의 효율성에 대한 체계적 검증은 아직 행해진 것이 드물다. 장애유아를 위한 조기 특수교육 교사의 양성에 대해 미국에서 광범위한 조사를 실시한 Bricken와 Slentz(1989)는 전국적으로 볼 때 양성과정 간에 공통되는 내용이 있기는 하지만, 어떤 내용이 중요하며 효율성이 있는 것인지를 결정하기는 어렵다고 보고하고 있다.

그러나, 우리는 지금까지 조기 특수교육 교사양성 프로그램의 개발과 운영에서 반영된 여러 선행 프로그램들을 주의 깊게 검토해 봄으로써, 양질의 양성과정을 개발하는데 지침이 될 몇 가지 아이디어를 얻어 낼 수 있다.

7.2.1. 양성과정 개발의 쟁점

특수교육 분야에서 조기교육 담당교사 양성과정을 개발하고자 할 때 다음의 세가지 측면이 항상 중요한 쟁점이 되어 왔다.

첫째는 양성 프로그램을 개발함에 있어 수행능력 중심(competency-based)으로 할 것이냐, 전통적 코스 중심으로 할 것이냐 하는 것이 중요 쟁점이 된다. 양성과정 개발의 논점과 기본방향은 거의 수행능력 중심의 양성과정이 강조되고 있으면서도 실제로 운영되는 양성과정은 과목 중심으로 운영되고 있기 때문에 개발의 초점과 운영 실제 간에 항상 괴리가 있기 마련이다. 바로 이 점에서 질적으로 잘 다듬어진 조기 특수교육 교사 양성과정 모델을 실제로 발견하기가 쉽지 않은 것이다. 미국에서 명시적으로 대부분의 조기 특수교육 교사양성 프로그램은 졸업요건으로 수행능력의 구체적 이행을 강조하고 있지만, 실제로 개별 프로그램에 설정된 수행능력과 그 평가 기준은 아주 다양하기 때문에 어떤 기준을 찾아 내기가 어렵다(Bricken & Slentz, 1989).

둘째는 조기 특수교육 교사양성 프로그램에서는 특히 임상중심(cliniclally-based) 모델이 중시되어야겠으나, 실제 운영은 여전히 이론중심 모델 쪽으로 기울고 있다는 점이다. 조기 특수교육 교사 양성과정에서 현장실습을 위해 할당되는 학점을 미국의 경우 학부과정에서 평균 10학점 정도, 대학원 수준에서는 평균 6-9학점 정도(전체 학점의 약 25%)로 이수하는 것으로 나타나고 있다(Bricken & Slentz, 1989).

셋째는 양성과정 개발의 이론적·철학적 입장이 발달론적이냐, 행동주의적이냐, 생태학적 입장이냐 하는 것이 근본적으로 주요 쟁점이 되고 있다. 북미지역을 중심으로 볼 때, 유아교육 쪽에 강한 영향을 받은 양성모델에서는 발달론적 입장을 중시하고, 특수교육의 일반적 전통을 중시하는 프로그램 모델에서는 행동주의적 입장을 중시하는가 하면(Klein & Campbell, 1990), 최근에 와서는 부모개입, 가족역동, 사회적 상호작용, 지역사회 통합 등이 강조되면서 생태론적 입장이 보다 강조되는 경향을 보이기도 한다. 이것은 하나의 철학적 관점의 문제이기 때문에 반드시 어느 것이 옳다고 할 수 있는 것이 아니고, 보다 중요한 것은 개별 프로그램에서 어느 입장을 성실히 추구하며, 그 기반을 구체화하는 운영실제가 어느 정도 잘 다듬어져 있느냐가 중요한 것이다

7.2.2. '역할모델'에 의한 양성과정의 개발

교사양성 과정을 개발할 때 중요한 준거가 되는 것은 도대체 좋은 교사란 어떤 교사인가 하는 것을 상정할 수 있다면, 훌륭한 교사가 수행하게 될 역할을 모델로 하여 양성과정 개발의 모델로 삼을 수 있을 것이다. 이런 관점에서 Geik, Gelkesson, 그리고 Sponsellor(1986)등

은 0-3세 영유아들과 그들의 가족과 함께 일할 교사들의 역할을 강조하는 직전 교육모델을 제시한 바 있다. 조기 특수교육을 담당할 교사의 역할은 다음 세가지 측면에서 그 모델이 제시될 수 있다.

첫째는 '발달 전문가'(developmental specialist)로서의 역할이다. 발달 전문가는 우선 영유아의 발달적 요구에 대한 지식이 풍부할 뿐만 아니라, 개별 가족단위 서비스 계획(IFSP)과 개별화 교육 프로그램(IEP)을 개발하고 운영하는데 능숙해야 한다. Stedman(1973)은 발달전문가는 아동의 발달과 교육적 환경에 발달 이론을 적용하는 것, 유아지도와 평가방법, 평가자료의 교육적 처치로의 전환, 아동보건과 건강문제에 대한 대응, 부모상담과 자문 등에 걸쳐 유능한 사람이어야 한다고 설명하고 있다. 특히 영유아 프로그램에서 발달 전문가는 생산적인 부모-유아 상호작용을 촉진하기 위해 가족들이 유아의 장애가 발달과정에 미치는 영향을 이해하도록 도와 줄 수 있어야 하며(Richard. 1986), 부모로 하여금 장애를 가진 아동이 으뜸이고 장애조건은 그 다음 이라는 입장에서 자녀의 장애조건을 긍정적으로 수용하도록 도와주는 것을 강조하고 있다.

둘째는 부모상담 혹은 '자문가'(consultant)로서의 역할이다. 조기중재 프로그램에서 부모와 영유아 간에 상호작용을 용이하게 하는 것은 퍽 중요한 과제가 된다. 부모 상담 및 자문가로서의 조기 특수교육 담당자는 부모로 하여금 영유아의 요구를 해석하여 그에 적절히 반응하며, 영유아와 효과적으로 의사소통 체계를 마련하는 것을 도와 줄 책임이 있다, 이런 역할수행을 통하여 가족들이 장애유아의 요구에 좀 더 잘 반영해 줄수록 그 유아는 더 잘 성장 발달하게 되고, 이에 따라 가족 전체는 장애 유아에게 보다 높은 수준의 기대를 갖게 된다. 이런 관점에서 Tumbull과 Tumbull(1986)은 생산적인 부모-전문가의 유대관계 개발을 위한 전략들을 제시한 바 있다.

셋째로 '팀의 기여자' 혹은 협력자로서의 역할이다. 장애 영유아를 위한 조기중재 서비스에서 여러 전문영역 전문가들의 참여에 의한 팀 접근의 중요성은 미국의 PL99-457에서 명확하게 제시되고 있다. 따라서 조기 특수교육 담당자는 종학적(綜學的: multidisciplinary)팀 구성원의 일원으로서 협력과 자문역할을 수행할 수 있어야 한다. 조기 특수교육 교사양성 프로그램에서 팀 협력자(team collaborators)로서의 역할은 중핵적이다. 이 때 종학적 팀은 특수교육자, 아동발달 전문가, 보건 및 의료 전문가, 심리학자, 사회사업가, 일반 교육자들 등으로 구성되는 것이 상례이다.

훌륭한 교사의 역할모델 설정은 좋은 교사란 어떤 사람이고, 좋은 교사가 나타내 보여야 할 수행능력은 어떤 것인가에 대한 체계적인 연구를 통해 좀 더 타당한 모형으로 제시되어야 한다.

7.2.3. '수행능력 중심'의 양성과정

교사양성 과정의 개발에서 수행능력 중심(competency-based) 모델은 70년대에 일반교육에 비해 특수교육 분야에서 보다 앞서 반영된 이래, 80년대 이후 조기 특수교육 교사양성 과정의 개발에서도 강력한 모델이 되어 왔다. 특히 미국은 특수교육 분야의 교사교육에서 수행능력 중심 모델의 적용을 보다 구체화(강요)하기 위한 제도적 장치의 하나로 교사양성 프로그램을 이수한 모든 특수교육 교사 후보자들은 반드시 주에서 시행하는 교사 수행능력 평가(teacher competency testing)에 통과되어야 자격증을 인정받을 수 있게 하고 있다. 현재 미국에서 교사 수행능력 평가제도를 적용하고 있는 주는 20개 주이며, 그 가운데 15개 주는 독자적인 평가준거를 규정해 놓고 있다(Ramsey & Algozzine. 1991). 교사 수행능력 국가시험에 포함되는 주요내용은 ①특수교육에 대한 기본지식과 역사적 측면(5), ②특수교육 대상아동의 확인(판별)과 특성(11), ③각종 감각기능과 언어기능의 처리(8), ④

진단과 평가(21), ⑤학습이론(13), ⑥교수전략(15), ⑦수업자료(6), ⑧행정적 대안조치(7), ⑨보조적 서비스(7) 등으로 구성되어 있다. ( )내의 숫자는 영역 내의 하위 평가항목들의 수를 나타내는 것으로 이것은 수행능력 목록으로 대치해서 볼 수 있다. 이 교사 수행능력 평가제(teacher competency testing)에는 조기 특수교육 담당교사들도 당연히 포함되어야 한다.

이런 제도적 규제 때문에 실질적으로 조기 특수교육 교사양성 과정은 수행능력 중심으로 개발-운영될 수밖에 없게끔 되어있다. Bricker와 Slentz(1989)의 조사에 의하면, 전체 조기 특수교육 교사양성 프로그램 가운데 무려 92%가 수행능력 중심모델을 지향하고 있다고 보고하고 있으나, 실제로 그대로 실행하고 있는 프로그램의 예는 그리 흔하지 않다.

조기 특수교육 담당교사에게 요구되는 수행능력들을 목록화한 연구들은 80년대에 와서 활기를 띠고 있다. Lakin과 Revenolds(1982)는 취학전 단계의 교사들이 갖추어야 할 수행능력들을 '10개의 능력군'(clusters of capability)으로 나누어 다음과 같이 제안하고 있다.

(1) 교육과정: 아동발달에 대한 기능적 지식과 아동의 인지, 언어, 신체능력, 사회능력, 정서발달 등에 대한 특성 등
(2) 기본적 기능지도: 학습준비 기능, 사회생활에 필요한 생존기능 등
(3) 학급운영: 수업시간 운영, 자료관리, 행동관리, 수업관리, 학급환경관리, 학습관리 등
(4) 전문적 자문과 의사소통 능력: 장애유아와 그 유아에게 적용될 교육방법 및 자료 등에 대한 전문가 간의 정보교류 능력
(5) 교사-부모 유대관계: 부모의 가정지도와 유아지도 프로그램에의 참여를 유도하는 능력
(6) 학생-학생 간의 유대관계: 학생들 간에 건전한 상호작용 관계를

유지하게 하는 능력

(7) 특수아동: 다양한 특수성을 지닌 장애아동을 지도하는 효과적 방안에 대한 지식, 특수아동의 지적·정서적·사회적·언어적·신체적 특성에 대한 지식 등

(8) 위탁(referral): 특정의 아동이 다른 사람이나 기관에 위탁되어야 할 필요가 있는지 없는지를 판정하는 능력

(9) 개별화 지도: 장애조건에 따른 장애유아의 독특한 특성 평가, 그에 상응하는 목표형성, 그 목표 달성을 위한 수업계획, 교수전략의 수정, 수업결과의 평가 등에 필요한 능력 등

(10) 전문적 가치: 학생, 부모, 동료교사들에 대한 개인적 책임과 전문적 행동

이상의 10개의 '능력군'은 장애유아를 위한 교사 양성과정을 개발하는데 필요한 교사 수행능력 설정의 기본 지침으로 활용될 수 있다.

한편, Kein과 Campbell(1990)은 조기 특수교육 담당교사들에게 요구되는 수행능력들을 지식과 기능의 측면으로 대별하여 다음과 같이 제안하고 있다.

(1) 조기 특수교육 담당교사는 다음의 지식을 입증해야 한다.
   ① 영유아의 정상적 발달
   ② 감각, 운동, 인지, 사회정서적 장애를 가진 장애 영유아의 발달
   ③ 가족의 기능과 구조, 가족 역동성, 발달 촉진을 위한 가족의 역할
   ④ 팀과 기관 간의 협력, 서비스 조정과 지원 등을 포함한 조기 특수교육 요원의 역할과 책임

(2) 조기 특수교육 담당교사로 다음을 수행할 수 있어야 한다.
   ⑤ 유아, 아동, 가족의 요구를 평가하는 것
   ⑥ 효율적인 중재 전략을 활용하고, 조기중재와 취학전 프로그램에서 최근 지식들을 적용하는 것

⑦ 장애유아와 요구에 따라 환경, 활동, 자료들을 변형하는 전략들을 활용해서 발달적으로 적절한 학습환경을 조성해 주는 것
⑧ 서비스 설계와 실시에서 부모와 전문가들과 함께 협력하는 것
⑨ 가족들과 함께 서비스 조정(사례운영) 책임을 수행하는 것 등이다.

Klein과 Campball은 이상의 수행능력들을 고도의 질을 갖춘 조기 특수교육 서비스를 제공하는 데 필요한 중핵적 수행능력들로 제안하고 있다.

교사 양성과정에서 수행능력 중심모델을 운영하려고 하면, 먼저 양성될 교사에게 요구되는 수행능력들을 구체적으로 개발하여, 이들 수행능력들에 대한 평가준거를 명확하게 설정하여 교사 지망생으로 하여금 이들 수행능력들을 구체적으로 입증해 보일 수 있게 해야 한다.

개별 교사 양성기관에서 수행능력 중심모델의 프로그램을 적용하고자 하면, 교사 교육자에게 보다 엄격한 책무성의 관리가 요구될 뿐만 아니라, 많은 재정적 지원이 요청되기 때문에 실제로 수행능력 중심 교사교육 프로그램의 운영이 잘 정착되고 있지 못하는 현실이다. 따라서 현실적으로 운영되는 거의 대부분의 양성 프로그램들은 "수행능력 지향의 코스중심 운영 모델"을 취하고 있다.

7.2.4. 조기특수교육 교사 양성과정의 모형

여기서는 조기 특수교육 교사 양성과정의 주요 사례 혹은 모형을 제시하고, 이들 사례나 모형에서 발견되는 기본적 공통성에 유의하면서 우리나라의 실정에서 적합성을 가질 수 있는 양성과정의 한 모델을 제안하고자 한다.

Bailey등(1990)은 미국에서 조기 특수교육을 담당할 교사를 양성하는 8개 학문분야 즉, 간호학, 영양학, 작업치료, 물리치료, 심리학, 사회사업, 특수교육, 언어병리(치료)등에 걸쳐 이들 양성과정의 중핵과정

으로 다음의 6개 영역을 확인하였다.

① 정상적 및 이상적 유아발달
② 유아에 대한 평가와 중재
③ 가족에 대한 평가와 중재
④ 여러분야 전문가 간의 팀과정
⑤ 사례운영
⑥ 전문적 가치와 윤리

8개의 양성학과에 따라 위의 6개 양성영역에 대한 편성의 구성비는 다양한 차이를 나타내고 있지만, 적어도 위의 6개 영역은 모든 유아 특수교육 교원 양성 프로그램에서 핵심적 필수과정이라 할 수 있다.

한편, 버지니아 주의 취학전 장애유아 교사 양성과정의 표준에 의하면, 취학전 장애유아 담당교사의 자격취득을 위해서는 학부과정에서 최소한 다음의 코스들에서 30학점 이상을 취득하도록 요구하고 있다.

① 특수아동 연구
② 인간성장과 발달 / 발달 심리학
③ 중도 중증 장애유아의 교수법과 치료교육
④ 장애유아 개별교육 프로그램의 설계
⑤ 특수교육의 최근 이슈 / 장애아 부모와의 활동을 통한 세미나
⑥ 장애유아의 진단과 평가
⑦ 발달과정 운영체제
⑧ 취학전 장애유아 지도실습(6)
⑨ 취학전 장애유아 교수법, 지도자료, 교육과정

이상의 코스들 가운데 '실습'은 반드시 6학점 이상 이수하도록 규정

하고 있으며, 초·중등 특수교육 교사자격 기준에서는 장애 영역별 전공과정을 설정하고 있으나, 취학전 특수교육 담당교사 양성과정에서는 장애영역을 통합하도록 하고 있다

한편, Klein과 Campbell(1990)은 유아교육과 특수교육의 양성 프로그램을 통합하는 입장에서 대학원 수준의 조기 특수교육 교사 양성과정을 수행능력 중심모형으로 다음과 같이 제안하고 있다.

〈표 7-1〉 수행능력 중심 조기 특수교육 교사양성 모형

모든 교사에게 요구되는 중핵과정	전 공 과 정	
	영유아 전공(3세이하)	학령전 전공(3-6세)
1. 0세에서 5세까지 정상유아의 인지, 정서, 언어, 심리운동 발달	1. 발달측정의 방법: 팀중심 프로그램 계획	1.발달측정의 방법과 관련프로그램의 계획:팀자문
2. 특수아동발달:인지적, 감각적, 사회정서적, 환경적, 의학적 요인들	2. 팀중심 서비스전달모델	2.발달적으로 적절한 학급환경 조성하기
3. 장애유아의 학령전 아동을 위한 종학적 프로그램작성:팀구성원으로서의 참여	3. 부모에 대한 지원 자문, 교육, 후원	3. 부모에 대한 지원, 자문, 교육, 후원
4. 가족체제와 기능화		4. 자문과 제한적 환경의 극소화
5. 조기 특수교육에 있어 연구		

[자료] Nancy K. Klein and Campbell(1990). "Perparing personnel to serve at-risk and disabled infant, toddlers, and preschoolers". In Samuel J. Meisels & Jack P. Shonkoff(Eds.), *Handbook of Early Children Intervention.* Cambridge : Cambridge University Press, p. 689.

이 모형은 모든 교사들에게 공통적으로 요구되는 중핵과정과 표적 연령집단(0-3세와 3-5세)에 따라 구분되는 전공과정으로 양성과정을 편성하고 있다. 중핵과정에는 전형적 및 비전형적 아동발달, 종학적 팀계획, 가족체제 기능, 조기 특수교육 연구 등을 포함하고 있다.

3세 이전의 영유아 전공과정에서는 팀 접근과 가족중심 접근을 강조하는 것이 주요 특징이 되고 있는 반면에, 5세까지의 학령전 전공과정에서는 발달적 접근, 학급운영, 통합교육 등에 주안점을 두는 것이 그 특징이다. 또한 위의 모형에서는 이론적 과정에 이어 실습과정에로 연결되는 것을 강조하고 있다.

미국에서 전체 특수교육 프로그램과 더불어 특히 유아특수교육 분야에서 우수한 평가를 받고 있는 University of Kansas의 특수교육학부 유아(early childenhood)전공의 석사과정에서 '조기특수교육 교사자격' 취득을 위한 코스 이수과목과 그 학점을 보면 다음과 같다(1998학년도 현재).

SPED725	특수아동 교육 및 심리입문	3학점
SPED735	특수아동의 특성: 유아특수교육 입문	3학점
SPED760	특수아동교육 I: 유아교육방법 I	3학점
SPED860	특수아동 교육 II: 유아교육방법 및 자료 II	3학점
SPED785	특수아동 프로그램 개발에 있어 평가정보의 활용: 유아기	3학점
SPED879	특수아동 부모와 협의하기(conferencing)	3학점
SPED840	특수교육 프로그램 계획	3학점
SPED775	실습 I: 유아특수교육	3학점
	실습 II: 유아특수교육	
SPED702	유아교육과정 개발(일반 유아교육과정)	3학점
	일반유아교육실습: 유아의 집단보호	

이 프로그램에 입학하기 전에 이들 코스를 이수하지 않은 사람은 자격취득을 위한 필수요건으로 이들 과목을 모두 이수해야 하며, 두 과목 이상 이수하지 않은 경우 그 중 한 과목은 특수교육과 외에서

코스를 선택해야 한다. 이외에도 유아특수교육에서 석사학위를 취득하기 위해서는 부가적으로 다음의 코스를 이수해야 한다.

SPED897	유아특수교육 프로그램과 전문적 실현	1학점
EPR712	교육연구 및 평가 입문	3학점
	혹은	
EPR720	교육연구 수행	
SPED898	석사 프로젝트	4학점
	혹은	
SPED899	석사논문	
SPED875	유아특수교육 실습Ⅲ	3학점
	자유선택	

부가적 코스들은 유아특수교육 가운데 '특성화 영역'(specialization areas)에서 그들의 훈련 프로그램과 전문적 기능을 확장하고자 하는 학생들에게 요구된다. 여기서 특성화 코스웍의 영역은 ①중증장애, 청각·언어장애, 학습장애 등과 같은 특정 장애영역과, ②부모자문과 훈련, 측정관리와 감독, 교육과정개발, 연구평가 등, ③유아중재, 기관간 협력, 공학보조 등으로 구성된 특정강조 영역 등을 포함하고 있다.

이상의 캔사스대학교의 유아특수교육전공(석사) 교육과정을 보면 일반유아교육-특수교육-유아특수교육 간의 연관성을 강조하면서, 유아특수교육 분야에서만 실습(Ⅰ,Ⅱ,Ⅲ)을 모두 9학점이나 요구하고 있어, 전체 이수학점(42) 가운데 약 22%를 차지하고 있다.

7.2.5. CEC의 조기특수교육 교사양성 표준

제 5장에서 언급한 바와 같이 CEC에서는 특수교육 교사의 양성과

자격표준을 제시하고 있는데, 그 중 조기특수교육 교사에게 요구되는 지식과 기능의 표준을 보면 아래와 같다.

1.0 특수교육의 철학적, 역사적, 법적 기초

<지식>

1.1 특수교육 실천의 기초가 되는 모델, 이론, 철학

1.2 사회 내에서 통문화(across culture)적 신념, 전통, 가치의 다양성과 아동, 가정, 학교 간의 상호관계의 영향

1.3 문화적으로나 언어적으로 다양한 배경을 가진 특수아동에 대한 정의와 판별에 있어 쟁점

1.4 측정, 적격성, 교육배치 등에 관련된 합당한 절차와 권리

1.5 특수한 학습요구를 지닌 개개 아동에 대한 부모, 학생, 교사 및 여타 전문가들, 학교 등의 권리와 책임

<기능>

1.1 특수한 요구를 지닌 아동과 그렇지 않은 아동 모두를 위한 서비스의 역사적, 철학적, 그리고 법적 기초를 명백하게 진술하기

1.2 아이들과 그들의 가족들을 위한 교육적, 사회적, 그리고 의료적 서비스에 관련된 윤리적, 정책적 쟁점을 확인하기

1.3 유아교육, 조기 특수교육, 특수교육의 최근 동향과 쟁점을 확인하기

1.4 아동과 가족들, 유아들을 위한 프로그램에 영향을 주는 법률을 확인하기

2.0 학습자의 특성

<지식>

2.1 특수한 학습요구를 지닌 아동 개인과 일반아동의 인지적, 신체적, 문화적, 사회적, 정서적 요구에 있어 유사성과 차이성

2.2 장애의 중증 및 중복 정도를 포함하여 특수한 학습요구를 지닌 개인의 차별적 특성

2.3 특수한 학습요구를 지닌 개인의 정상적, 이상적 의사소통 패턴의 특성

<기능>

2.1 전형적 유아성장과 비전형적 유아성장 이론들을 적용하고, 가족과 지역사회에 연관된 학습상황 속에서 인지적, 운동적, 사회-정서적, 의사소통, 적응적, 심미적 발달에 강조점을 두고 있는 최근의 연구를 응용하기

2.2 아동의 발달과 학습에 영향을 주는 생물학적, 환경적 조건들을 비롯해서 출생 전·후기의 발달과 요인들을 확인하기

2.3 유아들의 병인론과 유아들에게 나타나는 공통의 장애들을 포함하는 특정 장애를 확인하고, 생후 1년 이내의 발달과 학습에 대한 특정적 함의를 진술하기

2.4 문화적, 언어적 다양성에 대한 지식과 발달 및 학습에 대한 사회-문화적 그리고 정치적 맥락의 중요성을 적용하고, 가정· 문화·사회의 맥락 속에서 아동이 가장 잘 이해되도록 인식하기

2.5 스트레스와 정신적 충격의 발달적 계열, 보호적 요인과 회복력(resilience), 정신건강의 발달, 지원적 유대관계의 중요성에 대한 이해를 입증하기

3.0 측정·진단 및 평가

<지식>

3.1 측정에 사용되는 기본적 용어

3.2 측정에 관련된 윤리적 문제

3.3 개인의 측정에 관한 법적 조항, 규칙 및 지침

3.4 선별, 진단, 분류 등을 위해 적용되는 전형적 절차
3.5 등급점수 대 표준점수, 백분위, 연령과 학년수준에 상응한 점수의 적절한 적용과 해석
3.6 여러 가지 측정도구의 적절한 사용과 제한성
3.7 특수한 학습요구를 지닌 개인의 측정, 적격성, 프로그램화 및 교육배치 등의 영향을 고려한 전략들의 조정
3.8 측정과 교육배치 결정 간의 상호관계
3.9 특수한 학습 요구를 지닌 개인의 진보를 점검하는 방법

<기능>

3.1 아동의 인지적, 사회-정서, 의사소통, 운동, 적응적, 심미적 발달을 측정하기
3.2 아동의 학습과 발달에 대해 결정을 하기 위하여, 관찰법을 포함하여 비형식적이고 형식적인 다양한 측정도구들과 절차들을 선택하고 이용하기
3.3 수행되고 있는 측정의 목적에 기초를 두고, 설정된 준거와 표준에 따라 측정 도구와 절차를 선정하고 실행하기
3.4 계획하는 것을 돕고, 아동과 부모와 의사소통하고 아동이 자기측정을 하도록 하기 위해 아동의 학습에 대한 신뢰로운 성취중심의 측정을 개발하고 활용하기
3.5 사정과정에 활동적인 참여자로서 가족들을 포함시키기
3.6 가족 중심의 측정을 수행함에 있어 다른 전문성을 가진 그룹멤버로서 참여하고 협동하기
3.7 측정결과를 의사소통하고 IEP(개별화 교육 프로그램)와 IFSP(개별 가족단위 서비스 계획)의 개발과 운영에서 실제적 팀 참여자로서, 다른 사람들과 측정 결과를 종합하기
3.8 IFSP나 IEP상에 나타난 아동과 가족의 성과의 획득을 점검, 요

약, 평가하기

3.9 특정 감각 및 운동장애에 대한 측정 도구와 방안을 선정, 적용, 시행하기

3.10 다음 단계의 프로그램과 서비스를 선택하기 위해 가족과 의논하고, 전환계획에서 가족을 돕기

3.11 문화적으로 편파되지 않은 측정 도구와 절차들을 적용하기

3.12 아동, 가족, 그리고 지역사회를 위한 전체 환경의 종합적인 질을 확인하기 위해 형성적 및 최종적인 프로그램 평가를 개발하고 활용하기

4.0 수업내용과 실제

<지식>

4.1 특수한 학습요구를 지닌 개인의 학습양식을 식별하여 이들 양식을 교수에 적용하는 방법

4.2 일반교육 교실에서 개별화 수업과 같은 다양한 학습환경의 필요성

4.3 특수한 학습 요구를 지닌 개별 아동의 운동, 인지, 학업, 사회, 언어, 정의 및 기능적 생활능력 개발을 위한 교육과정

4.4 수업과 치료교육 방법, 기법, 그리고 교육과정 자료

4.5 수업방법과 매체를 수정하는 기법

4.6 독립생활, 지역생활, 개인생활, 그리고 고용에 적합한 생활 기능 수업

4.7 특수한 학습요구를 지닌 개별 아동에 대한 효과적 수업과 관련하여 가족, 학교, 지역사회 간의 상호관계에 영향을 미치는 문화적 관점

<기능>

4.1 개별아동, 가족, 지역사회, 그리고 교과과정의 목적과 내용에 기

반을 두어 발달적 및 개별적으로 적절한 교과과정과 수업 실제를 계획하고 적용하기

4.2 가족 구성원과 여타 전문가들과의 동반자적 관계 속에서 아동과 가족 모두의 성과를 종합하는 가운데, IFSP나 IEP를 개발하기

4.3 중재전략 설계에서 여타 관련분야로부터의 정보와 전략을 종합하기

4.4 언어적 차이를 포함하여 가족, 문화적, 사회적 다양성을 확인하고 존중하는 학습경험과 전략들을 개발하고 선정하기

4.5 최근발달 및 학습경험과 교수전략을 계획하고 후속단계의 교육적 장면에 그것들을 연계 지우기

4.6 운동, 감각, 건강, 의사소통, 사회-정서, 그리고 인지장애들을 포함하여 특정장애를 가진 아동에 대한 중재 교육과정과 방법들을 선택하기

4.7 놀이, 환경적 일상사, 부모-중재적 활동, 소그룹 프로젝트, 협동학습, 탐구경험, 체계적 수업을 포함하는 다양한 형태들을 사용하여 발달적으로나 기능적으로 적절한 개인 및 그룹 활동들을 적용하기

4.8 아동의 요구와 홍미에 초점을 두고, 아동의 가정에서 경험과 문화적으로 가치로운 내용을 고려한 통합적인 교육과정을 개발하고 운영하기

4.9 적응 및 보조 공학기술을 포함한 공학기술의 적절한 사용을 실천하기

4.10 교육적으로 건전하고 법적으로 타당한 수업실제를 적용하기

4.11 특수한 요구를 지닌 아동들을 위한 영양 및 섭식전략을 적용하기

4.12 적절한 건강 평가절차를 사용하고 지역사회의 건강과 사회적 서비스를 적정화하기 위한 참조와 그것이 미치는 후속 조치를

제안하기

4.13 아동의 발달과 가족 지원, 관심사, 선호에 따른 의료적 상태의 기술과 함의에 따라 유아들을 양호하는 방법을 포함하여 미숙, 저체중, 그리고 다른 의학적으로 병약한 아기들을 위한 의료적 보호의 측면을 확인하기

4.14 정서적 고통, 아동 학대, 유아에 대한 무관심의 조짐들을 인지하고, 확인되거나 의심되는 아동학대 및 거부를 보고하기 위한 절차를 수행하기

5.0 교수 및 수업환경의 계획과 운영

<지식>

5.1 특수한 학습요구를 지닌 개별아동에 대한 기본적 학급운영 이론, 방법 및 기법들

5.2 효과적 교수-학습운영을 위한 연구에 토대한 최선의 실천 탐색

5.3 교수 및 학습환경을 계획하고 운영하는데 도움을 주는 공학보조에 대한 방법들

<기능>

5.1 특별한 재능을 가진 아동들, 학습 및 발달요구 혹은 특정장애를 가진 아동의 특수한 요구에 따라 구체적으로 적응하기

5.2 적응 및 보조 공학기술을 포함하여 공학기술의 사용을 종합하는 계획을 설계하기

5.3 발달적으로나 기능적으로 적절한 자료, 설비, 환경을 선택하고 개발하고 평가하기

5.4 발달과 학습을 증진시키는 신체적 및 심리적으로 건강하고 안전한 학습환경을 선정하고 유지하기

5.5 적응 및 보조 공학기술을 포함하여 자료, 매체, 공학기술을 도

입하여 자극적으로 풍부한 실내·외 환경을 제공하기

5.6 집단 및 가정생활에서 아동의 발달을 최대화하기 위한 공간, 시간, 또래, 자료, 성인을 조직하기

5.7 영·유아를 위한 구체적 절차와 어린시절 병이나 전염병과 관련한 방안들을 포함하여, 유아를 위한 기본적 건강, 영양, 안전한 관리 실제를 수행하기

6.0 학생행동과 사회적 상호작용 기술 관리

<지식>

6.1 특수한 학습요구를 지닌 개별아동에 대한 행동관리의 계획과 수행에 관한 적용 가능한 법규, 규칙, 규정 그리고 적법한 절차

6.2 교실내의 행동관리와 관련하여 야기되는 윤리적 문제들

6.3 특수한 학습요구를 지닌 개별아동의 행동에 긍정적으로나 부정적으로 영향을 미치게 될 교사의 태도와 행동

6.4 교육적이고 기능적 생활환경에 필요한 사회기능과 사회기능 개발을 위한 효과적 수업

6.5 위기 방지 및 중재전략

6.6 복식학급, 다인종, 다중문화, 복합국가권 등에서 조화로우면서도 생산적으로 살아가도록 개인을 준비시키는 전략

<기능>

6.1 아동과 긍정적이고 지지적인 관계를 발전시키고 위해 아동 간의 긍정적 사회적 기술과 상호작용을 가르치고 고무시키기 위해 갈등해소의 긍정적 방법들을 증진시키고 자기통제, 자기 동기부여, 자아 존중감을 발전시키기 위해 개별적 및 집단적 생활지도와 문제해결 기법을 사용하기

6.2 덜 지시적이고 덜 구조화된 방법들(예를 들어, 언어적 지시나

모델링)에서부터 보다 지시적이고 보다 구조화된 방법들 (예를 들어, 응용 행동분석)에까지 여러 전략을 포함하여, 특수한 요구를 지닌 유아들에게 적절한 행동지원과 관리의 방법을 선택하고 수행하기

6.3 학습 및 발달을 위한 1차적 맥락으로써, 가족과 유아의 상호작용을 지원하고 촉진시키기

7.0 의사소통 및 협동적 동반자 관계

<지식>

7.1 문화적으로 대응해야 할 프로그램에서 특수아동 개인, 부모, 학교 및 지역사회 인사들과 효과적인 의사소통과 협력을 증진하는 요인들

7.2 특수한 학습요구를 지닌 아동의 부모가 갖는 전형적 관심사와 이들 관심사를 적절히 다룰 수 있도록 부모를 돕는 적합한 전략들

7.3 팀의 구성원들과 함께 협력하여 개별학생 프로그램을 개발하는 것

7.4 개별화 프로그램을 계획하는데 있어 특수아동 자신, 부모, 교사, 여타 학교 및 지역사회 인사들의 역할

7.5 특수한 학습요구를 지닌 개별 아동에 대해 다른 사람들과 신뢰할 수 있는 의사소통을 하기 위한 윤리적 문제들

<기능>

7.1 가족과 긍정적 및 협동적 관계를 맺고 유지하기

7.2 가족체제의 이론과 가정과 지역사회내의 역동성, 역할, 유대관계에 대한 지식을 적용하기

7.3 가족구조와 사회-문화적 배경들 속의 차이점에 대해 민감하게 대응하기

7.4 가족들이 그들의 자원, 우선 순위, 그들 아동의 발달과 관련된 관심사를 밝히는 것을 돕기

7.5 아동에 대한 부모의 선택과 목적들을 존중하고, 교육내용과 아동의 진전에 대해 부모와 효율적으로 대화하기

7.6 특수한 요구를 지닌 아동을 포함하여 아동에 대한 측정이나 계획에서 가족을 포함시키기

7.7 가족의 확인된 지원, 선호도, 관심사 등에 따른 일련의 가족중심적 서비스를 협력하고 자문하기

7.8 합당한 법적 절차에 맞게 가족 서비스를 적용하기

7.9 가족과 서비스를 평가하기

7.10 아동의 발달, 학습, 복지를 지원하기 위해 여타 전문가들 및 더 큰 지역사회의 관련기관과 협력하고 자문하기

7.11 여러 가지 서비스 전달 장면에서 팀 과정의 모델을 적용하기

7.12 팀 구성원들의 다양한 역할을 사용하기

7.13 아동과 가족의 요구와 서비스 체제 요구에 의해 결정된 팀의 기능을 확인하기

7.14 기관 간의 동의, 참조, 자문을 포함하여 기관 간의 협동을 지원하는 구조를 밝히기

7.15 팀 역할의 역동성, 상호작용, 의사소통, 팀 건설, 문제해결, 갈등해소를 밝히기 위하여 팀의 일원으로서 참여하기

7.16 상호의사소통 기술을 사용하기

7.17 병원, 집, 영·유아들, 취학전 및 초등단계 프로그램들 간의 전환을 지원하는 과정들과 전략을 평가하고 고안하기

7.18 다른 사람을 관리·감독하고 , 자문하고 지도하기

7.19 다른 사람을 감독하고 훈련하는 성인학습 원리를 적용하기

7.20 전문적 성장을 위한 스텝개발 요구와 전략의 확인을 촉진하기

7.21 다양한 장면에서 여러가지 자문 모델들을 적용하기

7.22 아동과 가족들 그리고 조직/발달 프로그램을 위한 서비스에 대해 자문을 해 주고 특정 영역의 내용에 대해 훈련하기
7.23 피드백을 제공하고 다른 사람들과 협력해 얻은 성취를 평가하기

8.0 전문성과 윤리적 실천

<지식>

8.1 자신의 교수에 영향을 미치는 개인적 문화 편견 및 차별성
8.2 특수한 학습 요구를 지닌 개별아동에 대한 하나의 모델로서 기여하는 교사역할의 중요성

<기능>

8.1 윤리적 수행에 대한 전문적 강령에 따르기
8.2 유아를 위한 프로그램과 서비스의 질을 향상시키고, 조기특수교육자들을 위한 전문적 지위와 작업 상태들을 고양시키면서, 유아와 그들 가족을 대신하는 지원자로서 봉사하기
8.3 자신의 전문적 실천, 발전, 수행을 되돌아보고 전문적 발전 계획을 평가하기
8.4 전문적 조직에서 능동적으로 참여하기
8.5 연구 보고서를 읽고 거기에 언급된 실제를 비판적으로 적용하기

이상의 지식과 기능은 조기 특수교육을 담당할 초임 교사들이 갖춰야할 수행능력들이다. 개별교사 양성 기관에서는 그들의 양성 프로그램이 위의 기준에 비추어 얼마나 충족되고 있는가를 구체적으로 점검해 볼 수 있을 것이다.

| Chapter 8 |

특수교육 교사의 윤리

8.1. 특수교육과 윤리

일반적으로 교육문제가 윤리적 측면에서 관련되는 것 이상으로 특수교육은 윤리적 문제와 깊이 연관되어 있다. 그러나 특수교육의 실천과정에서 우리는 특수교육을 지나치게 기능주의적 내지는 기술 공학적 모형으로 주조화 해오는 동안에 이외로 특수교육의 윤리적 측면을 도외시해 왔는지도 모른다. 따라서 교사교육의 측면에서도 특수교육 분야에서는 윤리문제에 대해 깊이 관여해 온 흔적이 거의 발견되지 않는다.

특수교육에서 윤리적 문제를 체계적으로 다룬 주목할만한 시도가 Howe와 Miramontes의 「특수교육 윤리학」(The Ethics of Special Education, 1992)에서 잘 나타나고 있다. 교육은 기본적으로 윤리적 문제의 더미이며, 그런 윤리적 문제들이 특수교육에서 심각하게 다루어져야할 이유를 두 측면에서 생각해 볼 수 있다. 그 첫째는 최근 몇 십년 동안에 공교육의 일환으로 특수아동의 교육권 보장문제가 대두되면서 중요한 윤리적 관심사로 떠오르게 되었다는 점이다. 특수아동들에게 공교육의 기회가 주어지거나 보장되지 않는 상황에서 특수교육은 그 자체로서 윤리적 문제를 논의할 수 있는 자리를 잃게 된다. 공교육권의 보장문제가 법제화되면서 그 법제화의 원리와 교육권 보장의 실천 간에 심각한 괴리현상이 제기됨으로서 특수교육은 교육문제에서 윤리적 숙고의 대상으로 구체화되어질 수 있다.

둘째로 특수교육은 그것이 갖는 '특수성'에 기초하여 대상 아동을 진단하여 분류하고, 그에 따라 특수교육의 조직을 구축해왔다. 특수교육에서 이 '특수성'에 대한 접근 방식과 관점에 따라 특수교육은 윤리적 문제가 아주 심각한 사안이 될 수 있다. 특히 '장애'의 명칭붙임이 아동의 생애에 미치는 영향, 또 분리교육과 통합교육에 따른 윤리적 고려 등이 그 대표적인 예가 될 수 있다.

윤리적 숙고는 우리가 "주어진 상황에서 고려해야할 모든 것에 따라 무엇을 행해야 할것이가?"를 결정하고자 할 때에 필연적으로 제기된다. 이 경우에 윤리적 숙고가 객관적으로 입증되는 단답형의 문제가 아니고, 본질적으로 복합적·불확정적·잠정적·주관적 판단을 요한다. 이런 윤리적 문제가 특수교육 분야에서는 국가의 특수교육에 대한 공공정책에서부터 현장에서 교사·학생·부모들이 당면하는 구체적 문제에 이르기까지 스며들어야 한다.

Howe와 Miramontes(1992)는 특수교육에서 윤리적 관심사의 주요주제를 "공공정책과 특수교육의 사명", "교육기관의 요구와 구속성", "의무의 자원으로서 학생과 부모" 등 세 측면으로 제시하고 있다. 특수교육 교사들은 그들이 당면하는 윤리적 문제들을 이상의 세가지 주제와 연관지어 그들 자신의 위치와 대응방식을 재점검해 보아야 한다. 이를테면, "공공정책과 특수교육의 사명"에 관련한 교사의 윤리적 숙고는 덜 직접적이고 개인적으로 받는 영향도 적을 수 있지만, 반대로 "의무의 자원으로서 학생과 부모" 문제에 대한 교사의 개입은 훨씬 직접적이고 개인적으로 당면하는 주요 문제들이다. 이에 비해 "교육기관의 요구와 구속성"에 관한 문제는 이상 두극단의 중간점에 위치하는 문제들이라 할 수 있다. 이하에서는 위의 세 주제에 따른 윤리적 문제와 특히 교사들이 개입하게 될 윤리적 숙고를 논의하고자 한다.

공공정책과 특수교육의 사명

이 문제와 관련한 특수교육의 윤리적 문제는 특수아동의 진단과 교육배치 과정에서의 합당한 절차(due process), 특수아동을 위한 교육자원의 정당한 배분, 특수교육의 관료적 · 치료적 구조 등에 걸친 세 측면에서 검토해 볼 수 있다.

현대사회에서 모든 개인은 그가 향유해야할 삶의 질의 한 조건으로서 적절한 공교육을 받을 권리가 있으며, 이 권리는 균등하게 보장되어야 한다. 이런 원리에 입각하여 법제화된 특수교육의 공공정책을 위한 중요한 성과가 1975년에 제정된 모든 장애아동교육법(Education for All Handicapped Children Act, P.L.94-142)이다. 이 법에서 표방하는 가장 기본적 원리는 공공정책으로서 특수교육의 실천을 위해 모든 특수아동에게 무상의 적절한 공교육권을 보장해 주는 것이다. 이를 위해 이 법에서 강조하는 주요 원칙의 하나가 소위 “합당한 절차”이다. 이 원칙은 선(good)을 극대화하기 위해 어떤 결과를 계산해야 할것인가 하는 문제와 관계 없이 비결과주의자(non-consequentialist)의 원리에 따라 존중되어야 한다.

미국의 공법(P.L.)94-142에서 “합당한 절차”의 보장은 개개 특수아동에게 무상의 적절한 교육권을 보장해 주기 위해 가능하면 제한적 환경을 줄이는 교육배치를 해주고자 하며, 이를 위해 개별화 교육계획을 수립하여야 하고, 이런 일련의 과정에 부모가 실제로 참여하는 것을 강조하고 있다. 이런 과정에서 개개 특수아동에게 무상의 공교육을 보장해 주는 것이 목적이지만, 이 목적의 실천과정에서 적합성을 보장하기 위해 분리교육 보다 가능하면 통합교육을 위한 대책을 얼마나 실질적으로 구현하며, 개별화 교육계획의 과정에서 실제로 부모가 참여하는 기회를 절차상에 어떻게 보장해 주느냐가 윤리적 숙고의 핵심과제가 된다.

우리나라의 특수교육 전달체제는 아직도 분리된 특수학교와 특수학급 체제가 아주 권위있게 존재하고 있다. 우선 교육권 보장의 측면에서 '기회균등'이라는 개념에서 볼 때, 아직도 특수아동에 대한 교육기회의 '불평등'이 당연한 현실로 수용되고 있다. 따라서 공공정책으로서 특수교육의 사명이 포기되고 있는 현실이라 할 수 있다. 이돈희(1992)는「교육정의론」에서 교육기회 배분 규칙의 형식성과 실제성을 논의하면서 특수교육 대상자에게 최소한 일반대상자의 자원수준을 보장하는 것은 어떤 특혜도 아니고 단지 공통요소의 성장이 불가능한 것에 대한 대안일 뿐이라고 했다.

우리나라는 분리교육 체제 위주로 특수교육 배치가 이루어지고 있으므로 통합교육을 위한 실질적 노력이 극히 미진한 상태이다. 이런 현실에서 우리나라에서 기존의 특수학교 체제 중심의 특수교육 전달체제를 계속 강화할 것인가, 일반학급 속에서 통합교육 전달체제를 보다 우선해서 강조할 것인가 하는 것은 공공정책으로서 특수교육의 윤리적 책임을 정립하는데 중요한 과제가 된다.

이런 관점에서「… (중략) 교육수행을 높이기 위해 특수학교를 더 짓는 것은 반대다. 문제는 통합교육이다. 앞으로 특수학급의 학생들을 일반학급으로, 특수학교 학생들을 특수학급으로, 특수학교에서는 시설이나 중증장애인이 교육받을 수 있는 곳으로 바뀌어져야 한다.」(장애인 복지신문, 1998. 10. 2.)는 최근의 인터뷰 기사는 주목할만한 시사점을 제공해 준다. 문제는 '적절한' 교육권 보장을 위한 원리와 절차의 정당성이다. 특히, 우리나라의 현실에서 특수아동을 위해 개별화교육을 교실교육에서 어떻게 정착시켜갈 것인가 하는 것이 교육재정이나 교사의 수행능력 측면에서 큰 과제로 남겨져 있는 가운데, 개별화 교육계획을 수립하기 위해 실질적으로 부모의 참여가 어떤 절차에 따라 보장되도록 하느냐가 공공정책으로서 특수교육의 사명을 실천하기 위한 주요한 과제로 남아있다. 이런 과제 자체가 특수교육 윤리적 숙고의 핵심적 문제가 된다.

두번째는 배분의 정의에 따라 특수아동에게 교육자원의 배분을 어떻게 정당화하느냐가 특수교육에서 중요한 윤리적 숙고의 과제가 된다. 공교육체제에서 중류계층의 보통 수준의 아동들을 대상으로 교육내용과 재정의 배분원칙을 설정해 온 것이 역사적 관례로 굳어져 왔다. 우리나라에서 특수교육 진흥법상에 특수교육 대상 아동에 대한 무상의무 교육권이 규정되기 이전까지, 특수아동은 학령기가 되어도 취학유예 혹은 면제의 대상으로 사실상 공교육권 보장에서 제외되어 왔다. 현재 개정된 특수교육진흥법에서 특수교육 대상 아동에게 초등 6년과 중학 3년간의 9년제의 의무교육 기간을 설정한 것은 일반아동의 교육권을 기준으로 한 '최소한'의 교육권 배분이다. 이것은 "특수교육 대상자에게 최소 성장한 일반교육 대상자에 배분되는 자원을 최소한 보장"(이돈희, 1992) 하기 위한 교육기회의 배분규칙에 불과하다.

그러나 이와 같은 명시적 규정에 의한 최소한의 교육권(배분의 정의) 마저도, 현실적으로 그 배분이 아주 불공정하게 실현되고 있다. 대도시의 특수학교 경우, 부모들이 시설과 교육 프로그램을 잘 갖춘 양질의 특수학교에 자녀를 입학시키기 위해 몰려옴으로써, 당해 특수학교에서는 주어진 입학정원 내에서 선발을 해야하기 때문에 장애가 심하거나 복잡한 중증중복 장애아동은 의도적으로 제외시켜 버린다. 따라서 특수학교에서 조차 장애가 심한 아동들은 상대적으로 장애가 가벼운 아동들에게 밀려나야 한다. 또 농어촌에 살고 있는 장애아동은 그들이 거주하는 지역에 특수학교가 없기 때문에 학령기가 되어도 가정에 머물러 있거나, 대도시에 보호자와 함께 따로 이주를 해야함으로 경제적으로 별도의 부담을 떠안아야 한다.

이와 같은 현실은 교육자원의 공정한 배분을 위한 정의의 원칙에 위반되는 모순의 대표적 예이다. 교육자원의 배분이 대부분의 일반아동에게는 최대한의 수준으로 접근하면서, 왜 소수의 장애아동에게는 최소한의 수준에도 못미치는 불이익을 초래하고 있는가? 이 경우에 흔히 재정적 이유를 들고 있지만, 교육적으로 불리한 처지에 있는 소수의 특수아동들에게 우선해서 더 많은 것이 돌아갈 수 있도록 하는 순차적 '배분의 정의' 측면에서 볼 때 불공정하기 짝이 없다. 교육자원의 공정한 배분을 위해 중증장애인에게도 아무리 어렵더라도 그에게 맞는 특수교육 기회가 보장되도록 해야 한다.

끝으로 특수교육이 전통적으로 구축해 온 관료적-치료적 구조(bureau-therapeutic structure)는 공공정책으로서 특수교육의 기능적 모순을 은밀히 은폐하고 있어, 윤리적 숙고의 중요한 과제가 된다. 우리나라의 특수교육진흥법이나 미국의 특수교육법(P.L. 94-142)에서는 특수교육의 대상을 장애영역별로 시각장애, 청각장애, 언어장애, 정신지체, 지체부자유, 정서장애, 학습장애 등으로 명백히 구분하여 규정하고 있다. 이에 따라 특수교육의 행정조직과 학교조직은 장애영역 중심으로 관료화되어 있을뿐더러 이런 관료조직 속에서 특수교육은 장애의 진단과 치료적 기능에 그 초점을 맞추어 왔다. 이러한 관행에 따라 특수교육은 철저히 관료적-치료적 구조의 틀로 주조되어 왔다. 따라서 이런 관행적 전통에 비추어 볼 때, 오늘날 공공정책으로서의 특수교육은 누구를 위한 교육이며, 무엇을 위한 교육인지 되묻지 않을 수 없다. 특수교육의 윤리적 책무를 위해 특수교육의 관료적-치료적 구조는 과감히 해체되어야 한다. 그 내면적 이유와 문제점을 이하에서 좀 더 구체적으로 논의해 보고자 한다.

특수교육에서 수요자중심 교육의 허구와 함정

우리나라 교육의 전반적 개혁을 위해 최근 몇 년간(1995-97) "세계화·정보화 시대를 주도하는 신교육체제 수립을 위한 교육개혁 방안"이 수차례에 걸쳐 발표되었다. 이 개혁 방안에서 핵심적 위치를 차지하는 개혁의 논리는 '수요자 중심의 교육'으로 초점이 모아지고 있다. 교육개혁에서 이 논리는 교육체제 운영의 주도권이 교육공급자(교육행정가, 교사)위주에서 교육수요자(학생, 학부모)중심으로 이동되는 것을 의미한다.

수요자 중심의 교육은 개개 학습자의 학습권을 존중하고 이를 보장하기 위한 교육적 노력이다. 학습권의 존중과 보장이라는 기본 원칙에서 볼 때, 오늘날 공교육제도의 확충으로 학교교육이 국가에 전적으로 위임된 상황에서 국가가 모든 국민에게 교육 받을 의무를 부과하는 것은 당연한 조처라 하더라도, 학습자가 취학해야할 학교와 교육과정까지 일방적으로 부과하여 결정하는 것은 엄청난 오류이자 모순일 수 있다.

수요자 중심 교육은 현재 만연되어 있는 거대한 공교육체제의 문제점들을 개혁할 수 있는 가장 절실한(효과적) 대안으로 인식되고 있다. 오늘날 공교육체제가 드러내는 문제는 흔히 "무기력, 타성, 질적 타락, 책무성의 부재" 등으로 지적되고 있다. 이 문제의 주된 원인은 학교들이 학생유치를 위해 경쟁해야할 필요도 없고, 고객의 요구에 반드시 부응해야할 필요도 없으며, 자신의 교육적 실패에 대해 책임질 필요도 없는 '공급자 중심 교육체제'의 전통 때문일 수 있다. 이런 전통의 혜택 권내에서 특수교육은 교육의 수월성 제고라든지 질 높은 교육을 위해 철저히 노력하지 않아도 되는 보호막 속에 안주해왔다. 그래서 "특수학교는 자기책임을 학생에게 전가하여 생존을 보장받는 곳"으로 그 위치를 굳혀가고 있다.

오늘날 우리나라의 특수교육은 개별화 교육의 실천을 통한 학습자 중심교육을 유독 강조하고 있지만, 교육의 실천과정에서 보이고 있는 교육과정 운영의 양상을 보면 철저하게 공급자 중심의 교육이다. 우리나라에서 특수학교 교육과정은 국가수준에서 아주 권위있게 개발되어 고시되고, 고시된 국가교육과정의 기준에 따라 교과목과 시간배당

이 결정되고, 국가에서 개발한 국정교과서에 따라 교사는 주어진 시간표와 교과서를 표준적 절차에 따라 전달하기만 하면 된다.

수요자 중심교육에서 수요자로서 주된(1차) 고객은 학생과 부모이다. 일반교육에서는 기업체가 교육 수요자로서 상당한 압력을 행사할 수 있지만, 특수교육에서는 1차적으로 학생과 학부모의 요구와 필요를 우선적으로 존중해야 한다. 우리나라의 상황에서 특수교육 분야는 가장 수요자 중심 교육이어야 함에도 가장 공급자 중심 교육체제로 굳혀져 있다. 따라서 우리의 특수교육 현실에서 '수요자 중심 교육의 허구'가 무엇인지, 이것을 극복하기 위해 구체적으로 어떤 개혁의 노력이 있어야 하는가를 '윤리적 숙고'의 주요 과제로 떠올려야 한다. 장애자녀를 둔 부모의 실질적 참여가 이루어지도록 하기 위해 무엇을 어떻게 할것인가? 특수아동 한 사람 마다의 독특한 교육적 요구를 존중하여 이를 충족시켜 주기 위해 교육의 과정에서 무엇을 어떻게 하여야 할것이가? 이런 질문에 대해 교육 공급자인 특수교육 행정가와 특수교육 교사 쪽에서 교육수요자의 입장에 자신을 전치(轉置)하여 그 해답을 얻어내기 위해 철저히 숙고하고 실천해 나가야 한다.

'수요자 중심 교육'이라는 표현은 오늘날 교육개혁을 시장논리에 따라 설정한 신자유주의적 사고형식이라 할 수 있다. 교육에서 '수요자중심 교육'은 '학습자중심 교육'으로 표현하는 것이 온당하다. 우리 특수교육 분야에서는 일찍이 학습자의 독특한 요구를 중시하는 학습자중심 교육을 강조하지 않은 적이 없었다. 교육개혁에서 강조하는 '학습자 중심'은 특히 학습자에게 맞는(필요한) 교육기관과 교육내용을 선택할 수 있게 한다는데 초점이 있다. 그러나 이 개혁논리의 가장 치명적 문제는 현실적으로 그 선택의 불완전성에 있다. 그 불완전성의 원인은 교육시장 자체의 속성과 교육수요자의 특성에서 찾아진다. 특히 교육 수요자(학습자)의 선택 능력 제약성의 심각성을 이차영(1998)은 다음과 같이 적절히 지적해 주고 있다.

> 많은 경우에 수요자들은 일방적인 의미 이상으로는 그들이 진정으로 무엇을 원하는 지를 잘 모른다. 교육은 그 가장 대표적인 경우이다. 학생들은 그들이 필요로 하거나 원하는 것에 대해 희미한 감각만을 가지고 있을 따름이다. 학생은 그들이 무엇을 언제 어떻게 배우는 것이 자신에게 교육적으로 유익한지를 잘 모른다. 심지어 대학생의 경우에도 그것은 마찬가지다. 물리학과 학생에게 물리학과 교육과정의 구성을 의뢰할 수는 없는 일이다. 어떤 분야에서건, 그리고 학습자가 어떤 수준에 놓여있건, 그는 자기가 놓여있는 분야와 그 수준 이상의 세계에 대해 알 수 없다. 그렇기 때문에 그는 배우는 것이고 가르치는 사람의 도움을 받아 그 배움을 촉진하는 것이다. (이차영 1998, P. 138).

특수교육 분야에서 학습자의 선택 능력 제약성은 훨씬 심각한 문제로 대두된다. 특히 발달장애 학생의 경우 스스로가 자신의 요구와 필요가 무엇이며, 이를 위해 자신이 무엇을 어떻게 배워야 유익한지를 알지 못하고 있는 상태이다.

따라서 특수교육 정책입안자들은 세련된 특수교육 정책을 입안하여 특수교육의 공적 가치를 구현해 가야하고, 특수교육 교사들은 윤리적 숙고를 통한 그들의 교육적 이유와 판단에 따라 학습자를 안내해야 한다.

'학습자 중심' 혹은 '학습자 존중'의 핵심적(교육적) 의미는 교육 제도와 내용의 운영 목표를 학습자의 교육적 성장에 두면서, 무엇이 학습자의 교육적 성장을 위해 참으로 의미있고 가치있는 것인지는 학습자가 판단할 문제가 아니라, 교육전문가가 윤리적 판단의 토대 위에서 개별학습자에 대한 이해를 바탕으로 수행해야할 문제이다. 이런 측면에서 특수교육에서 '수요자 중심'의 교육개혁 논리의 타당성은 재검토 되어야 한다.

8.2. 특수교육 교사의 윤리적 각성과 책무

교육권 보장은 그 자체가 사회정의의 주요 지표가 되며, 그것은 논리적으로 당연히 윤리적 문제로 연관된다. 교육권 보장의 일반적 원칙은 교육기회균등의 원칙에서 논의되어 질 수 있으며, 그것의 실질적(내용적) 기준은 학습권 보장의 측면에서 구체화되어야 한다. 특수교육 교사의 윤리적 각성과 책무는 교육기회 균등의 원칙에서 본 교육권 보장의 측면에서 볼 때 간접적이고 추상적인 수준에 머물게 되지만, 개별 학습자의 '학습권' 보장의 측면에서 볼 때 그것은 훨씬 직접적이고 구체적인 문제로 제기될 수 있다. 따라서 여기서는 특수아동의 '학습권' 보장의 차원에서 특수교육 교사의 윤리적 각성과 책무를 논의해 보고자 한다.

8.2.1. 특수아동의 진단·분류·교육배치와 특수교육 교사의 윤리

특수아동을 진단하여 장애 명칭에 따라 분류하고, 그 분류기준에 따라 교육배치를 결정하는 과정에서 특수교육은 그 자체로 윤리적 문제에 깊숙이 연관되어 있다. 이런 일련의 과정에서 특수교육 교사는 자신의 전문성(professionalism)에 입각하여 윤리적으로 온당한 판단과 개입을 하여야 한다. '특수아동'을 진단하고 분류하여 장애영역에 따른 명칭붙임(labelling)은 법제화된 제도의 틀 속에서 전문성이라는 명분으로 '관료화' 되어 있다. 이런 전문적 관료화의 틀 속에 교사 자신은 순응해 왔기 때문에 특수아동의 진단·분류·교육배치 과정에서 야기될 수 있는 윤리적 문제에 무감각하게 될 수 있다. 그러나 전술한 바와 같이 교육의 수요자인 특수아동 당사자와 그들 부모의 입장에서 즉, "진단 받고 분류되어 특수교육 장면에 배치되는" 입장에서 이 문제를 받아들일 때, 아주 심각하고도 민감한(갈등적) 윤리적 문제에 당면하게 된다. 따라서 특수교육 교사는 진단받고 분류되는 특수아동 당사자와 그들 부모의 입장에서 이 문제에 개입하고 판단을 하여야 한다. 특수아동의 진단·분류·교육배치 과정에서 전문가들은 그들이 설정한 전문성의 목록이나 패러다임 속에 들어오는 것에 한정해서 판정을 하기 때문에 특수아동의 교육 가능성에 대한 총체적 관점을 갖지 못하고 자기가 보는 부분과 측면에 대한 전문적 과학성을 기준으로 '관료화'해 버린다.

특수교육에서 특수아동의 분류와 그것이 미치는 영향에 대한 심도 있는 연구는 일찍이 Nicholas Hobbs(1976)에 의해 수행된 특수아동의 분류에 대한 프로젝트 보고서(Report of the Project on Classificatiion of Exceptional Children)에서 잘 지적되고 있다. 이 보고서는 「아동의 미래」(The Futures of Children)라는 제목으로 출판되었는데, 이 제목이 암시하듯이 특수아동을 특수교육 대상으로 분류하여 범주별로 이름을 붙여 배치함에 따라 그것이 아동의 미래에 미치는 영향이 얼마나 심대한가를 상기시키고 있다.

최근에는 Christensen과 Fazalrizvi(1996) 등이 중심이 되어 "장애와 교육 및 정의의 딜레마"(Disability and the Dilemmas of Education and Justice)에서 장애와 정의의 담론, 교육윤리 및 사회정의와 장애아동, 특수교육에서 전문성에 대한 갈등과 딜레마 등을 윤리적 측면에서 다루고 있어 주목할만하다. 특히, Hobbs(1976)는 특수아동의 분류 결과는 당해 아동에게 단지 장애의 명칭을 붙이는 것 이상으로 이후에 그의 삶의 질에 지속적으로 미치는 영향을 경고하고 있다. 가령 정신지체나 정서장애로 분류된 아동들은 그들에게 붙여진 장애명칭의 범주적 특성에 따라 시설이나 특수교육 기관에 배치되어, 그들 기관이 같은 조직의 특성이나 풍토에 순응하는 성원이 되도록 강요된다.

이런 측면에서 1966년에 Burton Blatt와 Fred Kaplan이 보고한 "연옥에서의 크리스마스"(Christmas in Purgatory : A Photographic Essay)는

사실적 묘사에 충실한 질적 연구 보고서로서 많은 것을 느끼게 한다. 이 보고서에서 Blatt와 Kaplan은 시설에 수용된 정신지체 아동과 성인들의 일상생활을 장기간 참여 관찰하여 사진으로 그 장면을 훤히 들여다보듯 현상적 묘사를 사실적으로 나타냄으로서 많은 충격을 주었다. 그기에 담겨진 묘사의 이미지는 마치 2차대전 전쟁터에서나 일어날 법한 전율로 가득 차 있다. 시설에 수용된 정신지체인들은 대부분 벗겨진 채 해골이 앙상한 모습으로 방의 한구석이나 벤치에 움추려 있으며, 기숙사는 너무 붐벼서 방의 한쪽에서 다른 쪽으로 옮겨가기 위해서는 침대를 뛰어 넘거나 빗장을 건 문이나 창문을 거쳐 가지 않으면 안되었고, 어떤 아이들은 죄수복 같은 것을 걸치고 아무런 도움 없이 누워있거나 심지어는 남루한 모습으로 가구에 묶여 있었다고 묘사한다. 이 모든 장면은 몇 세기 전의 수용소와 같은 사진 장면에서나 볼 수 있는 것이지 1966년에 장애인 시설에서 일어나는 일로는 도저히 믿기 어려운 것이다.

이와 비슷한 현상과 사례는 우리나라의 장애인 복지시설에서도 적잖게 포착될 수 있는 것이다. 장애인 복지시설이나 기숙제 특수학교 등에서 야기되는 비리 문제나 원생들의 집단 이탈 행동 등은 바로 이런 '시설병리'에 근본문제가 있다. 바깥 세상은 현란하게 변화하고 있을 지라도, 장애인 시설의 풍토는 결코 달라지지 않는다는 말은 서양사회에서 하나의 '속담'처럼 전해 내려오고 있다. 이처럼 시설은 시설나름의 은유적 강요성(metapholical requirements)을 띠고 있기 때문에, 시설에 종사하는 직원들도 이와 같은 은유적 풍토에 자기도 모르게 타성화 되어버린다. 이런 은유적 풍토가 '일상화'되어 버릴 때, 시설 종사자는 물론 그곳을 바라보는 세상사람들의 윤리적 감각도 그에 따라 무디어지게 마련이다. 이처럼 우리는 특수교육이라는 이름 하에 혹은 장애인 복지라는 명분 하에 특수아동과 장애인의 인권이나 삶의 질의 문제를 늘상 해오던 관행에 따라 관료화해 버림으로써 장애의 진단, 분류, 처치에 따른 심각한 윤리문제를 간과해 버릴 수 있다.

8.2.2. 교육과정 운영과 특수교육 교사의 윤리

교사는 교육과정 운영의 주체자이다. 교육과정 운영의 1차적 담당자로서 교사는 교육과정 활동을 통해 학생들과 더불어 살아가는 사람이다. 오늘날 국가통치 체제로서 공교육 기능의 강화는 교육의 관료화를 초래하였고, 이 같은 경향은 교사의 전문직적 권위와 책무에 불리한 영향을 미치고 있다. 관료주의적 국가적 통제가 교사의 전문직적 권위에 미치는 영향을 이돈희(1992)는 다음과 같이 지적하고 있다.

> 각급학교의 교육이 어떤 목표를 추구해야 하고 그 내용은 무엇으로 구성되며, 교육활동의 과정은 어떠한 방식으로 조직되어야 하는가가 집중적 통제원리에 의해서 규격화되어 있다. 이러한 상황에서는 교원의 직업적 전문성이 발휘될 수 있는 범위가 사소한 기술적 요소에 머물 수밖에 없다. 그들의 전문성은 수준 높은 권위와 위세를 누리기가 어렵다. 그들이 교육의 현장을 개선하기 위하여 어떤 자발적이고 창의적인 노력을 한다는 것은 지극히 제한된 범위 내에서만 가능한 것이다. 현실적으로 교직의 전문성은 이름만의 것이다. 자격증을 소유한 사람과 소유하지 못한 사람의 차이는 다만 공식적 증서의 소지 이상의 차이가 없을 정도로 되어 있다. 그것은 소지자에게 문제가 있는 것이 아니라 소지자가 활동하는 장의 제도적 요청이 그러하기 때문이다. 그러나 전문직이라는 명목성은 그들에게 고도의 윤리적 기준만 강하게 적용시키려고 하며 실질적 권위와 책무에 관해서는 사회적 관심이 별로 주어지지 않는다. (이돈희, 1992, pp. 313-314)

이상의 지적이 수긍할만한 것이라면, 여기에 두 가지 측면의 중대한 의미를 찾아 볼 수 있다. 그 하나는 오늘날 관료제적 공교육 하에서 교사의 전문성이 발휘될 수 있는 범위가 "사소한 기술적 요소"에 머물 수 밖에 없는 현실이다. 필자는 이 절의 첫 문장에서 "교사는 교육과정 운영의 주체자"이라고 규정했다. 교사가 교육과정 구성과 운영의 주체자이기 위해서는 교사자신에게 교육과정 구성과 운영의 자율성이 대폭 위임되어 있어야 한다. 그러나 공교육체제 하에서 교육의 관료주의적 통제가 강화되면서 교육과정 개발과 운영에 있어 교사가 누릴 수 있는 '자율권'의 범위는 극히 제한적이다. 전술한 바와 같이, 오늘날 교사는 주어진 교육과정의 틀 속에서 규격화된 교육내용을 전달하는 기술자에 머물고 있다. 교사의 윤리적 책무가 교육행위의 과정에서 중심적 문제가 되도록 하기 위해서 교사에게 교육과정을 구성하여 운영하는 상당한 자율성이 허용되도록 해야 하며, 이렇게 할 때 교사의 윤리적 책무가 진정한 의무로서 의미가 있는 것이다.

이런 측면에서 위의 인용에서 이돈희 교수가 "전문직이라는 명목성이 교사들에게 고도의 윤리적 기준만 강하게 적용시키려고 할 뿐, 교사의 실질적 권위와 책무에 대해서는 사회적 관심이 별로 주어지지 않는다"고 지적한 것은 퍽 적절하다.

이처럼 교사의 윤리적 각성과 책무가 참으로 엄격히 관리되기 위해서는 교사에게 그가 주도하는 교육행위를 자율적으로 구성하고 운용할 수 있게 하는 자율성이 교육현장에서 실질적으로 보장될 수 있게 해야 한다. 오늘의 관료체제 교육통제의 현실에서 교사에게 교육과정 운영상의 자율성이 실질적으로 극히 제한 되고 있다면, 이 제한된 '구속의 현실'에서 자신을 해방시키기 위한 자각적 노력을 철저화 하는 것 또한 교사의 중요한 윤리적 책무이다.

나아가 교사의 윤리적 책무는 소극적으로 그에게 가해지는 외적 통제에 대한 자율성 회복의 차원에서 뿐만 아니라, 적극적으로 교사 스스로 능동적으로 교육행위의 내면적 기준에 따라 자신의 윤리적 책무를 다하고자하는 각성이어야 한다. 관료제적 구속으로부터의 해방을 위한 자각적 노력과 더불어 교사는 교육행위의 주체적 담당자로서 무한한 책임의 자각이 철저화되어야 자라나는 세대에게 꿈과 희망을 주는 교육을 펼쳐 갈 수 있다. 이런 측면에서 CEC의 특수교육 교사자격 국제 표준(1995)에서 제시한 전문지식과 기술 가운데 '전문성과 윤리적 실천'의 영역에서 "특수아동에게 하나의 교육적 모델로서 기여하는 교사 역할의 중요성"에 대한 지식과, "교직 생활에서 매너리즘에 빠지지 않고 교육과정 프로그램 개발과 수업계획 등에 요구되는 전문적 업무 수행의 증진과 유지"에 필요한 기능을 주요 수행능력(competencies)으로 설정하고 있는 것은 교육의 내면적 기준에 따른 교사의 적극적인 윤리적 책무를 강조한 것으로 볼 수 있다. 필자는 "특수교육 교사의 전문성과 윤리성"(1995)을 주제로 한 특수교육 교사연찬 특강을 통해 교직에서 윤리적 책무가 유독 문제가 될 수 있는 것은 교사가 가르치는 일의 본질에 비추어 연역된다는 입장에서, 다음의 세 측면에서 교직 윤리성의 고유성과 엄격성을 논의한 바 있다.

첫째로 교직은 세상사의 다른 일과 본질적으로 다르기 때문에 특히 교사 자신에 의한 봉사와 헌신적 윤리가 철저히 뒷받침되어야 한다. 교사는 한 인간의 기본적 삶의 질에 관여하여, 자라나는 세대에게 세계를 보여 주는 일을 한다. 교사는 한 인간의 인간됨에 관여하기 때문에 그가 하는 일은 인간전체에 대한 완전한 봉사와 헌신이어야 한다. 특수교육에서 장애아동에 대한 교사의 봉사와 헌신은 흔히 시혜적 혹은 동정적 발상에서 강조되기 쉽다. 특수교육 교사가 장애아동의 교육에서 발휘해야할 봉사와 헌신은 사회사업적 시혜나 종교적 자선 같은 것이 아니라, 교육활동의 본질에서 당연히 발휘되어야할 윤리적 책무로서 강조되어야 한다.

둘째로 교사는 교육작용의 주체자로서 그 자신이 아동 학생들에게 교육적 경험의 대상이기 때문에, 스스로 사범적(師範的) 삶의 전형을 보여야 한다는 점에서 보다 막중한 윤리적 책무를 감당해야 한다.

교사가 피교육자에게 주는 경험은 정규교과활동을 통한 간접적 경험과 교사자신이 드러내 보이는 삶의 모습 자체에 대한 직접적 경험으로 나누어 볼 수 있겠으나, 교육 실천의 과정에서 이와 같은 간접경험과 직접경험의 구분은 사실상 불가능하다. 교사가 교과를 해석하여 그 의미를 학생들에게 전수하는 과정에서 필연적으로 교사 자신의 삶을 반영하게 되고 학생은 그것을 경험하게 된다. 즉, 교육의 과정에서 학생들은 교사 자체가 아닌 교과목의 어떤 주제를 배운다고 할지라도, 그 과정에서 학생은 그 교사의 삶을 함께 경험하게 된다. 따라서 학교 교육이 궁극적으로 성공했다는 징표는 그 교육을 받은 학생이 나도 장차 우리 선생님과 같은 훌륭한 사람이 되겠노라는 생각을 가지게 되었을 때 가장 확실히 입증되는 셈이다.

마지막으로, 교사에 의한 잘못된 교육적 오류는 금방 확인되기는 어렵지만, 그것이 미치는 영향은 아동의 전생애에 걸쳐 매우 심대하기 때문에 교육적 오류를 최소화하기 위한 교사의 윤리적 책무는 아주 엄격해야 한다. 따라서 교사는 자라나는 세대에게 바른 삶의 생명을 불어 넣기 위해 자신의 피를 뽑아 환자에게 수혈해 주는 자세로 '가르치는 일'에 임해야 한다. 탈무드의 기록은 제자에게 삶의 길을 열어 주는 교사의 책임을 잘 시사해 주고 있다.

> 히브리어의 아버지라는 말에는 교사라는 뜻도 담겨 있다. 만약 아버지와 스승이 함께 감옥에 갇혀 있어 한 사람만을 구출해야 할 처지라면 너의 아버지를 도우기에 앞서 스승을 먼저 구출하라. 왜냐하면 아버지는 이 세상에 다만 너의 생명만을 주었지마는 스승은 내세에 대한 생활을 완전하게 해주기 때문이다.

이처럼 교사는 교육적 경험과 이해를 통해 자라는 세대를 바른 삶의 길로 인도해야할 막중한 윤리적 책무가 있으며, 이 책무를 실천하는 교사만이 진정한 스승이 될 자격이 있다. 특수교육 교사는 교육대상 아동이 보이는 '특수성' 때문에 보다 높은 전문성을 지닐 뿐만 아니라 학습자에 대한 헌신적 윤리성이 내면화되어 있어야 한다. 교사의 질이 교육의 질을 능가 할 수 없다는 말이 허구가 아니기 위해서는 교육 주체자로서 교사의 윤리적 각성이 무엇보다 중요한 과제가 된다.

8.3. 특수교육 교사의 윤리강령

우리나라에서 특수교육 교사를 위한 윤리강령이 아직 실정적으로 규정되어 공포된 것이 없으나, 한국 교원의 실정 윤리규정은 특수교육 교원에게도 그대로 적용되는 실정윤리 규정이므로 이하에서 한국 교원 윤리강령(1958)과 사도강령(1982)을 각각 소개하고자 한다.

한국교원 윤리강령

한국교원 윤리강령은 대한교육연합회 대의원회에서 1958년에 채택하였는데, 그 내용은 전문에 이어 학생, 가정, 사회, 교직, 교양 등으로 다음과 같다.

> 민주국가의 주인은 민중이므로 주인을 주인답게 길러내는 교육은 가장 중대한 국가적 과업이다. 그러므로 이제 우리 겨레가 유구한 역사와 찬란한 문화를 계승 발전시키며 세계 민주우방과 대오를 같이 하여 인류평화 증진에 기여하고저 하려면 무엇보다도 국민교육의 혁신과 그 진홍에 전력을 다하지 않으면 아니된다. 그러기 위하여 우리 교원은 민족번영의 선험자로서 나라 살림을 바로 잡는다는 긍지를 가지고 교육을 통하여 국가에 충성을 다하며 인간의 존엄성과 기회균등을 토대로 하는 숭고한 민

주주의 교육이념을 믿고 이의 철저한 실현을 위하여 봉사하며 교원의 성품과 언행이 학생의 성장을 좌우할 뿐 아니라 국민도의 혁신의 관건이 된다는 엄연한 사실을 깨달아 교원윤리 확립에 헌신할 것을 스스로 기억하여야 한다. 이러한 중대사명은 교육을 직업으로 택한 모든 교원이 연대책임을 지고 단결함으로써 이루어질 수 있다.

제1장 학생

교원의 기본임무는 민주주의 생활방식을 통하여 학생으로 하여금 고상한 인격과 자유정신을 가지고 국가사회에 봉사할 수 있는 유능한 인물이 되게 하는 데 있다. 그러므로,

1. 교원은 학생의 인격을 존중한다.
2. 교원은 학생의 심신의 발달이나 가정의 환경에 따라 차별을 두지 않고 공평하게 지도한다.
3. 교원은 학생의 개성을 존중하며 그들의 개인차와 요구에 맞도록 지도한다.
4. 교원은 학생개인의 결점이나 비밀을 공개하지 않고 언제나 품위 있는 언동으로 그들을 지도한다.
5. 교원은 학생으로 하여금 직업의 귀중함을 깨닫게 하며 그들의 능력에 따라 직업을 신중하게 선택하고 그에 필요한 훈련을 받도록 장려한다.
6. 교원은 학생 스스로가 이상을 세우는데 협조하며 협동성 있는 국가사회의 일원이 되도록 길러준다.

제2장 가정

교원은 학생의 성장발달을 돕기 위하여 부모와 함께 책임을 진다. 그러므로,

1. 교원은 학생의 가정과 친밀하고 유기적인 관계를 맺도록 노력한다.

2. 교원은 학교의 방침과 학생의 성장발전을 부단히 가정에 알리고 가정교육에 대하여 적극적으로 협력한다.
3. 교원은 자녀에 대한 부모의 책임을 존중하고 의견을 학교교육에 반영시킨다.
4. 교원은 부모의 경제적, 사회적 지위를 함부로 이용하지 않으며 이에 좌우되지 않는다.
5. 교원은 사친회의 정상적인 운영을 위하여 적극적으로 협조한다.

제3장 사회

교원은 학교와 지역사회와의 우호적이며 협조적인 상호작용의 핵심이 된다. 그러므로,

1. 교원은 사회의 일원으로서 모든 책임과 의무를 완수한다.
2. 교원은 사회의 전통과 미풍을 존중하며 그 순화와 개선에 노력한다.
3. 교원은 사회실정을 정확히 파악하고 그 생활과 문화의 향상을 위하여 적극적으로 봉사한다.
4. 교원은 사회의 요구를 교육계획에 반영시키며 학교의 활동을 널리 사회에 알린다.
5. 교원은 파당적, 편파적 활동에 참여하지 않으며 교육을 그 방편으로 삼지 않는다.

제4장 교직

교원은 교직의 권위와 중요성을 인식하고 교직에 충성을 다한다. 그러므로,

1. 교원은 국법을 준수하고 질서를 존중하며 동료간의 친목과 협조로서 건실한 학원 분위기 조성에 노력한다.
2. 교원은 교육계획에 적극적으로 참여하여 일단 결정된 일에 대해서는 이를 충실히 실천한다.

3. 교원은 임명, 전임 또는 승진에 부정한 수단과 방법을 쓰지 아니한다.
4. 교원은 교직을 이용하여 물질적인 이익을 도모하지 아니한다.
5. 교원은 그 사회적 향상과 복지의 증진을 위하여 교직단체 활동에 적극참가한다.

제5장 교양

교원은 국민의 사표이며 학생의 거울이다. 그러므로,

1. 교원은 높은 이상과 굳은 지조를 가지고 퇴폐적 풍조에 물들지 아니한다.
2. 교원은 그 언어와 행동이 학생과 사회의 존경을 받도록 교양을 높인다.
3. 교원은 자기의 성장발전을 위하여 부단히 연구조사하고 이러한 회합에 적극 참가한다.
4. 교원은 여가를 선용하여 건전한 오락과 고상한 취미를 가진다.
5. 교원은 단란한 가정을 이룩하고 사회일반의 모범이 된다.

이상에서 규정된 한국교원 윤리강령 내용을 보면, 학생에 대한 교사의 윤리적 책무를 비롯해서 학부모와 지역사회와의 관계에 이르기까지 언급하고 있으며, 교직에 대해서는 "교원은 교직의 권위와 중요성을 인식하여 교직에 충성을 다한다"고 하여 교직의 전문직적 권위를 존중하는 측면보다 교직에의 충성심을 강요하고 있는 듯하다.

사도강령

사도강령은 1982년 대한교육연합회 대의원회에서 채택하여 공포된 것으로 전문을 비롯하여 스승과 제자, 스승의 자질, 스승의 책임, 교육자와 단체, 스승과 사회 등으로 구성되어 그 내용은 다음과 같다.

민주국가의 주인은 국민이므로 나라의 주인을 주인답게 길러내는 교육은 가장 중대한 국가적 과업이다.

우리 겨레가 오랜 역사와 찬란한 문화를 계승, 발전시키며 선진제국과 어깨를 나란히 하여 인류복지 증진에 주도적으로 기여하려면 무엇보다도 문화 국민으로서의 의식개혁과 미래사회에 대비한 창의적이고 자주적인 인간 육성에 온 힘을 기울여야 한다. 그러기 위하여 우리 교육자는 국가발전과 민족중흥의 선도자로서의 사명과 긍지를 지니고, 교육을 통하여 국민 각자의 능력을 최대한으로 개발하여 개인의 자아실현과 국력의 신장, 그리고 민족의 번영에 열과 성을 다하여야 한다.

또한 교육자의 품성과 언행이 학생의 성장발달을 좌우할 뿐만 아니라 국민윤리 재건의 관건이 된다는 사실을 명심하고 사랑과 봉사, 정직과 성실, 청렴과 품위, 준법과 질서에 바탕을 둔 사도확립에 우리 스스로 헌신하여야 한다.

이러한 우리의 뜻은 교직에 종사하는 모든 교육자가 공동체의식을 가지고 노력하여야만 이루어질 수 있다는 것을 인식하고, 사도헌장 제정에 때 맞추어 우리의 행동 지표인 현행 교원윤리강령을 사도강령으로 개정하여 이를 실천함으로써 국민의 사표가 될 것을 다짐한다.

제1장 스승과 제자

스승의 주된 임무는 제자로 하여금 고매한 인격과 자주 정신을 가지고 국가 사회에 봉사할 수 있는 유능한 국민을 육성하는 데 있다. 그러므로,

1. 우리는 제자를 사랑하고 그 인격을 존중한다.
2. 우리는 제자의 심신 발달이나 가정의 환경에 따라 차별을 두지 아니하고 공정하게 지도한다.
3. 우리는 제자의 개성을 존중하며 그들의 개인차와 욕구에 맞도록 지도한다.
4. 우리는 제자에게 직업의 존귀함을 깨닫게 하고, 그들의 능력에 알맞는 직업을 선택하도록 지도한다.
5. 우리는 제자 스스로가 원대한 이상을 세우고 그 실현을 위하여 정

진하도록 사제동행한다.

제2장 스승의 자질

스승은 스승다와야 하며 제자의 거울이 되고 국민의 사표가 되어야 한다. 그러므로,

1. 우리는 확고한 교육관과 긍지를 가지고 교직에 종사한다.
2. 우리는 언행이 건전하고 생활이 청렴하여 제자와 사회의 존경을 받도록 한다.
3. 우리는 단란한 가정을 이룩하고 국법을 준수하여 사회의 모범이 된다.
4. 우리는 학부모의 경제적, 사회적 지위를 이용하지 아니하며 이에 좌우되지 않는다.
5. 우리는 자기향상을 위하여 전문적인 지식과 전문화된 기술을 계속 연마하는 데 주력한다.

제3장 스승의 책임

스승은 제자 교육에 열과 성을 다하여 맡은 바 책임을 다 하여야 한다. 그러므로,

1. 우리는 사회의 일원으로서 모든 책임과 의무를 다한다.
2. 우리는 교재연구와 교육자료 개발에 만전을 기하여 수업에 최선을 다한다.
3. 우리는 생활지도의 중요성을 인식하여 제자들이 올바른 사람이 될 수 있도록 지도의 철저를 기한다.
4. 우리는 교육의 성과를 공정하게 평가하고 이를 교육에 충분히 활용한다.
5. 우리는 제자와 성인들을 위한 정규 교과의 활동에 적극 참여한다.

제4장 교육자의 단체

교육자는 그 지위의 향상과 복지의 증진을 위하여 교직단체를 조직하고 적극 참여함으로써 단결된 힘을 발휘할 수 있다. 그러므로,

1. 우리는 교직 단체의 활동을 통하여 교육자의 처우와 근로조건의 개

선을 꾸준히 추진한다.

2. 우리는 교직단체의 활동을 통하여 교육자의 자질향상과 교권의 확립에 박차를 가한다.
3. 우리는 편당적, 편파적인 활동에 참가하지 아니하고 교육을 그 방편으로 삼지 아니한다.
4. 교직단체는 교육의 혁신과 국가의 발전을 위하여 다른 직능단체나 사회단체와 연대협동한다.

제5장 스승과 사회

스승은 제자의 성장 발달을 돕기 위하여 학부모와 협력하며 학교와 사회와의 상호작용의 원동력이 되고 국가발전의 지도자가 된다. 그러므로,

1. 우리는 학교의 방침과 제자의 발달 상황을 가정에 알리고 학부모의 정당한 의견을 학교교육에 반영시킨다.
2. 우리는 사회의 실정을 정확하게 파악하고 지역 사회의 생활과 문화향상을 위하여 봉사한다.
3. 우리는 사회의 요구를 교육계획에 반영하며 학교의 교육활동을 사회에 널리 알린다.
4. 우리는 국민의 평생교육을 위하여 광범위하게 협조하고 그 핵심이 된다.
5. 우리는 확고한 국가관과 건전한 가치관을 가지고 국민 의식 개혁에 솔선수범하여, 국가발전의 선도자가 된다.

사도강령은 종래의 교원윤리 강령을 개정한 것으로, 여기에 '교육자와 단체'의 장을 설정하여 교육자의 근로조건과 처우개선, 다른 직능단체나 사회단체와 연대행동하는 것을 명시하고 있다. 이처럼 교직단체의 권리조항을 언급하고 있어, 종래의 한국교원윤리강령에서 교원의 의무와 책임만을 강조한 것에 비해 진일보한 것이라 할 수 있다. 최근에 전국교원노동조합의 결성이 합법화되면서 교사들이 노동조합을 설립할 수 있도록하여 교원노조에 단체 교섭권을 부여하되, 파업

등의 쟁의행위는 할 수 없도록 규정하는 '교원의 노동조합 설립 및 운영 등에 관한 법률' 제정안이 국무회의(1998. 11. 23)에서 의결되기에 이르렀다.

CEC의 특수교육교사 윤리강령

미국 특수아동협의회(Council for Exceptional Children)의 대의원 총회에서 1983년에 채택한 「특수교육교사 윤리강령」의 전문은 다음과 같다.

> 우리는 특수교육 교사의 윤리강령이 될 원리들을 다음과 같이 선언한다. 특수교육 교직에 종사하는 구성원들은 다음의 원리들을 존중하고 지켜야 할 책임 있다. CEC의 멤버들은 이 강령의 정신에 따라 판단하는데 동의한다.

A. 특수교육 교사들은 개개 특수아동에게 최고의 교육적 질과 삶의 질을 개발해야 할 실천적 책임이 있다.
B. 특수교육 교사들은 그들의 전문성을 실천함에 있어 높은 수준의 수행능력과 통합성을 증진하고 유지한다.
C. 특수교육 교사들은 특수아동 개인과 그들 가족, 여타 동료들, 혹은 연구대상들에게 이익을 주는 전문활동에 종사한다.
D. 특수교육 교사들은 그들의 전문적 실천과정에서 객관적 전문판단을 발휘한다.
E. 특수교육 교사들은 특수아동 개인의 교육에 관한 지식과 기능을 증진시키기 위해 노력한다.
F. 특수교육 교사들은 특수교육 및 관련 서비스 전달과 그들의 전문적 실천을 지배하는 법률, 규약, 시행세칙 및 여러 정책들을 개선하는데 노력한다.

G. 특수교육 교사들은 비윤리적이거나 반법률적인 일에 관여하거나 참여하지 않으며, CEC의 대의원 총회에서 채택한 전문적 표준에 위배하지 않는다.

이상은 특수교육 교사들이 윤리적으로 준수하거나 노력해야할 극히 일반적 원칙들을 명시한 것이다. 이처럼 특수교육 분야에서 교사들이 스스로 존중하고 준수해야할 윤리강령을 명문화 하는 것은 특수교육 교사들의 전문성과 윤리적 책무성을 공적으로 드러내고자 함에 있다. 따라서 이와같이 윤리강령에 담겨 있는 원리와 정신이 얼마나 전문직성의 기준에 따라 적합하냐도 중요하지만 이것이 현실적으로 얼마나 권위 있는 표준으로 받아들여지고 존중되느냐가 퍽 중요하다.

오늘날 우리사회의 학교교육 문화에서 각종의 교육비리가 끊일 줄 모르고 여러가지 형태로 학교교육의 권위가 무너지고 있는 현실에서 위에서 인용한 교원윤리강령의 화려한 문구들은 하나의 빛바랜 장식품에 불과한 것일 수 있다.

따라서 교직풍토의 쇄신이 교사 스스로에 의해 결연히 이루어져야 한다. 오늘날 교육개혁에서 교사정책의 개혁이 왜 중심과제가 될 수 밖에 없는가를 다시금 생각해 보아야 한다. 우리 교사들에게는 새로운 학교교육 문화의 창조를 위해 윤리적 책무와 사명이 막중하지만, 이를 위해 교육의 주체로서 교사의 권위와 자율권이 또한 존중되어야만 한다.

최근 한겨레 21(1999. 2. 4)은 교육개혁 특집에서 "누가 선생님을 죽이는가. 무너지는 '천직' 신화"라는 제하에 다음과 같이 교사의 위기를 지적하고 있다.

> 왕따 교사들은 지난 98년을 '교사 죽이기의 해'라고 말한다. 교원정년 단축과 교원수 축소는 교사가 천직이며 안정된 평생직장이라는 신화를

깨뜨렸다. … (중략) 이제는 교원사회도 변해야 한다는 얘기들이 많다. 세상이 변화하는 것보다 아이들은 더 빨리 변하고 있고, 가르쳐야 할 내용도 그만큼 달라지고 있기 때문이다. 그러나 교육현장의 많은 교사들은 무엇을 어떻게 바꿔야 할지 갈피를 잡지 못하고 있다. 교과지도와 생활지도라는 양축의 교육이 사실상 교사의 손을 떠났다는 게 이들의 하소연이다. 교과지도는 학원수강과 과외가 대체하고, 아이들의 생활은 대중매체에 의해 좌우되고 있기 때문이다.

교육부는 새로운 교원정책의 수립을 통해 교사의 질을 높이겠다고 밝히고 있다. 그런데 현재 작업이 진행중인 새교원정책 수립은 신자유주의에 바탕을 두고 있다는 게 정설이다. 다시 말해 교육수요자(학부모와 학생)를 중심으로 하고, 공급자(교사와 학교)는 경쟁과 구조조정을 통해 변화하는 교육시장에서 적응하도록 하겠다는 것이다(한계레 21, 1999. 2. 4. 제244호, 32).

이제 우리는 무너지는 학교교육을 바로 세우기 위해, 교사의 권위와 교육 자율성을 어떻게든지 정립하지 않으면 안된다. 교육의 질은 단지 시장경쟁의 논리로 담보되는 것이 아니라면, 우리에게 어느 때보다 교육과 교사의 윤리성이 숙고되어야 한다.

| Chapter 9 |

종장: 특수교육에서 교사론의 과제

9.1. 지식기반 사회의 교사론

지식기반 사회에서 교육의 화두는 수월성 추구에 있다. 교육에서 수월성 추구는 누구나가 자기 됨을 구김살 없이 펼쳐 가는 기회를 균등하게 보장해 주는데서 가능하지만, 현실에서 수월성의 실현은 경쟁에서 이기는 자들에게만 향유되기 일수이다. 입시는 있어도 교육이 없는 우리의 현실에서 앞서는 자를 위한 경쟁적 교육문화는 끊임없이 강화되고 재생산 될 것이다. 최근 어느 대안교육자는 한국사람 99%가 입시에만 관심이 집중되기 때문에 아무리 소리쳐봐도 대안교육은 성공할 수 없고 교육개혁도 절대 일어나지 않는다는 것을 확인할 수 있었다고 고백하고 있다(양희규,2001).

이런 교육적 상황에서 볼 때, 지식기반 사회에서 요구되는 교사의 전문성이란 것이 학력신장을 위한 기술관리자(technocrat)로서 교사 역할을 보다 강화하는 쪽으로 치닫기 십상이다. 지식기반 사회에서 교사가 교과활동을 통해 지식을 다루는 방식에 있어 당연히 새로운 변화가 와야겠지만, 그와 더불어 보다 중요한 것은 교사 스스로가 교육의 본질과 내면에 충실코자하는 각성과 결단이 있어야 한다. 이런 맥락에서 여기서는 가르칠 수 있는 용기를 제기한 P.J.Palmer(1998)의 교사론과 기꺼이 가르치려는 이들에게 보내는 편지 형식으로 제시된 P. Freire(1998)의 교사론을 중심으로 논의를 전개하고자 한다.

자기성찰의 교사론

일반적으로 교사들이 당면하게 되는 근본적인 문제를 Palmer(1998)는 다음 세 가지로 제시하고 있다.

첫째는 교사들이 가르치는 교과내용이 실제로 교사가 다루기에는 너무 광범위하고 복잡하여 교사의 지식이 늘 부족하고 또 부분적이라는 사실이다. 교사가 아무리 독서와 연구를 많이 한다고 할지라도 교직은 우리가 알 수 있는 것 이상의 것을 요구한다.

둘째는 교사가 실제로 지각하고 있는 것보다 현실에서 학생들의 삶은 훨씬 복잡하고 다양하다. 교사가 학생들을 제대로 이해하고 그들을 총체적으로 수용하여 매순간 그들에게 현명하게 반응하려면, 프로이드와 솔로몬을 합쳐 놓은 것 같은 사람이 되어야 하는데 우리들 가운데 그런 교사는 극히 드물다.

만약 가르치는 학생과 교과가 교직의 어려움을 설명하는 모든 요인이라면, 교사는 해당 교과를 열심히 연구하고 학생심리를 미리 파악하는 테크닉을 습득하면 될 것이다. 그러나 Palmer에 의하면, 교직의 어려움을 더욱 복잡하게 하는 것은 교사는 스스로가 그 자신을 가르치는 일을 해야 한다는 점이다. 가르치는 일은 모든 진정한 인간 활동이 그러하듯이 인간의 내면세계(inwardness)로부터 출현하는 것이어야 한다. 팔머는 가르치는 행위를 자신의 영혼에 거울을 들이대는 행위로 규정하고 있다. 만일 우리가 자신의 영혼이 투영된 거울을 들여다보면서 거기에 나타난 자신의 모습을 보고도 회피하지 않는다면, 그 속에서 자기지식(self-knowledge)을 얻어 낼 기회를 가지게 될 것이다. 교사가 자기 자신을 안다는 것은 그가 가르칠 학생이나 교과를 아는 것 이상으로 훌륭한 가르침을 위해 필수적이다. 그는 훌륭한 가르침을 위해 교사에게는 내면적 자기지식이 요구되며, 그것은 마치 훤히 보이는 곳에 감추어 둔 하나의 비밀과 같은 것이라고 했다.

팔머는 가르칠 수 있는 용기(The Courage To Teach,1998)에서 훌륭한 가르침은 결코 하나의 테크닉으로 격하될 수 없으며, 그런 수준에서 가르치는 일은 교사 자신의 정체성과 성실성으로부터 나온다는 것을 기본 전제로 설정하고 있다. 그는 훌륭한 교사는 하나의 공통적인 성향을 가지는데, 그것은 강렬한 개인적 정체성(personal identity)이 그의 교육활동에 배여 있다는 것이다. 이런 교사의 수업에 대해 학생들은 흔히 이렇게 말하곤 한다.

> 선생님은 가르칠 때에 정말로 그 속에서 살고 있는 듯해.
> 그 교수는 자신의 강의에 대한 열정이 정말 대단하더군.
> 그 선생님은 그가 가르치는 과목이 바로 자신의 삶이었어.

반대로 가르침에 대한 강렬한 개인적 정체성을 가지지 못하는 교사의 가르침은 마치 만화에 등장하는 말 같이 그냥 그 교사의 얼굴 앞에서 둥둥 떠다닌다고 했다. 즉, 가르치는 일을 제대로 수행하지 못하는 교사는 늘상 그들이 가르치는 과목으로부터 자신을 격리시킬뿐더러, 그런 과정에서 학생들로부터도 멀어지게 된다. 하지만, 좋은 교사는 자신의 자아, 학생, 교과를 하나의 생명줄로 촘촘히 엮어 들일 줄 안다.

그는 좋은 교사에게는 하나의 유대감(connectedness)을 형성해 내는 능력이 있음을 지적하면서, 이런 교사들은 그들 자신과 더불어 그가 가르치는 학생과 교과를 촘촘한 거미줄처럼 엮어서 학생들로 하여금 그들 스스로 하나의 세계를 엮어내게끔 가르친다는 것이다. 팔머는 좋은 교사가 보여주는 훌륭한 가르침을 다음과 같이 묘사하고 있다.

> 좋은 교사가 학생과 교과를 연결 지우는 그물망을 짤 때, 그의 마음은 하나의 베틀이 된다. 그 위에서 온갖 실이 엮이고 긴장이 팽팽히 조성되

고 북이 좌우로 움직이며, 짜여진 옷감이 튼튼하게 당겨진다. 이렇게 하는 동안 가르침은 마음에 감동을 주고, 마음을 열게하여 가슴을 떨리게 한다. 교사가 가르침을 사랑하면 할수록 더욱 학생의 가슴을 떨리게 할 수 있다. 가르치는 용기는 마음속에 받아들일 수 있는 것보다 더 많은 것을 받아들이도록 요구되는 순간에까지도 마음을 열어 놓는 용기이다. 그러는 동안, 교사, 학생, 교과는 배움과 삶이 요구하는 공동체의 옷감으로 짜여지는 것이다 (Palmer, 1998, p.11).

Tompkins(1991)는 아주 솔직하게 교사로서 그녀가 가지는 강박관념을 고백하고 있다. 그녀는 학생들이 있어야 하고, 알고 싶어하는 것을 진정으로 도와주기보다는 자신이 다음 세 가지에 더 관심이 많았음을 털어놓고 있다.

첫째, 학생들에게 내가 얼마나 똑똑한 교사인지를 보여 주는 것, 둘째, 학생들에게 내가 얼마나 지식이 풍부한가를 보여 주는 것, 셋째, 학생들에게 내가 얼마나 수업준비를 충실히 하는지를 보여 주는 것. 이처럼 나는 교실에서 세 가지의 연기를 해왔는데, 그 진정한 목적은 학생들의 공부를 도와주는 것이 아니라, 학생들이 나를 훌륭하다고 생각하도록 유도하려는 것이었다.

이어 그녀는 질문을 던지기를 어떻게 하다가 우리 교사들은 그만 연기자가 되어버린 것일까? 그 대답은 교사 자신의 두려움 때문이라고 보았다. 거짓, 우둔, 무지, 어색함, 바보스러움, 비겁 등 당신의 본래 모습이 노출되는 것을 두려워하는 마음, 그것이 이런 연기를 강요하는 것 (Plamer, 1998, p.29에서 재인용) 이라고 했다.

교사로서의 소명의식은 교사의 정신 세계에 자리잡고 있는 내면교사의 목소리에서 나온다. 이 목소리는 교사로서 나의 진정한 자아를 존중하도록 말해준다. 직업으로서 교사가 하는 일은 자신의 진정한 기쁨과 세상의 깊은 허기가 서로 교차되는 지점이어야 한다. 내면 교사는 자아의식의 정문 초소에 지켜 서서, 교사 자신의 정체성에 위배되는 것을 거부하고, 정체성에 합당한 것을 기꺼이 받아들인다. 고전적 의미에서 교육은 자아의 내면에서 지혜의 핵심을 뽑아내려는 노력이다. 이때 사람들은 외부의 규범에 휘둘리는 것이 아니라, 이성적이고 반성적인 자기결단에 의해 행동하게 된다. 따라서 내면의 교사는 우리 삶의 생동하는 핵심이며, 모든 가치 있는 교육이 지향해야 하는 꼭지점이다. 교사는 자신의 내면세계와 끊임없이 대화할 때, 비로소 학생들의 내면세계와 소통할 수 있다.

내면교사의 호소에 귀 기울이는 것은 교사들이 직면하는 가장 근본적인 질문에 하나의 답변을 제시한다. 우리는 어떻게 가르침의 권위를 확립할 수 있을까? 테크닉을 중시하는 현대문화에서 우리는 자칫 권위를 권력과 동일시한다. 권력은 외부에서 내부로 작용하지만, 권위는 내부에서 외부로 뻗어간다. 권위는 저자를 그 핵심으로 삼는다. 자기 자신의 말, 행동, 삶 등에서 저자가 되는 사람에게서 권위가 나오는 것이다. 마음에 들지 않는 일을 주어진 각본에 따라 건성으로 해치우는 사람에게는 도저히 권위란 것이 나올 수 없다. 교사가 법의 강제적 힘이나 테크닉에 의존한다면, 그는 이미 권위를 잃게 된다. 교사로서 나의 정체성을 회복하고 교사로서 자아의식과 소명감을 되찾으면, 교사로서의 권위는 저절로 찾아오기 마련이다. Palmer는 교사의 가르침이 자신의 깊은 내면적 진실로부터 우러나오게 될 때, 학생들의 내면 세계에 자리 잡고 있고, 진리도 똑같은 방식으로 반응해 온다고 믿고 있다.

희망의 교사론

교육이 세상을 바꾼다는 희망의 꿈을 평생동안 실천해 온 사람으로 우리는 Freire를 기억하고 있다. 프레이리의 문화적 노작인으로서의 교

사론: 기꺼이 가르치려는 이들에게 보내는 편지 (Feathers as Cultural Workers: Letters to Those who Dare Teach, 1998)는 오늘날 끊임없이 교육실패자를 양산할 수밖에 없는 자본주의 은행 저금식 교육 모델에 중요한 문제제기를 하고 있다. 프레이리는 이 저서에서 자신의 의도는 학습자이기도 한 교사의 과업이 즐거운 일인 동시에 엄중한 일이란 것을 입증하는데 있다고 했다. 그는 이 책에서 기꺼이 가르치려는 이들에게 보내는 편지라는 부제를 붙인 이유는 가르치는 일에 헌신하는 사람들은 타인에 대한 사랑은 물론이고 가르치는 일에 포함된 과정에 대한 사랑도 실천해야 하며, 가르치는 일은 사랑하는 용기가 없다면, 또 포기하기 전에 수 천 번 시도해 보는 용기가 없다면 불가능하다 (교육문화연구회, 2000, p.41)고 보기 때문이었다.

프레이리는 가르치는 일은 무엇보다도 전문적인 과업이어야 한다고 보았다. 이 전문적 과업은 끊임없는 지적 엄격성을 필요로 할 뿐만 아니라, 인식론적 호기심, 사랑할 수 있는 능력, 창의성, 과학적 능력 등을 자극할 수 있어야 하고, 과학적 환원주의를 거부할 것을 요구한다. 또한 가르치는 일은 자유를 위해 투쟁하는 능력을 요구한다. 그에 의하면, 이런 역량이 없다면 가르치는 일은 무의미한 도로에 불과한 것이 되고 만다.

프레이리에 의하면, 가르치는 일은 사랑하는 용기가 없다면 불가능한 일이지만, 교사의 가르치는 일은 부모의 보살핌과 같은 온정주의적 양육의 의미로 환원되어서는 안 된다는 것을 다음과 같이 엄중히 경고하고 있다.

> 가르친다고 해서 교사가 저절로 학생의 부모가 된다거나, 부모가 된다 해서 저절로 자녀의 교사가 된다는 뜻은 아니다. 가르침은 특별한 과업, 학생들의 편에 선다는 의미에서 특별한 투쟁정신, 과업수행에 필요한 특별한 자질을 갖추어야 하는 하나의 전문적 일이다. 하지만, 이것은 기술

> 적인 의미에서의 전문화가 아니다. 교사가 되는 것이 전문적인 직업의 요구를 떠맡아야 할 책무를 의미하는데 반해, 양육은 전문적인 일이 아니다. 지난 30년 동안 브라질에서 여교사의 역할을 보모의 역할로 환원해 버리는 경향은 가르침의 가치를 양육으로 격하하는 것이었다.
>
> 가르침의 문제는 교육한다는 의미를 담고 있으며, 우리들이 앎을 향한 애정 어린 탐험에 참여하도록 만드는 지적 열정을 내포한다. 이런 까닭에 가르치려고 하는 사람들은 정의를 위해 싸우는 성향을 지녀야 한다. 가르치는 일이 어떤 점에서 즐거운 과업일 수도 있겠지만, 또한 지적으로 엄격해야할 과업이어야 한다 (교육문화연구회 역, 2000, pp.43-33).

프레이리가 가르치는 일과 양육하는 일을 동일시하기를 거부하는 것은 두 가지 면에서 의미가 있다. 그 하나는 이런 거부가 가르치는 일에 대한 잘못된 이해를 방어해 준다는 것이며, 다른 하나는 허위적 동일시에 친숙해지도록 교묘하게 위장하고 있는 이데올로기적 연막을 벗겨낸다는 것이다. 그러나 현실에서 교사들은 권위주의적인 학교행정 체제에 순응하는 착실한 양육자가 될 것인가, 민주적 학교에서 자유를 향한 저항하는 교사가 될 것인가 하는 사이에서 갈팡질팡하고 있다. 프레이리는 교사가 하는 가르치는 일을 양육을 위한 온정적 보모의 지위로 격하시키려는 시도에는 순진한 이데올로기적인 함정이 들어있음을 거듭 경고하고 있다.

프레이리는 희망을 먹고 사는 진보적 교사의 자질을 교사론에 대한 그의 네 번째 편지에서 이야기하 듯 우리에게 들려주고 있다. 그는 진보적인 교육실천을 위해 꼭 필요한 교사의 자질로 겸손을 들고 있다.

> 겸손은 결코 자기 존중감의 결여나 체념, 혹은 비겁함과 같은 의미를 함축하는 말이 아닙니다. 반대로, 겸손은 용기, 자기확신, 자기와 타인에 대한 존중을 필요로 합니다. 겸손은 모든 것을 아는 사람도 없고, 또 아무것도 모르는 사람도 없다는 명백한 진리를 이해하게 해줍니다. 겸손하

지 않으면, 자신보다 능력이 낮다고 판단되는 사람들에게 존경심을 가지고 그들의 말을 들어주기는 매우 어려울 것입니다...(중략) 지적 수준에 관계 없이 우리한테 다가오는 모든 이에게 귀 기울이는 것은 인간의 의무이고, 엘리트주의가 아닌 민주주의의 정체성을 드러내는 것입니다 (교육문화연구회 역, 2000, p.113).

겸손하게 스스로를 낮출 수 있는 사람은 언제나 가르치고 배울 준비가 되어있는 사람이다. 프레이리에 의하면, 겸손은 사람들의 불안에서가 아니라, 좀 더 많은 것을 아는데서 생겨나는 불안정한 안정감 속에서 자라난다. 따라서 지나치게 확신하는 확실성과는 달리 불안정한 안정감은 겸손의 또 다른 표현에 지나지 않는다.

학생들과의 관계에서 겸손과 함께 교사에게 필요한 자질은 사랑이다. 여기서 사랑이란 학생들을 향한 것일 뿐만 아니라 가르치는 과정을 향한 것이기도 하다. 프레이리는 교사들에게 무장한 사랑이 없다면, 교직의 부정적 측면들-쥐꼬리만한 봉급, 교사들에 대한 홀대, 정부의 강압적 멸시 등-을 견뎌낼 수 없다고 경고하고 있다. 그에 의하면, 이 사랑은 싸우고, 고발하고, 선언할 권리와 의무를 믿는 사람들의 치열한 사랑, 즉 무장한 사랑으로 단연코 전환되어야 한다.

우리가 싸워 투쟁하 듯 이루고자 하는 꿈이기도 하고, 우리 스스로를 현실화하기 위해 끊임없이 준비하는 꿈인 무장된 사랑이 이루어지면, 우리는 우리 자신의 사회적인 경험 안에서 또 다른 자질을 만들어내야 한다. 그것을 프레이리는 싸우고 사랑할 수 있는 용기라고 했다. 용기는 두려움을 극복하는 것이기에, 필연적으로 두려움을 포함하고 있다. 두려움을 이야기할 때 우리는 매우 구체적인 어떤 일에 당면해 있음을 의미한다. 비록 우리가 한사람의 교육자이지만, 또 한편으로는 정치적 행위자이기도 하다는 사실을 인식할 때, 교사로서 우리가 두려워하는 이유를 좀 더 잘 이해할 수 있다.

프레이리는 교사로서 우리의 정치적인 꿈을 지켜내려고 하면, 위험을 줄일수 있는 전략을 가지고 끊임없이 용기 있게 나서야 한다고 권고한다. 그에 의하면, 결국 두려움을 통제하고 교육할 필요에서 용기가 생기게 된다.

희망의 교사에게 필요한 또 다른 미덕은 관용이다. 이때 프레이리가 미덕으로 내세우는 관용은 도무지 참을 수 없는 것을 묵묵히 따른다는 의미의 소극적 관용이 아니라, 적극적으로 우리들이 서로 다르게 살아갈 수 있도록 가르치는 미덕이다. 프레이리는 교사로서 우리는 먼저 자신을 역사적 존재성과 일치되게 하고, 그 다음에 자신의 민주적 선택과도 합치시키는 것으로서 관용을 적극 경험해야 한다고 주장한다. 우리는 권위적 체제나 자유방임적 체제에서는 결코 관용을 배울 수 없다. 프레이리에 의하면 관용은 존중, 절제, 윤리를 요구하는 것이다.

프레이리는 꿈과 희망을 포기하지 않는 진보적인 교사가 되려면, 겸손, 사랑, 용기, 관용과 더불어 결단력, 안정감, 인내와 조급함 사이의 긴장, 그리고 삶을 즐겁게 만드는 자질을 덧붙여야 한다고 강조하고 있다. 이런 교사들에 의해 운영되는 학교는 모험적인 학교로 만들어진다. 즉, 사고하고 참여하고 창조하고 말하고 사랑하고 열정적으로 끌어안고 삶을 긍정하는 그런 학교이다. 그에 의하면, 침체되어 있고, 체념하는 곳은 이미 학교가 아니다. 이러한 학교를 건설하기 위해 교사들은 자신의 권리를 지켜내야 한다. 프레이리에 의하면, 교사의 권리에는 자유롭게 가르칠 때, 말할 권리, 교육활동의 조건을 개선할 권리, 단결할 권리, 정부 당국을 비판할 권리 (정직하게 비판할 의무가 수반됨), 진지하고 일관성 있어야 할 의무에 대한 권리, 생존을 위해 거짓말을 해서는 안 되는 의무에 대한 권리를 포함한다 (교육문화연구회 역, 2000). 이제 교사들은 이러한 권리를 인식해야할 뿐만 아니라, 그 권리를 행사하기 위해 적극 나서야 한다.

프레이리는 가르치는 사람들의 말과 행동이 일관되지 않을 때, 학생들은 민감하게 반응하며, 종국에는 가르치는 사람과 배우는 사람과의 관계가 끊어지게 되는 것을 프레이리는 경고한다. 우리가 이 땅에서 진정한 교사로서 산다는 것은 희망이자 십자가이기도 하다.

9.2. 한국 특수교육 교사론의 음미

최근 교육부는 초·중등 교육 정상화를 위해 "교육비젼 - 2002: 새 학교문화 창조"라는 주제로 21세기를 향한 교육개혁 방안을 제시하였다. 2002년에 대학입시가 무시험 전형으로 바뀌어짐에 따라 초·중등 교육도 학생 개개인의 창의력을 키울 수 있도록 교실혁명을 이루어, 종래의 학교교육 문화를 새로이 바꾸어 보겠다는 것이다.

여기에는 교원의 전문성을 제고하기 위해 수습교사제를 도입하고, 계약제 교사임용 방식을 확대하고, 기초학력이 부진한 학생에 대한 책임지도제를 도입하고, 학생이 희망하는 우선 순위별로 학급 담임이나 교과 담임을 배정하는 학생선택제와 담임연임제를 도입하는 것 등이 제시되고 있다. 새학교 문화창조를 위한 이와 같은 개혁방안에 대한 현장의 반응은 당장 소극적이거나 부정적이지만 종래의 특수교육 교직문화도 바뀌어져야 할 것이며, 그에 따라 특수아동을 위한 교사교육에도 당연히 새로운 변화가 와야 한다.

서장에서 언급한 교사교육과 학교교육의 "재개념화와 재구조화"를 위한 노력이 우리나라의 특수교육과 교사교육 상황에 비추어 보면, 최근 교육개혁의 일환으로 학교교육의 재구조화를 위한 정책적 노력을 보이지만, 특수교육과 교사교육을 재개념화하여 이를 정책적으로나 실천적으로 반영하지 못하고 있다. 우리나라의 특수교육 전달체제는 아직도 분리 특수교육 체제가 권위있게 존속하고 있고, 그에 따라 대학의 교사양성 체제와 양성프로그램도 분리된 특수교육 체제 중심으로 운영되고 있다. 새학교 문화의 창조를 위해서는 기존의 학교조직과 풍토가 해체되고 '재구조화'되어야 한다. 마찬가지로 우리나라의 전통적 특수교육체제는 이제 '재구조화'되어야 하고, 그에 따라 교사교육 체제도 '재개념화'된 틀에 의해 짜여져야 한다.

필자는 여기서 좀 더 제한적인 관점에서 교사교육과 연관하여 우리나라의 특수교육 개혁과제를 짚어보고자 하며, 그에 따라 특수교육에 있어 교사교육의 개혁과제를 도출해 보고자 한다.

첫째로, 특수교육 전달체제를 다원화하면서, 지금까지의 분리교육 중심체제에서 통합교육 중심으로 특수교육의 구조를 재편해 가야 한다. 현재 우리나라는 특수교육의 체제와 그에 따른 모든 조직이 기존의 특수학교와 특수학급 전달체제 중심으로 고착되어 있다. 이에 따라 우리나라의 특수교육은 분리교육체제로 굳어져 있어 특수교육은 일반교육에 대한 하위구조의 하나로 2원 구조 체제로 존속하고 있다. 21세기에 '새 학교 문화'를 창조하기 위해서는 모든 학교에서 교실혁명이 있어야 한다. 우리의 교육이상은 일반학교의 교실교육이 질적으로 잘 가다듬어져 특수아동을 포함한 모든 아동들이 불편함 없이 다른 아동들과 함께 어울려 교육받는 일원화된 교육공동체를 건설하는데 있다. 장애가 심하기 때문에 불가피하게 분리된 특수교육체제에서 교육을 받을 수밖에 없는 극소수의 장애아동을 제외하고, 가능한 한 대부분의 특수아동들이 일반아동과 같은 교실에서 포함되어 함께 교육받는 통합교육(full inclusion)이 일반학교의 교실교육에서 실천되어야 한다. 이를 위해 기존의 학교체제, 조직, 문화풍토는 전면적으로 재구성(restructuring)되어야 한다. 학교교육의 재구조화는 정책적으로 그 개혁이 강조되는 수준에 머물 것이 아니라, 이제 현장의 교실에서 구체적으로 실현될 수 있어야 한다. 그렇지 않으면 특수아동의 통합교육은 하나의 당위적 규범 수준에 머물 뿐, 교육의 실천과정에서 결코 새로운 변화를 가져오게 할 수 없다.

통합교육에 따른 교사교육의 개선은 이 책의 6장에서 구체적으로 다루었기에 여기서는 주요쟁점만 언급하기로 한다. 현장교육의 질적 개혁에 따른 학교 재구조화가 성공적으로 추진되어진다면, 그에 따라 특수교육에서 교사교육도 재구조화 되어야 함이 마땅하다. 통합교육을 위해 일반교사와 특수교사 양 쪽 모두에서 교사교육의 변화가 와야 한다. 모든 초·중등학교 교사양성 프로그램에서 특수아동의 이해와 지도를 위한 교과과정을 반드시 개설하여, 이것을 필수과정으로 해야 한다. 그리하여 모든 교사들은 그들이 지도하는 교실에 입급된 특수아동에 대한 이해를 가지고 교육적 지원을 적절히 해줄 수 있어야 한다.

한편, 모든 특수교육 교사양성 프로그램에서는 특수교육 교사가 일반학급 교사들과 함께 특수아동에 대한 지도를 협력해서 수행할 수 있는 파트너쉽을 전문적 수준에서 발휘할 수 있도록 해야 한다. 즉, 특수교육 교사는 경우에 따라 일반교사에게 자문역할을 할 수 있어야 할뿐더러, 일반교사와 함께 '협력 교수'를 수행할 수 있는 전문적 능력을 갖추어야 한다. 현재 우리나라의 특수교육교사 양성 프로그램은 분리교육중심 교사양성 교육과정으로 거의 획일화되어 있는 상태이고, 통합교육의 실천을 통해 특수교육 교사에게 어떤 수행능력을 구체적으로 길러 줄 것인가에 대한 체계적 구조와 전략을 가지고 있지 못하다.

따라서 통합교육의 수행을 위해 특수교육 교사에게 요구되는 수행능력(competencies)을 정밀하게 분석하여, 이것을 바탕으로 교사교육과정 속에 필요한 수행능력을 체계적으로 길러줄 수 있는 과정을 설정하여 운영하여야 한다. 이런 측면에서 최근 CEC(1995)에서 개발한 특수교육 교사에게 요구되는 지식과 기능의 표준을 엄밀히 분석해 보면, 전체적으로 통합교육을 위한 교사의 수행능력의 제시가 여전히 부족한 감이 있다.

둘째로, 통합교육 체제로의 전환과 더불어, 장애유아를 위한 조기특수교육과 학교교육을 마치고 지역사회 혹은 직업활동에 정착하기까지의 체계적인 전환교육(transitional education) 체제가 구축되어야 한다. 특수교육에서 조기교육의 중요성에 비추어 아직 우리나라에서는 장애유아를 위한 교육권 보장이 우선 순위에서 유보되고 있다. 현재 특수아동에게 초등과정부터 중학과정까지 9년간 의무교육을 시행토록 하고 있으나, 취학전 단계의 유치부과정 장애유아는 특수학교나 특수유치원에 등록되는 경우에만 한해서 무상교육을 받을 수 있다. 더욱이나 만 3세 이하의 장애영아는 공교육의 혜택에서 제외되고 있을 뿐만 아니라, 3-5세의 장애유아들도 대부분은 대도시의 사설 장애유아 조기교육실에서 상당한 사교육비 부담을 감내하면서 교육을 받고 있는 실정이다. 부모의 입장에서는 장애자녀를 가진 것만도 억장이 무너지는 일인데, 이로 인해 별도로 적잖은 사교육비 부담까지 떠 안게 되어 정신적으로나 물질적으로 2중 고통의 멍에를 져야 한다.

이런 현실에서 장애유아를 위한 조기특수교육 담당교사 양성의 중요성이 인식되어, 현재 기존의 특수교육과 내에 유아특수교육 전공을 개설하거나 별도로 유아특수교육과를 설치하여 취학전 장애유아를 위한 조기교육 담당 교사양성에 대비하고 있다. 아직은 우리나라에서 조기특수교육을 전공한 교사들이 배출되어 있지 않으므로, 향후 조기특수교육 전공자들이 조기교육 교사로서 자리를 잡아감에 따라 조기특수교육의 질적 정비가 이루어질 수 있을 것으로 기대한다.

한편, 장애학생의 전환교육을 위한 대책이 우리나라의 특수교육 현실에서는 거의 전무한 상태로서 현장에서 전환교육 서비스에 대한 개념조차도 제대로 정립되어 있지 않다. 따라서 특수교육 교사양성과정에서 전환교육을 담당할 교사양성은 현재로선 전혀 실현되지 못하고 있다. 조기교육 못지 않는 전환교육의 중요성에 비추어, 장애학생의 전환교육을 지도할 전환교육을 위한 교사교육이 향후 주요한 과제가 되고 있다.

셋째로, 우리나라의 특수교육 전달체제에서 특수교육 대상아동에 대한 합당한 진단과 그들을 위한 관련지원 서비스로서 치료교육 활동의 전문성이 취약하다는 점을 지적하지 않을 수 없다. 특수아동의 교육적 요구에 대한 합리적인 진단체제와 전문적 판단, 그리고 진단 절차상의 합당성(due process)을 보장하는 것은 장애아동에게 정당한(적절한) 교육권을 보장해 주기 위한 중요한 내적 기준이 된다. 또한 이와 같은 진단결과에 따라 개개 장애아동의 장애특성을 보상해 주기 위한 치료교육활동이 전문적 수준에서 체계적으로 수행되어야 한다. 우리나라에서 특수아동을 위한 치료교육활동은 개정된(7차) 특수학교 교육과정에 의하면, 언어치료, 청능훈련, 물리치료, 작업치료, 감각 · 운동 · 지각훈련, 심리 · 행동적응훈련, 보행훈련, 일상생활훈련 등 8개 영역 활동으로 편성되어 있다. 여기서 '치료교육'의 개념이 '관련지원활동'(related service)과 동일하지 않는 것이라면, 보행훈련이나 일상생활훈련 등을 포함해서 여타 '훈련'영역들도 모두 치료교육활동의 개념 속에 넣어서 볼 수 있느냐는 점에서 여전히 개념상의 혼란을 야기 할 수 있다.

현재 우리나라에서 치료교육담당 교사양성은 4년제 대학 혹은 대학원의 치료교육과와 그 관련학과에서 양성하고 있으며, 이들 치료특수교육 교사의 자격증은 '치료교육교사'로 묶어 표시하여 영역별 전문성이 자격증에 구체적으로 표시되어 있지 않다. 현재와 같이 4년제 대학에서 치료교육 활동영역에 따른 전문성을 뒷받침할 수 있는 교육과정을 편성하여 운영하지 못한 상태에서, 치료교육활동을 담당할 교사의 전문성을 보장하기는 퍽 어렵다. 현실적으로 제한된 치료교육 담당교사의 수요에 비추어, 활동영역별로 전문화된 교사자격증을 발급함에 따라 교사공급에 심각한 제약성이 따를 수 있다는 우려도 있다. 문제는 치료교육활동의 전문성과 현실적인 교사 수급의 제약성 간의 상반된 요구를 어떻게 조정하느냐가 중요한 과제가 된다.

교사교육의 과제라는 측면에서 볼 때, 우리나라에서 장애아동의 진단과 그들에 대한 치료교육활동을 보다 전문적인 수준에서 체계적으로 수행할 수 있는 대안이 강구되어야 한다. 현재 우리나라는 특수아동 '진단전문가'가 따로 양성되어 있지 않으므로 기존의 특수교육교사와 치료교육 담당교사가 임의적으로 맡아 수행하고 있으나, 외국의 경우와 같이 진단전문가를 별도로 양성하든가 아니면 기존의 치료교육 담당교사 중심으로 진단 전문가에게 필요한 수행능력을 체계적으로 길러주는 현직 연수교육이 별도의 과정으로 마련되어야 한다.

끝으로 현장학교의 교육과정 운영에서 교육과정 중심(curriculum-based)의 '수행평가' 활동이 강조되어야 하듯이 교사양성 과정에서도 교사에게 요구되는 수행능력 중심(competency-based)의 교사교육 과정의 개발과 운영이 강조되어야 한다.

따라서 개별 교사양성기관은 현장에서 유능한 교사가 되기 위해 어떤 수행능력이 요구되며, 그와 같은 수행능력을 길러주기 위해 교사교육을 어떻게 운영할 것인가에 대한 명백한 설계와 전략을 가지고 있어야 한다. 또한 그와 같은 교사를 길러내기 위해 개별양성기관의 자율성을 존중하는 가운데 국가 수준에서 특수교육 교사에게 요구되는 최소한의 '수행능력 표준'을 설정하여, 모든 교사양성기관에서 이 표준을 만족시키는 이상의 기준에서 교사교육 프로그램을 개발하여 운영할 수 있도록 관리하고 지원해 주어야 한다.

현재 우리나라의 특수교육에서 교사교육의 상황을 볼 때, 우리는 우수한 특수교육 교사가 어떤 사람이며, 그들이 나타내 보여야 할 수행능력은 어떤 것들인지에 대한 체계적인 지식이 부족할 뿐더러, 그런 교사를 길러내기 위한 일관된 노력은 더욱 부진한 현실이다. 그런 가운데 다른 분야의 교사양성에 비해 교사임용이 아직은 원활히 되고 있다는 것만이 특수교육에 대한 강력한 유인가로 작용하고 있다.

9.3. 특수(교육)교사는 교사다.

특수교육은 보육이 아니다. 따라서 특수교사가 하는 일은 보육사나 보모가 하는 일과 엄격히 구분되어야 한다. 프레이리는 보모가 수행하는 보육 혹은 양육과 같은 개념으로 교사가 하는 일을 혼돈함으로써, 교육을 크게 격하시키는 결과를 초래할 수 있음을 경고하였다. 프레이리의 경고는 특수교육을 향한 엄중한 경고일 수 있다. 물론 프레이리가 당초에 특수교육을 의식하고 이런 경고 메시지를 보낸 것은 아니지만, 특수교육을 하는 우리의 입장에서 볼 때 엄중한 경고의 메시지로 성찰하지 않으면 안된다.

특수교사를 어려운 아이들 데리고 온갖 궂은 일을 하는 천사로 보려고 하는 의식 속에는 특수교사를 보모나 보육사 정도로 보려는 착각이 숨겨져 있다. 더 심각한 것은 특수교사 스스로도 자신이 하는 일이 궁극적으로 보모가 하는 일과 별반 다를게 없다고 생각하는데 있다. 천사 소리를 듣는데 쉽게 순응해 버리는 엄청난 착각을 특수교사 스스로가 하고 있는 동안, 특수학교를 졸업한 장애학생들은 보육의 목적에 따라 다시 집으로 돌아가 평생 부모에게 멍에를 지워 준다. 결과적으로 아주 잘못된 특수교육이고, 아주 무책임한 특수교사들이라는 비난을 면하기 어렵게 되어 있는 형국이다. 특수교육이 보육일 수 없다면, 그 교육을 담당하는 특수교사는 당연히 품위 있는 교사 이어야 한다. 여기서 품위 있는 교사이어야 한다는 것은 특수교육을 품격 높은 교육으로 끌어올릴 수 있는 전문적 자질을 갖춘 교사이어야 한다는 의미이다.

미국의 특수아동협의회(Council for Exceptional Children)에서는 특수(교육) 교사에게 요구되는 전문적 수행능력(competency)을 체계적으로 제시하면서 그 영역을 철학적, 역사적, 법률적 기초, 학습자의 발달과 특성, 개인적 학습차이, 수업전략, 학습환경과 사회적 상호작용, 언어와 의사소통, 수업계획, 평가, 전문적 및 윤리적 실천, 협동 등으로 설정하여, 이를 다시 지식과 기능으로 대별하여 표준화된 목록을 제시하고 있다(CEC, 2003). 말하자면, 미국 특수교육계에서 그네들 나름의 역사성과 기준에 따라 공적으로 인정받는 품위 있는 특수교사를 길러내기 위해 설정해 놓은 국가적 표준으로 위의 수행능력 영역과 하위목록들을 구체적으로 제시한 것으로 볼 수 있다.

교사의 전문성을 제고하기 위한 책무성(accountability)의 장치로 위와 같은 공적 표준 설정이 필요하겠지만, 이게 충분조건이 되지는 못한다. 왜냐하면, 위에 열거한 수행능력 목록들에서 요구하는 지식과 기능을 성공적으로 빠짐 없이 습득하기만 하면 저절로 품위 있는 교사의 탄생이 보장되는게 아니다. 교직의 어려움에서, 즉 품위 있는 교사가 되는데 정말 어려운 일은 교사는 끊임없이 자신을 되돌아 보면서 자신을 가르쳐야 하기 때문이다. 이것은 교사에게 요구되는 지식과 기능의 문제가 아니라 태도와 의지의 문제이다. 위의 수행능력들이 성공적으로 습득되었다고 해서, 교사가 스스로 자신을 가르치는 일을 잘 해낸다는 보장은 어디에도 없다.

가르침은 학생들의 편에 선다는 의미에서 특별한 과업이며, 교사의 학생에 대한 사랑은 무장된 사랑(armed love)이어야 한다고 했다(Freire, 교육문화연구회 옮김, 2000). 교사에게는 과업수행에 필요한 자질로서 고도의 전문성이 요구 되지만, 프레이리에 의하면 이 전문적 과업은 지적 엄격성뿐만 아니라 가르치는 일을 사랑하는 능력까지 포함하며, 과학적 환원주의를 거부하는 것이다. 따라서 진보적인 특수교사는 장애학생과 함께 이루고자 하는 꿈의 실현을 위해 치열한 사랑으로 무장되어야 한다. 또한, 특수교사는 특수교육을 과학적 방법론으로 환원지워, 기술공학적으로 프로그램화하는 것을 그가 수행해야 할 특별한 과업으로 제한하지 말아야 한다.

특수교육은 진단-처방적 교정절차가 아니다. 따라서 특수교사가 하는 일은 치료사(therapist)가 하는 일과 엄연히 구별되어야 한다. 종래에 특수교육은 의료적 모델에 강한 영향을 받아, 장애아동을 위한 교육 자체를 진단-처방적 교정 모형으로 정형화(定型化)하는 것을 표준으로 삼아왔다. 이 의료적 모델이 갖는 장애에 대한 입장은 장애를 개인의 병리적 문제로 질병과 같은 것으로 보아, 개인적 비극으로 환원 지워 버리고자 했다. 따라서 개인의 장애는 의사가 환자를 진료하듯 진단-처방적 교정 절차에 따라 치료되어야 할 문제이고, 이런 일련의 활동에 개입해야 할 전문가로서 물리치료사, 언어치료사, 행동교정사, 작업치료사 등이 곧 가장 대표적인 특수교사일 수 있다고 믿어왔다. 장애아동의 재활을 위해 이들 치료사는 특수교육을 지원하는 관련서비스(related services) 요원이지, 이들이 특수교육을 담당하는 교사는 아니다. 장애 영·유아를 위한 조기중재과정에서 이들 치료사가 하는 일과 특수교사가 하는 일은 실제적으로 거의 구분이 불가능한 실정이고, 우리나라에서 치료특수교사가 하는 일은 그야말로 치료사로서의 활동과 교사로서 교육활동을 함께 병행하는 중층적(重層的) 전문가 이어야 한다.

여기에 심각한 문제가 따른다. 개념적으로 구분설정이 명확하지 않은 채, 치료와 교육이 혼재하는 가운데 특수교육은 교정기술로 전락하고, 특수교사가 하는 일 또한 치료사가 하는 일과 혼동되고 있다. 이러는 동안 특수교사는 교사도 아니고, 치료사도 아닌 모호한 역할 혼동을 되풀이 하게 된다. 설혹 우리의 현실에서 특수교사가 잠정적으로 치료사에 해당되는 일의 일부를 수행한다 할지라도, 그것은 어디까지나 교육행위를 구성하기 위한 보조수단으로 활용되어야지 치료=교육으로 착각하거나 동일시해서는 안된다. 교육은 목적적 활동이지만, 치료는 그 목적을 지원하는 수단적 활동이다. 목적과 수단이 뒤집혀 전도된 상황에서, 특수교육은 교육일 수 없다. 혹자는 특수교육에서 치료가 주가되고, 교육은 부수적인 것으로 여전히 우기고 있다.

T.Skrtic 교수는 일원화된 통합교육의 시대에 특수교육이 여전히 특수 하게 존재해야 할 이유를 아주 적절히 설명하고 있다. 그에 의하면, 장애아동들이 모든 일반아동과 함께 일반학교에서 완전한 통합교육을 받을 수 없는 현실에서, 통합의 당위성만 앞세워 특수교육을 포기할 수 없을뿐더러, 일반교육이 보다 품위 있는 교육으로 바뀌어 지도록 촉구하기 위한 전략적 이유 때문에라도 특수교육은 여전히 특수하게 존재할 이유가 있다는 것이다. 이렇게 해서 특수교육은 당대 교육에서 교육개혁의 등불과 같은 개혁의 리더로서 그 수월성을 드러내야 한다는게 스클틱 교수의 논지이다. 특수교육의 존재의의가 그러하다면, 이런 수준에서 특수교육의 수월성을 드러내고 교육개혁을 앞장서 안내하기 위해 특수교사는 일반교사에 비해 훨씬 세련된 고품질의 전문성을 발휘해야 한다. 말하자면, 특수교사는 일당백의 정신으로 교직에 임해야 한다. 과연 그러한지 우리 특수교육의 현실을 되돌아 보고자 한다.

우리나라 특수교육은 기독교의 자선박애 정신에 강한 영향을 받아, 1970년대 까지만 해도 이런 동기로 설립된 장애인 시설 중심의 특수학교(특히, 맹교육과 농교육 중심으로)가 주종을 이루어 왔다. 그러던 중에 1977년 말에 특수교육진흥법이 제정됨에 따라 민간 독지가들에 의한 사학 중심의 특수교육이 공교육의 일환으로 전환되기 시작했다. 그 후 우리나라 특수교육은 양적으로나 질적으로 상당한 발전을 해왔으나, 아직도 특수교육은 공교육의 그늘진 곳에서 시혜적 지원의 성격을 크게 탈피하지 못하고 있다. 우리나라 학교교육에서 학생과 부모는 점수병에 몸살을 앓고, 교사는 오로지 점수 올리는 요령으로서 설명병에 열중하고 있는 동안 이도저도 되지 않는 특수아동들은 아웃사이더로 밀려 날 수밖에 없었다. 1970년대 중반 이후 중학교 무시험 입학제도가 도입 되면서 일반학교 내에 특수학급 설치가 전국적으로 확산되어 왔지만, 기실 그 내면적 이유는 학급 내에서 점수 올리기에

도움을 주지 못하는 학력부진 집단을 따로 격리하여 관리하기 위한 소록도 정책의 산물이랄 수 있다.

이런 학교문화가 지배하는 상황에서 특수학급 아동과 특수교사는 몸도 마음도 분리된 외딴섬으로 밀려 날 수밖에 없었다. 특수교사는 그 외진 섬에서 가끔은 천사 소리를 들으면서 일상적 관리자 노릇을 하는 것으로 자족해 온지도 모르겠다. 거듭 강조하거니와 특수교사는 보모도 치료사도 아니다. 물론 장애가 심한 중증중복 장애아를 위해 때로 치료사 역할의 일부를 수행할 수 있고, 때로는 보모 노릇을 할 수도 있다. 하지만, 특수교사가 치료적 기능을 수행할 때조차도 그것은 교육을 보조하는 수단일뿐더러, 궁극에는 교육의 목적에 의미연관될 수 있도록 부단히 재조정해야 한다. 또한 특수교사가 때로 보모에 해당되는 일을 맡아 할지라도 그는 교육의 목적을 위해 잠정적으로 보모 역할의 일부를 대행할 뿐이다.

최근 우리나라에서도 장애인 당사주의가 하나의 주의(ism)로 주요 화두가 되고 있다. 늦었지만, 장애인 당사자주의는 우리나라 특수교육과 특수교사들에게 당연히 거쳐 가야할 길을 재촉하고 있다. 인간은 누구나 당사자로 설 때 역사적 존재일 수 있다. 우리가 역사적 존재로 산다는 것은 스스로 삶의 역사를 구성하기 위해 자신의 삶을 걸고 말하고 행동할 수 있다는 것을 의미한다. 장애인 당사자주의에서 우리를 빼놓고는 우리에게 아무 것도 없다(Nothing About Us Without Us)라는 장애인 배제불가 원칙은 장애인 스스로가 자신의 삶의 역사적 주체로 나서도록 격려한다. 자유를 향한 삶을 선택하고 결정하는 역량을 흔히 'Empowerment'라고 한다. 우리나라에서 흔히 역량강화라는 말로 옮겨 통용되고 있는데, 이 용어조차 강화기법의 하나로 기법화(技法化) 할까 두려워 썩 내키지 않는 번역이다.

김민남 교수는 삶과 교육(2004)에서 교직의 출현은 소통하는 삶의 원리와 기술을 고민 하는 것이라고 하면서, 소통은 삶을 함께 영위하는 의사결정에의 참여, 사회 정치적 구성력을 가진 주체의 성립이라고 했다. 이것은 프레이리의 말을 빌려 참여의 권력 나눔(empowerment)이라 할 수 있다고 했다. 장애인 당사자주의는 장애인 스스로가 역사적 주체로 나서는 참여를 통한 정치화이자 권력화이다. 당사자로서 장애인 스스로가 자기 삶을 결정하고, 참여를 통한 권력 나눔의 주체자로 삶을 향유케 할 수 있게 하기 위해 특수교사는 기필코 교사로 서야 한다.

식물은 재배되고 동물은 길들여질 뿐이지만, 인간존재로서 모든 장애인은 스스로 교육되는 존재일 뿐이다. 장애가 아무리 심할지라도 역사적 존재로서 인간은 스스로 교육되어야할 존재이다. 인간인 한에 있어 교육 가능성은 누구에게나 천부적으로 주어져 있을뿐더러, 그것은 당연한 권리이다. 모든 장애아동이 천부적으로 주어진 교육 가능성과 권리를 구현하게 하기 위해 동반자로서 특수교사는 끊임없이 장애아동과 삶을 소통하여야 한다. 특수교육은 특수교사와 장애학생 간의 삶의 소통이다.

장애인 당사자가 장애운동의 주체자로 나서게 하기 위해, 특수교사는 교육만이 진정 희망임을 보여 줘야 한다. 특수교육에서 진단-처방적 교수 활동을 전범(典範)으로 삼는 동안 장애아동은 치밀하게 계획된 프로그램에 의해 길들여질 뿐이다. 이런 길들이기의 조련사로서 특수교사는 장애아동이 가장 싫어하고 가장 힘들어 하는 것들만 골라 반복적인 단순훈련 과정으로 특수교육을 격하한다. 특수교사가 장애아동이 해낼 수 있는 가능성에 삶을 걸고 열정을 바칠 때, 후에 그 아동은 당사자주의의 주인공이 된다. 장애인 운동 활동가인 어느 정신지체인의 국제회의 석상의 연설은 모든 인간은 스스로 교육되는 존재임을 증명하고 있다.

왜 나의 삶은 여러분들의 삶에 비해 그처럼 달라야 합니까?

정신지체로 명명되는 우리들을 그처럼 차별 하는게 도대체 무엇입니까?

왜 우리는 별로 쓸모 없는 사람으로 취급 됩니까?

왜 우리들 대부분은 친구도 아닌 낯선 사람들과 같은 침실을 사용하면서 살아야 합니까?

왜 우리는 형제자매와 같은 학교에 다니질 못합니까?

왜 우리는 일자리를 얻는데도 늘 마지막이어야 합니까?

왜 우리는 빈곤층 가운데도 가장 가난한 사람으로 살아야 합니까?

왜 우리는 결혼도 하지 못하고 파트너와 함께 살지 못합니까?

왜 우리들의 가정은 우리가 그들의 자녀라는 이유 때문에 더욱 가난하게 살아야 합니까?

왜 정부와 UN은 우리들에게 영향을 미칠 법률이나 선언문을 발표할 때 조차도 우리를 포함시켜 주지 않습니까?

이런 질문들이 우리 정신지체인들에게는 대단히 중요한 것이지만 대부분의 사람들은 그 심각성을 이해하지 못하고 있다. (R. Martin, 2003, 제16차 ACMR 기조연설 중에서)

특수교사는 그가 기획한 교육에 참여한 정신지체인이 위의 연설에서처럼 깨어난 의식으로 살아가게 될 때 마침내 교직에 임한다 할 수 있다. 특수교육은 계획된 행동의 통제가 아니라 신비롭기 짝이 없는 가능성이다.

9.4 교사 중의 교사

앞에서 특수교육 교사는 보육사나 치료사로서의 역할혼동을 극복하고, 현실적으로 다소간에 그런 일의 성격에 종사하더라도 '교사'로서의 전문성 정립에 소홀함이 없어야 한다는 것을 강조했다. 여기서는 우리가 의사 중의 의사(doctor of doctors)를 명의(名醫)라 하듯이 특수교사는 '교사 중의 교사'임을 강조한다.

언제인가 누가 나더러 전공분야가 무엇이냐고 물어서 '특수교육'이라고 했더니 그 사람 말이 "진짜 교육을 하는 군요"라고 해서 알아주어 고맙다 싶었다. 그런데 그 사람이 내게 그렇게 말한 것은 정말 어려운 교육을 하고 있다는 것을 강조하기 위함이었을 것으로 받아들이고 싶지만, 만약 그 언표 이면의 함의가 은근히 나를 '천사'로 치켜세우기 위한 것이었다면, 그것은 특수교육을 위해 또 하나의 불상사다.

특수교육은 진짜로 '어려운' 교육이다. 아동에 대한 세심한 돌봄과 치료적 지원이 교육과 함께 어우러져야 하기 때문에 그 교육은 훨씬 더디고 어렵다. 거듭 강조하거니와 그렇다고 그 교육을 보육적 돌봄이나 치료적 교정으로 격하내지는 착각하지 말아야 한다. 아닌 게 아니라 진짜로 특수교사가 '천사'(天使)라면 그는 "천국에서 인간계에 파견되어 신(하늘)과 인간과의 중간에서 하늘의 뜻을 인간에게 전하고 인간의 기원을 하늘에 전하는 사자(使者)"(이희승, 1982)로서 역할을 감당하기 위해 끊임없이 노력하지 않으면 안 된다. 그런 노력을 하는 동안 그는 '敎를 하늘의 명령인 性에 연결하고' 그렇게 함으로써 특수교육 행위를 통해 장애아동의 심성을 함양하고 하늘이 부여한 본성을 회복하는 교육에 종사한다고 말할 수 있다. 교육은 하늘이 인간에게 내려준 심성(心性)을 함양하는 과정이다. 이런 교육을 감당하기 위해 전술한 것처럼 교사는 무엇보다 자기 몸과 마음을 이롭게 하는 '자리행'(自利行)을 체화(體化)하는 그런 사람이어야 한다.

그리고 필자가 여기에서 특수교육 교사를 '교사 중의 교사'로 명명하는 것은 특수교육이 일반교육의 하위 종속변수가 아니라 일반교육을 보다 품위 있게 질적으로 개혁하는 구심체로서 그 위상을 정립하기 위함이다. 이를테면 우리가 언필칭 'Inclusion'으로서 통합교육을 강조할 때, 일반교육의 틀 속에 특수교육 요구아동들을 일방적으로 집어넣는 것으로 인식하기 십상이다. 아닌 게 아니라 개념적으로

Mainstreaming으로서의 통합교육이 실패한 것에 대한 반성과 대안으로 소위 Full inclusion이 등장하였지만, 양자 간의 엄청난 개념적 차이에도 불구하고 통합교육에 대한 실천적 관행은 여전히 제대로 바꾸어지지 않고 있다.

진정한 의미에서 통합적 교육공동체가 건설되기 위해서는 특수교육이 일반교육 쪽으로의 Inclusiuon이 아니라 거꾸로 특수교육 쪽으로 일반교육이 질적 혁신을 가져 올 때 가능하다. 그리고 종국에는 일반교육과 특수교육이 상호 벽을 허물고 쌍방 소통하는 품위 있는 교육공동체로 거듭나야한다. 말하자면 일반교육과 특수교육이 상생적(相生的)으로 회통(會通)하기 위해 특수교육은 "교육 중의 교육" 이어야 하고, 특수교사는 "교사 중의 교사"가 되어야한다.

참고문헌

강영우(1989). "특수교육 효율성 증대를 위한 측정·평가 체제확립". 창파 이태영 총장 회갑기념 논총, 29-39.

교육문화연구회 옮김(2000). 프레이리의 교사론. 서울 : 아침이슬.

교육부(1997). 교육복지 종합대책(2). 교육부 교육정책 기획국. 국립특수교육원(1997). 「통합교육의 효율적인 운영방안 연구」 전문가 토론회 자료집. 국립특수교육원

김민남(1998). 교직의 기원: 우리 교육현실을 역사적으로 이해하는 한 방식. 교육철학. 제16집. 1-19.

______(2004). 삶과 교육. 대구 : 문예미학사.

김병하(1980). 한국 특수교육 교사양성제도 및 양성과정의 모형연구. 대구대학교 특수교육연구소, 특수교육연구. 제8 집, 101-131.

______(1980). 청각장애아 교사의 전문능력연구. 대구대학교 대학원 특수교육학과 박사학위논문.

______(1985). 교사교육과 특수교육(미간행). 대구대학교 특수교육연구소.

______(1986). "특수교육 교사의 양성·자격·임용" 한국특수교육의 발전과제, 대구대학교 특수교육연구소 세미나 보고서, 17-28.

______(1991)."개별화 교육과 교사". 특수학교(급)교원 연수교재 대구대학교 부설 특수교육연수원, 27-33.

______(1993). "개별화 교수·학습 전달체제 모형과 학습 집단규모". 제11회 특수교육 개혁을 위한 세미나, 대구대학교 특수교육연구소, 51-67.

______(1993). "조기 특수교육 담당교사의 양성". 조기특수교육의 현안과 대책. 한국특수교육학회 심포지움. 129-148.

______(1995). "특수교육 교사의 전문성과 윤리성". 강원 특수교육의 발전방향. 강원도 교육청 특수교육 담당 교원연찬회 자료.

______(1995). "개별화 교육계획의 작성·운영을 위한 교사 수행능력과 문제점 분석". 특수교육학회지, 16(3), 대한특수교육학회, 5-21.

______(1997). 통합교육을 위한 교사교육의 개선. 특수교육연구. 제20집. 대구대학

교 장애인종합연구소, 23-37.
______외 5인(1997). 특수교육 교사 양성체제 개선 방안. 국립특수교육원.
______(2007). 대구특수교육사. 경북 : 대구대학교출판부.
______(2011). 한국특수교육론 : 우리나라 특수교육(학)의 정체성. 경북 : 대구대학교출판부.
김성애(1997). 통합교육과 특수교육의 긴장—한국 특수학급체제의 새로운 과제, 전망, 그리고 방안—. 한국특수교육학회 연구발표회 발표논문. 191 - 220.
김원경(1997). 특수교육의 현황과 발전과제. 교육월보. 16(2). 54~57
김정권(1990). "IEP구성을 위한 교육진단·평가". 제8회 특수교육 개혁을 위한 세미나, 대구대학교 특수교육연구소, 9-46.
______(1992). IEP구안 실제. 서울 : 도서출판 특수교육.
______(1997). 완전 통합교육과 학교교육의 재구조화. 서울 : 도서출판 특수교육.
김정권, 김병하(1988). 특수교육 교사양성 제도와 과정의 개선연구, 특수교육연구. 제15집, 대구대 특수교육연구소, 1-48.
김재규, 송준만, 김병하(1991). 특수교육 교사양성 교육과정 표준, 중앙 교육심의회 정책연구과제.
김충열(2007). 중용대학강의. 서울 : 예문서원.
김효선(1995). 미국의 특수교육 교사양성체제. 특수교육 교사양성 교육과정표준화를 위한 세미나. 국립특수교육원, 5-9.
박승희(1996). 통합교육 실행을 위한 특수교육 교사 역할의 확립. 제3회 이화 특수교육학술대회, 특수교육의 현황 및 과제. 31-55.
박희찬(1995). "개별화 교육계획의 작성과 시행". 현장특수교육 2(3), 국립특수교육원, 20-28.
신재철(1991). 교원교육과 교과교육학 교육. 교육학연구. 29(3). 39-54.
이돈희(1992). 교육정의론. 서울 : 고려원
이은하, 배소연, 조부경(1997). 유아교사론. 서울 : 양서원.
이차영(1998). "수요자중심 교육개혁 논리의 타당성 검토" 교육학연구. 36(2), 127-143.
이홍우(2006). 대승기신론통석. 서울 : 김영사.
정영수외 5인(1998). 교사와 교육. 서울 : 문음사.
한국교원단체 총연합회(1997). 예비교원을 위한 교사론. 서울 : 교육과학사.
한명희(1997). 교사양성 교육과정의 전문성 확보. 1997년도 한국교육학회 연차학술대회. 기조발표
허병기(1994). 교직성격 고찰 : 교직의 전문성에 대한 반성적 논의. 교육학연구. 33(1). 49-77.

Anderson, L.W.(1995). *Teaching and teacher education.* New York : Elsevier Science Ltd.

Bailey, D.B. et al.(1990). "Preparing professionals to serve infants and toddlers with handicaps and their families : An integrative analysis across eight disciplines", *Exceptional Children*, 17(1), 26-35.

Bailey, Donald B.(1989). "Issues and directions in preparing professionals to work with young handicapped children and their families". In Gallaugher. J.J. Trohanis, P.L., and Clifford, R.M.(Ed.). *Policy implementation and PL 99-457 : Planning for young children with special needs.* Baltimore, Maryland : Paul H. Brookes Publishing Co., 97-132.

Bassett, D.S. et al (1996). Multiple perspectives on inclusive education : Reflections of a university faculty. *Teacher Education and Special Education.* 19(4), 355-386

Blackhurst, A.E.(1974). *Some practical considerations in implementing competency based special education training programs.* New York : Syracuse University.

Bricker, D. and Slentz, K.(19890. "Personnel preparation : handicapped infants", *Handbook of special education : Research of Pratice* (Vol,3), New York : Pergamon, 319-345.

Brill, R.G.(1974). *Education of the deaf administrative and professional development.* Washington, D.C. : Gallaudet College Press.

Bruder, M.B., S. Klosowski, and C. Daguio(1991). A Review of presonnel standards for part H of PL 99-457, *J. of Early Intervention,* 15(1), 66-79.

Buck, G. H. Polloway, E, A, and Robb, S. M. (1995). Alternative certification programs : A National survey. *Teacher Education and Special Education.* 18(1), 39-48.

Bullock, L.M. and R.J. Whelan.(1991). Competencies needed by teachers of the emotionally disturbed and socially maladjusted : A comparision. *Exceptional Children.* 37(6). 485-489.

Burdin, J.(1974). *Three views of competency-based teacher education : I theory.* Bloomington, IN. : The Phi Delta Kappa Educational Foundation.

Burns, R.W. and J.L. Klingstedt.(1972). *Competency-based education.* Englewood Cliffs. New Jersey : Educational Technology Publication.

Byun, Hong-Kyoo.(1979). *An analysis of Korean teachers competency for handling learning and behavioral disabilities.* Doctoral dissertation of the University of Minnesota.

Casella, V.J.(1977). *An assessment of the certification standards for teacher of the hearing impaired by teachers, administrators, and teacher training personnel.* Doctoral dissertation of the Univercity of Alabama.

Christensen, C, and Rizvi F.(1996). *Disability and the dilemmas of education and justice.* Buckingham : Open University Press.

Combs, A.W. et al.(1974) *The professional education of teacher.* Boston: Allyn and Bacon, Inc..

Council for Exceptional Children(1993). *Policy manual : Standards of professional practice of the Council for Exceptional Children.* Reston, VA : CEC.

_______(1995). *What every special educator must know : The international standards for the preparation and certification of special education teachers.* Reston, VA : Council for Exceptional Children.

_______(1997). *CEC Today*. Reston. VA : Council for Exceptional Children.

Council on Education of the Deaf.(1972). *Standards for the certification of teachers of the hearing impaired.* Rochester, New York : Council on Education of the Deaf.

Donaldson, R.(1974). *An investigation of the CED teacher certification standards as perceived by teachers and teacher educators in the area of the hearing impaired.* Doctoral dissertation of the University of Kansas.

Espin, C. A. Deno, S. L. and Albayrak-Kaymak(1998). Individualized education programs in resource and inclusive setting. *The Journal of Special Education.* 32(3), 164-174

Fink, A.H.(1974). Teacher-pupil interaction in classes for the emotionally handicapped. *Exceptional Children.* 38(6), 469-474.

Flanders, N.A.(1974). The changing of performance based teaching. *Phi Delta Kappan.* 55., 312-315

Gage, N.L. and P.N. Winne.(1975). Performance-based teacher education. In Ryan. K.(Ed.). *Teacher education : The seventy-fourth year book of the study of education.* Chicago, Ⅲ. : The University of Chicago Press, 146-172.

Geiger, W.L. et al (1991) *National directory of special personnel preparation programs.* Reston,VA : The Council for Exceptional Children.

Geiger, W.L. et al.(Ed.).(1992). *National directory of special education personnel preparation programs,* Reston, VA : The Council for Exceptional Children.

Gephart, W.J.(Ed.).(1975). *Accountability : A state. a process. or a product?.* Bloomington. In. : Phi Delta Kappa.

Gerardi, R. L.(et al)(1984). “I.E.P.-More paperwork and wasted time”. *Contemporary Education*, 56(1), 39-42.

Grimmett, P.(1995). Reconceptualizing teacher education : Preparing teachers for revitalized schools. cited in *Changing times in teacher education :Restructuring or reconceptualization?*. London:Falmer Press, 202-225.

Grosenick, J.K. and M.C. Reynolds(Ed.).(1978). *Theacher education : Renegotiating roles for mainstreaming.* Reston, VA : The Council for Exceptional Children.

Hall, G.E. and H.L. Jones.(1976). *Competency-based education : A press for the improvement of education.* Englewood Cliffs, N.J. : Prentice Hall. Inc.

Hamilton, P.D.(1978). Comp*ency-based teacher education.* Menro Park, CA : Stanford Research Institute.

Hardy, M. I. et al.(1971). *Standards for educators of exceptional children.* Downoview, Ontario : The National Institute on Mental Retardation.

Hobbs, N.(1975). *The Futures of Children: Categories, Labels, and Their Consequences.* San Francisco, CA: Jossey-Bass, Inc. Publishers.

Hoskins, B. (1995), *Developing inclusive schools.* Bloomington, Indiana: CASE Research Committee.

Houston, W.R.(1972). *Performance education : Strategies and resources for developing a competency-based teacher education program.* New York : New York State Educational Department.

Hurley, Dlive L.(1989). "Implications of PL 99-457 for preparation of preschool personnel". In Gallaugher, J.J., Trohanis, P.L., and Clifford, R.M. (Ed.). *Policy implementation and PL 99-457 : Planning for young children with special needs.* Baltimore, Maryland : Paul H. Brookes Publishing Co., 133-145.

Illich, I.D.(1971). *Deschooling society.* New York : Haper & Row.

Jordan, J.B. et al.(1989). *Early children special education* : *Birth to three.* Reston, VA : The Council for Exceptional Children

Kelly, E.(1974). *Three views of competency-based teacher education* : Ⅲ University of Nebraska. Bloomington, Inc. : The Phi Delta Kappa Educational Foundation.

Klein, N.K. and Campbell, P.(1990). "Preparing personnel to serve at-risk and disabled infants, toddlers, and preschoolers", In Samuel J. Meisels & Jack P. Shomkoff(Eds). *Handbook of early chilhood intervention.* Cambridge : Cambridge University Press, 679-699.

Kolesnic, W.B.(1975). *Humanism and/or behaviorism in education.* Boston, Allyn and

Bacon, Inc.

Kromrey, J.D. et al (1996). Creating and using a multiparadigmatic knowledge base restructuring teacher education in special education : Technical and philosophical issue. *Teacher Education and Special Education.* 19(2), 87- 101.

Larsen, S. C., & M. S. Poplin(1980). *Methods for educating the handicapped : An* individualized education program approach. Boston : Allyn and Bacon, Inc..

Lates, B. J.(1978). "IEP training in a large urban school system". Cited in Weiner, B. B.(Ed.), *Periscope : View of the individualized education program,* Reston, VA : The Council for Exceptional Children, 45-50.

Lipsky, D.K.(1997). *School restructuring and inclusion : School and classroom practices.* The Graduate School and University Center, The City University of New York.

Lorber, M.A.(1979). From traditional to competency based teacher education and back again : An eight-year experiment. *Phi Delta Kappan.* 60(7), 523-524.

Mackie, R.P. and L.M. Dunn.(1960). *Professional preparation for teacher of exceptional children : An overview.* Washington. D.C. : U.S. Government Printing Office.

Mackie, R.P.(1956). *Teachers of children who deaf.* Bulletin No.6, Washington, D.C. : U.S. Goverment Printing Office.

McLaughlin, M. J., & S. H. Warren(1994). *National and State Prospectives* on *Performance assessment and students with disabilities.* Reston, VA : The Council for Exceptional Children.

Nadler, B., & K. Shore(1980). Individuaized education programs : A look a realities. *Education Unlimited,* 2, 30-34.

National Association of State Directors of Special Education.(1979). *Competency testing: special education and the awarding of diplomas.* Washington, D.C. : NASDSE.

National Center on Educational Restructuring and Inclusion Bulletin(1995). *National study on inclusion : Overview and summary report.* 2(2), Fall.

palmer, P.J.(1998). *The courage to Teach : Exploring the inner landscape of teacher's life.* Jorsey-Bass Inc., publishers.

Peter, L.J.(1975). *Competency for teaching : Teacher education.* Belmont, CA : Wadsworth Publishing Company, Inc.

Piccolino, J.R.(1977). *The use of Delpi technique to determine competency needs of teachers of the deaf.* Doctoral dissertation of the State University of New

York at Buffalo.

Professional Standards and Guidelines Project.(1976). *Guidelines for personnel in the education of exceptional children.* Reston, VA : The Council for Exceptional Children.

Putnam, J.W., Spiegel, A.N., and Bruininks, R.H. (1995). Future directions in education and inclusion of sutdents with disabilities : A Delphi Investigation. *Exceptional Children.* 61(6), 553 - 576.

Ramsey, R. S., & B. Algozzine(1991). "Teacher competency testing: What are special education teachers expected to know?". *Exceptional Children,* 47(4), 339-350.

Ramsey, R.S. and Algozzine, B,(1991). "Teacher competency testing : What are special education teachers expected to know?", *Exceptional Children,* 57(4), 339-350.

Reynolds, M (1990). Noncategorical special education, In Wang, M.C. Reynolds, M.C, and Walberg, H.J., *Special education research and practice.* Oxford : Pregamon Press, 57—80.

Reynolds, M.C.(Ed.).(1978). *Futures of education for exceptional students : Emerging structures.* Reston, VA : The Council for Exceptional Children.

Roulhac, V.S. and L.N. Bullock.(1975). *Competency based and noncompetency based personnel preparation programs in special education.* ERIC Documents, ED 17889.

Schlichter, C.L. et al (1997). Parterners in enrichment : Preparing teachers for multiple ability classrooms. *Teaching Exceptional Children.* 29(4), 4 - 9.

Semmel, M.I.(1975). *Application of systematic classroom observation to the study and modification of pupil teacher interactions in special education.* Reston, VA : The Council for Exceptional Children.

Shores, R.E., D.T. Cegelka, and C.M. Nelson.(1973). Competency based special education teacher training. *Exceptional Children.*

Shores, R.E., J.D. Burney, and R. Wiegerink.(1976). Teacher training in special education : A review of research. In H. Mann and D.A. Sabatino.(Ed). *The third review of special education.* New York : Grune & Stratton.

Sisson, L.N.(1974). Competency-based teacher education : A national perspective. *Education Perspective.* 1(13), 21-26.

Special Education Administration Training Program.(1976). *Competency-based training program : A generic model.* Minneapolis : University of Minnesota.

Spungin, S. J.(1977). *Competency based curriculum for teachers of the visually handicapped : A national study.* New York : American Foundation for Teacher of the Blind, Inc.

Turnbull, A. P., B. B. Strickland, & J. C. Brantley(1982). *Developing and implementing individualized education programs.* Columbus, Ohio: Charles E. Merrill Publishing Co..

Turnbull, H. R.(1986). *Free appropriate public education :The law and children with disailities.* Danver, Co: Love Publishing.

Weiner, B. B.(Ed.)(1978). *Periscope: View of the individualized education program.* Reston, VA : The Council for Exceptional Children.

Weintraub, F.J. et al (Ed).(1976). *Public policy and the education of exceptional children.* Reston, VA : the Council for Exceptional children.

Wideen, M, and Grimmett, P.(1995). *Changing Times in Teacher Education: Restructuring or reconceptualization.* London: Falmer Press.

Wideen, M.(1995). Teacher education at the crossroads. Cited in *Changing times in teacher education: Restructuring or reconceptualization?.* London: Falmer Press, 1-16

Winters, S.A. and E.W. Cox.(1976). *Competency-based instruction for excetional children.* Springfield, Ⅲ. : Charles C. Thomas Publisher.

찾아보기

[저자소개]

김병하(金炳夏) - 대구대학교 사범대학 특수교육과 교수(1973-현재)

<주요경력>

Gallaudet University 객원연구교수(1981-82)
대구대학교 사범대학 학장, 대학원 원장 역임
대구장애인연맹 (공동)대표, 장애인질라라비야학 교장 역임
Marquis Who's Who in the World 등재(2009)
'21세기 지식인 2000명'에 선정(International Biographical Center, 2010)

<주요저서>

특수교육의 역사적 이해(1977, 1983, 형설출판사)
특수교육의 역사와 철학(2002, 2003, 대구대학교출판부)
특수교육 교사론(1999, 2006, 대구대학교출판부)
대구특수교육사(2007, 대구대학교출판부)
한국특수교육론(2011, 대구대학교출판부)

1판1쇄 | 1999년 2월 26일
2판1쇄 | 2006년 8월 30일
3판1쇄 | 2011년 12월 30일
지은이 | 김병하
펴낸이 | 홍덕률
펴낸곳 | 대구대학교출판부
경북 경산시 진량읍 대구대로 201
전화 053) 850-5661~3 | 팩스 053) 850-5669
http://press.daegu.ac.kr/
찍은곳 | 남경기획
ISBN 978-89-7794-558-6-93370
정가 | 18,000원